东坡文化与黄州

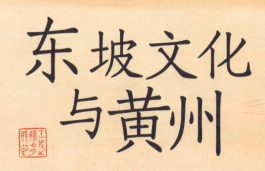

本书为黄冈职业技术学院"双高"建设项目之"文化传承创新服务工程"分项目研究成果

郭杏芳　胡燕　刘红星　傅景芳／编著

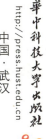

华中科技大学出版社
http://press.hust.edu.cn
中国·武汉

图书在版编目(CIP)数据

东坡文化与黄州/郭杏芳等编著.–武汉:华中科技大学出版社,2023.9
ISBN 978-7-5680-9973-8

Ⅰ.①东… Ⅱ.①郭… Ⅲ.①苏轼（1036—1101）–人物研究 Ⅳ.①K825.6

中国国家版本馆CIP数据核字(2023)第189096号

东坡文化与黄州　　　　　　　　　　　郭杏芳　胡燕　刘红星　傅景芳　编著
Dongpo Wenhua yu Huangzhou

策划编辑：	杜　雄　汪　粲
责任编辑：	杜　雄　梁睿哲
装帧设计：	廖亚萍
责任监印：	周治超
出版发行：	华中科技大学出版社（中国·武汉）　　电话：（027）81321913
	武汉市东湖新技术开发区华工科技园　　邮编：430223
录　　排：	华中科技大学出版社美编室
印　　刷：	武汉科源印刷设计有限公司
开　　本：	787mm×1092mm　1/16
印　　张：	15.25
字　　数：	223千字
版　　次：	2023年9月第1版第1次印刷
定　　价：	59.00元

本书若有印装质量问题，请向出版社营销中心调换
全国免费服务热线：400-6679-118　竭诚为您服务
版权所有　侵权必究

■ 东坡赤壁侧照

■ 东坡赤壁大门

东坡赤壁

■ 东坡像

■ 二赋堂

■ 东坡雪堂

■ 月波楼

■ 安国寺老山门

■ 安国寺新门和宝塔

安国寺

遗爱湖公园

■ 遗爱湖公园

■ 遗爱湖公园门前《寒食帖》

■ 禹王城

■ 禹王城城址

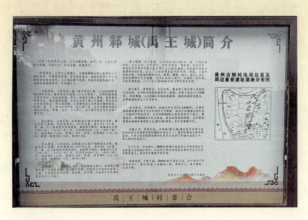

■ 禹王城简介

校领导题词

习近平总书记在十九届中央政治局第三十九次集体学习中强调:"中华优秀传统文化是中华文明的智慧结晶和精华所在,是中华民族的根和魂,是我们在世界文化激荡中站稳脚跟的根基。"作为高校,要始终坚持以习近平新时代中国特色社会主义思想为指导,根植中华优秀传统文化深厚土壤,以社会主义核心价值观为引领,全面落实立德树人根本任务。东坡文化是中华优秀传统文化的重要组成部分,习近平总书记曾多次引用苏东坡的诗文。

黄州是东坡文化的发源地,东坡已成为黄冈一张靓丽的名片。作为黄冈的高校和教育工作者,研究东坡文化,传承东坡文化,是应有之义,从这个意义上讲,《东坡文化与黄州》是不可或缺的。"粗缯大布裹生涯,腹有诗书气自华",青年大学生应该多读书、读好书,《东坡文化与黄州》还是值得一读的。

田洪光
二〇二三年五月

田洪光 / 校党委书记

习近平总书记2022年6月8日在四川考察期间参观三苏祠时指出，中华民族有着五千多年的文明史，我们要敬仰中华优秀传统文化，坚定文化自信。

"东坡越千年，遗爱传千古"，940余年前，北宋著名文学家、思想家、诗人、词人、书画家苏轼被贬谪到黄州，他在此躬耕东坡、泛舟赤壁、吟诗作赋、创制美食，修养身心，成就了一个旷达乐观、随缘创造的苏东坡。黄州因此文化丰厚，文名广播。苏东坡在黄州留下的千古传颂、脍炙人口的诗词歌赋及感人至深、令人敬仰的胸怀品德和人生智慧，是值得广大青年学生学习的优秀传统文化资源。

《东坡文化与黄州》是对中华优秀传统文化的传承与弘扬，是学校文化教育和"双高"建设的研究成果。

姜安心

姜安心 / 校长

序言

东坡文化在黄州传播的史事钩沉
——郭杏芳等《东坡文化与黄州》序

饶学刚

郭杏芳、胡燕、刘红星、傅景芳合著的《东坡文化与黄州》（以下简称"书稿"），是一部教科书式的学术著作。其"前言"设问："苏轼，为何来到了黄州？在黄州的生活经历对他本人产生了什么影响？他对黄州又产生了什么影响？东坡文化的含义是什么？对黄州文化有怎样的意义？"看看五章目录便可窥见端倪。书稿基本上给黄州广大市民和学生一个较清晰的解答，更给广大的东坡文化热爱者和研究者一个较全面的阐述。

一、何谓学术著作？它是指作者依据在某一学科领域内具有原创性科学研究成果而撰写成的理论著作。它包括学术专著、编著和教材。书稿三者兼有。它站在理论思维的高度来阐述黄州东坡文化现象，颇具历史性、权威性、经典性。这是书稿特色之一。

（一）选题重大。书稿广泛涉及苏轼与苏东坡、苏东坡与黄州、苏东坡与东坡文化、东坡文化与黄州文化、苏东坡与黄州赤壁文化、苏东坡与黄州遗迹遗址、苏东坡与往来友人、东坡文化与黄冈旅游文化等的本义、特征、嬗变、融合、影响,理论深刻,结构严密。这是有一定的思维难度的。

(二)阐述精准。书稿引用大量中外学者的言论,极具权威性。2000年,法国《世界报》从世界范围评选出12位"千年英雄",中国唯一入选的就是苏东坡。1936年,著名作家林语堂携家赴美,身边除了一套精选精刊的国学基本丛书,还带了几本苏东坡所作或者和他有关的古刊善本书,不久他便撰写了《苏东坡传》。法国《世界报》记者让·皮埃尔·朗日里耶评价:"苏东坡是一位很有实干精神的人物。他在政治方面是十分有勇气的,不畏权贵,为百姓说真话。"书稿以此语和林语堂关于苏东坡19种做人的画像(书稿第一章)来评价"苏东坡其人"就很精确,恰到好处。

又如,"东坡文化界定"一节,就引用了多位古今学者的言论而相较短长。在否定某些学者的"东坡文化"释义后,书稿认定:"我们所谓东坡文化,其核心内容是:自黄州东坡耕种、居住、生活、创作、游览、交友等,并因此而产生的有关苏东坡个人的成就、思想、人品、胸怀及其生活态度、处世哲学等精神财富,统称为东坡文化。但是,东坡文化一旦形成,并不只属于黄州,也不只是苏东坡在黄州的全部生活和创作。"(书稿第三章),亦较精深,颇富新意。

(三)学术争鸣。书稿参与了当今苏学界的百家争鸣。不仅注意引述苏学界各种争鸣言论,而且敢于发表不同意见。如对"东坡文化"的含义、"黄州文化"的形成、"东坡文化"创新性转化与创新性发展的前景、苏东坡是否反对王安石变法等,有自己的见解。在第五章"东坡文化在黄州创新性转化与创新性发展"中,提出了"名声,发展"问题,即与四川眉山相比,为何黄冈东坡文化的名声和发展跟不上人家?书稿的成全方案"需要加大建设力度,做好顶层设计和规划"不失为一家之言,但有待商榷。笔者以为主要不是"顶层设计"未做好,而是黄冈宣传、文化、新闻、传媒等部门的领导认识跟不上,宣传跟不上,不知道宣传东坡精神的重要性。且不说黄州一些东坡文化研究工作者的重大成果受到冷遇,我本人的研究也是如此。笔者花大半辈子精心打磨

出来的东坡文化研究创新成果已足够惊人,如"苏东坡在黄州的最大建树是缔造跨越世界时空意义的东坡文化""苏东坡文艺创作的高峰在黄州""苏东坡考证的'鸡鸣歌'系当今罗田、英山、浠水、团风等县的高腔山歌""苏东坡是传统民歌的继承者与弘扬者""苏东坡创立三维观照,时空交错的东坡文化现象""黄州是东坡贬谪文化、东坡文化、黄州赤壁文化、东坡养生文化的发祥地""在黄州,救了苏东坡命的是道教而不是佛教"等。其中有几种观点早已掀起了全国性的大争鸣。如若落在四川眉山、山东诸城、海南儋州、江苏常州、河南郏县就成为爆炸性新闻,地市乃至省级报刊满幅刊出,可是在黄冈至今不见一字,现成的重大东坡文化研究成果竟视而不见。黄冈东坡文化的名声和发展落后于四川眉山,答案就在这里。能不悲哀!

二、何谓教科书式?教科书是依据课程标准编制,系统反映学科内容的,专门为学生编写的教学用书。而书稿借用教科书式章法为其载体,以章节、单元等形式,传播东坡文化在黄州和在全国的影响。颇具教育性、通俗性、知识性。这是书稿特色之二。

书稿兼用教科书式编写法,对"东坡文化""黄州文化"与"东坡旅游文化"等现有研究成果进行综合归纳与系统阐述,具有全面、系统、科学、准确的特性。具体表现为:(一)五大章节的开头都写有长长的导引、提示。(二)涉及苏东坡在黄州表现的经典原作,尤其关心百姓民生、人权、廉政、慈善、农业、环保、养生、交友、旅游,还旁征博引,多角度阐述。(三)黄州是苏东坡谪居最久、艺术成就最高的地方。书稿用了整整一章的篇幅来赏析苏东坡黄州著名的诗词文。几乎每篇都做主旨思想、段落层次、艺术特点、时代意义的赏析,不乏许多精彩处。(四)在每一章节阐述中,遇到与"东坡文化""黄州文化"相关联的专有名词和新诗词,如"黄州、赤壁矶、遗爱湖公园、秦太虚、旅游文化、题画诗"等都要做出说文解字般的界定,不厌其详。如全录了题画诗《陈季常所蓄〈朱陈村嫁娶图〉》之后,就紧接着解释"题画诗"是什么:"题画诗由画作者或其他人所题,其内容往往就画面情景,或抒发题诗者的感情，或谈艺术见解，或咏叹画面意境。"（书稿第二章），很显然，它是来自于辞书的，但确有必要，为的是扫除阅读障碍。

三、何谓东坡文化在黄州的传播史？它是指在编写为广大市民和学生学习用书的基础上，书稿还抬高了一层，注意记载缅怀东坡在黄州活动的史事。这就是文化的传播，而不是物质的传承，因为民俗文物只能回归，不能复制。书稿叙述黄州人传播东坡文化的活动是相当之多的，颇具创新性、发展性、时代性。这是书稿特色之三。

（一）独具传播特色。书稿以一章篇幅来谈东坡文化在黄州的传播，突出"东坡精神"。"苏东坡在黄州不仅留下了丰富的高品质的文学艺术作品，更留下了无限的文化精神和社会影响力。正是因为有苏东坡，才使得黄州赤壁成为东坡赤壁，赤壁文化才成为黄州最具代表性的文化。"（书稿第四章）所言甚是，好一个"赤壁文化才成为黄州最具代表性的文化"！

（二）增添传播新题。书稿以一章篇幅来谈"东坡文化在黄州创新性转化与创新性发展"，突出"东坡旅游文化"，如东坡文化与黄州旅游文化融合的意义、特性、机遇、条件、途径、设计、形式、景点、产品、挑战、启示等，即俗称的"文化搭台，经贸唱戏"。不过，其中涉及的东坡食品，除东坡肉、东坡鱼、东坡羹、东坡饼、东坡茶、东坡蜜酒、东坡豆腐外，其他非东坡黄州菜单所属，不应纳入书稿。至于现代人借东坡名义开发东坡食品的情况，另当别论。

（三）多点开花传播。书稿阐述传播、转化的手法是教科书式的，对"东坡精神""东坡旅游文化"等现有研究成果，进行了综合归纳与系统阐述；而阐述传播、转化的视点则是多角度的。跟随社会发展潮流，突出东坡文化研究会、东坡论坛及东坡旅游文化节，建设东坡纪念馆和遗爱湖公园，东坡文化进学校，开发东坡文化产品和美食，做好东坡遗迹遗址保护与利用，以及以东坡文化兴市等，诚为可贵。

然而，仅就"东坡文化在黄州的传播"这一点而言，书稿尚欠系统完备，

序言

应力求完善。笔者借写"序"之机,在此填补东坡文化在黄州传播史事的空白。

继宋神宗元丰中期,江苏徐州人陈师仲搜编苏东坡密州《超然》集、徐州《黄楼》集后,又搜编黄州《雪堂》《黄冈》二集。潘大临、潘大观、何斯举创办"雪堂书院"("东坡书院"),传播东坡文化。宋及宋以后文人墨客吟咏苏东坡及赤壁的诗文众多,既有外籍文人杜牧、王炎、郭凤仪、袁宏道等,也有当地学者朱日濬、顾景星、陈沆、王葆心等。

1939年"九·一八事变"九周年纪念日时,革命领袖董必武再次来到延安。他化用宋代文豪苏东坡"应是飞鸿踏雪泥"名句,作《三台即景》,赞美如诗如画的延安杨家岭。

中华人民共和国成立前后,黄州研究"东坡文化、黄州文化、赤壁文化"的似乎只有"东坡赤壁"文史馆员张吉哉先生。他也认为苏东坡《赤壁赋》纪游的是游鸡窝湖。"东坡赤壁"于2006年被中华人民共和国国务院列为全国重点文物保护单位。1976后,黄冈师范学校成立"东坡研究所",其成员为黄海鹏、余承滨、饶学刚、陈礼生。1985年1月12日,以黄冈师范中文科为基地建立了"黄冈东坡研究所"。其成员为宋自重、方道南、黄耀武、湛有恒、丁永淮、王崇实、黄海鹏、余承滨、饶学刚、陈礼生、叶钟华、缪英、童怀章、舒徐、吴洪激、涂普生、冯一德、吴闻章、刘积群、何学善等。同年创建具有碑志意义的"东坡赤壁诗社",创办了《东坡赤壁诗词》。1982年,中国苏东坡第二届学术年会在黄州召开,形成了独此一次的《年会简报》,笔者提出了"苏东坡文艺创作的高峰在黄州"新见。黄州首批加入中国苏轼学会的会员为丁永淮、黄海鹏、余承滨、饶学刚、叶钟华、缪英、涂普生、冯一德、吴闻章、余彦文、樊焕公。1997年8月,湖北美术出版社出版杨守敬、杨寿昌选编的《景苏园帖》,即收录东坡赤壁碑阁内国宝《景苏园帖》全套石刻126块。以上显示东坡文化在黄州研究传播开始了新的一页。

1985年11月2日,日本友人、著名的"东坡迷"山上次郎率日本"东坡参观访问团"来到黄州。他将从台北展厅花巨资购得的苏东坡《寒食帖》卷轴复

制品捐赠给东坡赤壁管理处。1995年，又经山上次郎倡议，在东坡赤壁修建了"中日友好之舍"，首次公开展出了《寒食帖》卷轴复制品。

1987年9月22日，以台北故宫博物院推荐的明代画家文徵明的苏东坡《后赤壁赋图》画卷为题材，台湾邮政部门发行10连张一组古画邮票。1995年4月6日，台湾邮政部门发行专346《寒食帖》邮票一套4枚。同时发行《寒食帖》邮票极限片，即台北故宫博物院印制的系列明信片，中有《寒食帖》一套5张。1996年底，黄州市中兴实业集团公司推出两枚"黄州赤壁"企业拜年卡，其中第2枚（编号1996鄂BK—0003）主图为《寒食帖》（局部）。2006年，台北"故宫博物院"举办"北宋书画、汝窑、宋版图书特展"，发行一套明信片，中有《寒食帖》（局部）一张。2007年8月17日，中国邮政发行《东坡赤壁》普通邮资封一枚。右上邮票图案为"东坡赤壁"风景。2010年5月15日，中国邮政发行《中国古代书法：行书》特种邮票一套6枚，浓缩了东晋王羲之《兰亭序》、唐代颜真卿《祭侄季明文稿》与宋代苏东坡《寒食帖》的"天下三大行书"。2012年8月31日，中国邮政发行《宋词》特种邮票一套6枚，分别为6位宋代文学家的词，其中一枚系苏东坡的《念奴娇·赤壁怀古》。《寒食帖》原作现藏台北"故宫博物院"。

随后，又增添了一批东坡文化研究中心人物，如张龙飞、王琳祥、余彦文、史智鹏、梅大圣、方星移、张社教、谈祖应、郭杏芳、胡燕、饶晓明、白战存、袁修钧、何志弘、南东求、戴军、夏爱菊、程菊仙、王琼、田幸云、洪雪莲、刘亚锋、徐峰、刘洪、刘红星、傅景芳、梁敢雄、李林等。涂普生被中国苏轼学会聘为副会长，张龙飞为副秘书长，丁永淮、饶学刚、梅大圣、王琳祥、方星移先后为理事。此时期诞生了大量的研究读物，有丁永淮的《东坡菜与东坡小吃》、黄海鹏的《苏轼黄州词选》、涂普生的《苏轼黄州作品导读与审美》《苏轼黄州巅峰之解读》、饶学刚的《苏东坡在黄州》《走近东坡》、王琳祥的《苏东坡谪居黄州》《苏东坡道教情结》、余彦文的《鄂东名物风味辑览》、谈祖应的《苏东坡传奇》《苏子语典》《三苏醒世铭言》、熊文祥的

序言

黄梅戏《东坡》、饶晓明的《东坡词研究的新思维》；有丁永淮、梅大圣、张社教的《苏东坡黄州作品全编》，丁永淮、吴闻章的《东坡赤壁诗词选》，丁永淮、冯一德、吴闻章的《东坡赤壁》，郭杏芳、胡燕、刘红星、傅景芳的《东坡文化与黄州》；还有涂普生主编的《东坡黄州五年间》《觅迹千年》《千年情怀》《黄冈遗爱湖文选》《东坡说东坡》《东坡文化研究优秀论文集》《苏轼黄州诗词注释》，张龙飞主编的《东坡赤壁文化丛书》之《苏东坡黄州名篇赏析》等。

2003年，在"东坡赤壁文化旅游节"上，笔者给"东坡文化"定位，9月20日《鄂东晚报》以整版篇幅刊出笔者《纵论东坡文化与黄冈旅游》；2006年始，刘雪荣作题为《人间绝版苏东坡》《东坡轶事说遗爱》讲座；黄冈市建设以东坡文化为主题的遗爱湖公园，并编有大型画册《千古东坡》；2009年12月1日，黄冈市成立东坡文化研究会；2010年10月召开了一次规模宏大的"黄州东坡国际论坛"，笔者提出"黄州是东坡多元文化的发祥地"新见；成立眉山、黄冈、惠州、儋州的四城联盟，后加诸城为五城联盟；建成苏东坡纪念馆与遗爱湖公园建设馆；新建东坡赤壁碑廊，荟萃历代名人书画"二赋一词"；黄冈师范学院文学院更名为黄冈师范学院"苏东坡书院"，黄冈市第二实验小学更名为"东坡小学"；以东坡文化兴市，东坡文化建设事业纳入黄冈市"十四五规划"。以上一一标志着黄冈市东坡文化研究传播进入新阶段。

2013年10月举办第二届东坡学校与东坡文化传播交流活动；2016年11月举办苏东坡980周年诞辰学术报告会；2018年12月，举办"纪念改革开放40周年·黄冈遗爱湖东坡文化研讨会"；2019年1月举办苏东坡982周年诞辰寿苏会；2012年9月、2016年9月和2021年11月，分别举办第三届、第七届、第十一届东坡文化节。

2010年，黄冈电视台录制专题片《话说遗爱湖》；2016年，由黄冈市委市政府、湖北广播电视台、央视纪录国际传媒有限公司联合摄制六集电视专题片《苏东坡》；2019年10月，中央电视台播放了湖北卫视录制的《满含深情与诗意，17分钟了解黄冈遗爱湖的前世今生：遗爱湖记》。

2010年10月1日，日本学者内山精也在"黄州东坡国际论坛"上，做题为《海外苏东坡热爱者的殷切愿望》的演讲；2016年3月18日，内山精也又在黄冈师范学院苏东坡书院做题为《苏东坡、黄州、日本》的讲座；2017年9月24日，韩国学者安熙珍在黄冈师范学院苏东坡书院做题为《韩国大学文科的危机及其对应措施》的讲座。两人的讲座表明苏东坡是属于全世界的。

现在，黄州以"东坡"命名的学校、街道、村庄、企业、店铺、食品比比皆是。黄州及南湖、麻城歧亭、浠水兰溪、黄梅五祖寺等的东坡遗址遗迹基本修复，吸引着众多中外政要和游客前来瞻仰。黄州获得了"中国东坡美食文化之乡""中国东坡文化名城"称号。2018年9月10日，"黄州东坡肉"被评为中国菜之"湖北十大经典名菜"。还有黄冈师范学院与黄冈职业技术学院之学报"苏东坡研究"专栏开通，"文峰黄州·苏轼经典高级研修班"问世。以上一一表明东坡文化研究传播进入寻常百姓家。东坡之风吹遍黄州，吹到全国及海外。

至于黄冈市东坡文化研究会首次换届后的东坡文化研究传播史，只好委托后续研究工作者完成，任重道远。

文回书题。笔者简言之，苏轼嬗变为苏东坡，东坡与黄州两成全，全是由北宋专制皇权威逼成的。东坡编管黄州，迫于全家生计和自身安定，不得不走陶渊明、白居易之路，躬耕东坡，修雪堂，建南堂，游鄂城西山，游蕲水兰溪，游黄州赤壁，到安国寺参禅，到天庆观面壁，便把一种纯真高洁的修炼生活推向高峰，把高雅人格和超凡才华推向高峰，也把文学艺术创作推向高峰，从而构成一种独特的贬谪文化机体——这就是东坡在黄州所缔造的跨越世界时空意义的"东坡文化"。

期望《东坡文化与黄州》的出版，力助黄冈以东坡文化兴市更上一层楼。

是为序。

2023年春于隽水书斋

前言

　　苏轼出生于四川眉山，而苏东坡诞生于湖北黄州。苏东坡在黄州四年多的人生历程及其所取得的一切成就，几百年来不断地凝炼，不断地传承和发展，形成了今天的东坡文化。可以说，东坡文化是一种发源于黄州的、以苏东坡所有成就为内涵的、具有明显个人标志性的文化。由此可追溯延伸至他整个一生的经历和成就，以及他的家教、他的父亲与弟弟的文学成就。此书想要阐明的主要是诞生于黄州的，以苏东坡个人为标志的东坡文化。

　　北宋文坛领袖级的文学家苏东坡，为何被贬到黄州？在黄州的生活经历对他产生了什么影响？他与黄州是怎样的关系？东坡文化含义是什么？对黄州文化有何意义？作为黄州本地苏东坡的热爱者和东坡文化的传承者，有必要弄清这些来龙去脉，以向黄州广大市民和学生做个解答，向东坡粉丝及东坡文化的热爱者和研究者作较全面地阐述。

　　苏东坡这个名号，对黄州文化品位和文化影响力的提升有着重要意义。近千年来，众多的文人墨客、社会贤达慕名来到黄州，来到东坡赤壁，他们瞻仰、凭吊，留下了许多诗文、墨宝，又给黄州增添了更丰厚的文化财富。"东坡"这个用心血和智慧凝结的文化符号，从黄州走向全国、走向世界，形成广为人知的璀璨的东坡文化。"黄州是苏东坡文学艺术创作的巅峰之地"和"黄州是东坡文化的发祥地"这个论断，也得到了苏学界的广泛认可和赞同。赞同

的原因应该主要在于这两个方面：其一，苏学界不可否认东坡名号诞生于黄州躬耕东坡之时，随遇而安的达观情怀得力于黄州安国寺的参禅沐浴，安国寺洗却了苏东坡身心的尘垢和荣辱；苏东坡在黄州思想升华，文才大开，出现文学艺术创作的高潮，产生了闪耀中华文学艺术殿堂的"一词二赋"和"天下第三行书"。其二，黄州为东坡文化的研究和传承率先做了一些有意义的工作：1982年，黄州举办了第二届全国苏轼学术研讨会，时任黄冈师专学报主编、中国苏轼研究学会理事的饶学刚先生，提交了《苏东坡文艺创作高峰在黄州》的论文，首次提出苏东坡创作"黄州高峰说"，引起与会者的强烈反响，期间连续三期会议简报对此观点展开争鸣讨论（饶学刚《苏东坡在黄州》序言）。从此，这一观点得到全国苏学研究专家的赞同。同时，黄冈成立东坡赤壁诗词杂志社，创办唯一具有中国标准连续出版物号的双月刊《东坡赤壁诗词》，诗刊公开发行，作者遍及世界各地。

为做好苏东坡这篇大文章，2009年成立黄冈市东坡文化研究会。此后，相继举办全国首届"东坡文化国际论坛"和"黄州东坡禅学研讨会"。前者是由全国红色旅游工作协调小组办公室、国家林业局、湖北省人民政府主办，湖北省旅游局、湖北省林业厅、黄冈市人民政府、中国苏轼研究学会承办，光明日报《光明讲坛》、黄冈市东坡文化研究会、黄冈市赤壁管理处协办的国际盛会，2010年10月26日论坛在古城黄州隆重开幕，此为湖北省，也是全国第一次举办关于东坡文化的专题国际论坛。后者是2016年9月7日以"黄州文峰传千古，翰墨东坡话禅缘"为主题的第七届（黄冈）东坡文化节黄州东坡禅学研讨会。两次东坡文化传承和弘扬的盛会，影响广泛深远。自2010年至2021年，黄冈市东坡研究会历年还举办了东坡遗址遗迹论证会，苏东坡书画研讨会，东坡美食研讨会，苏东坡来黄、离黄周年纪念学术研讨会等东坡文化学术研讨十余次。

21世纪初，黄冈市委市政府投资数亿，建设全国唯一的以东坡文化为主题的遗爱湖公园，历时十余年才全部建成。园内设立十二个景区，水陆面积7555

前言

亩，已成为长江中游北岸生态环境改造成就巨大的文化样板工程。遗爱湖公园建设期间，黄冈市委市政府领导举办东坡文化讲堂。时任市委副书记的刘雪荣市长亲自撰写《人间绝版苏东坡》，并在讲堂上向全市局级以上干部宣讲，此举亦为全国仅有。可以说黄冈市委市政府亲自吹响了大力弘扬东坡文化的号角，举起了广泛传播、创造性转化、创新性发展东坡文化的大旗。

如今东坡文化与黄冈旅游的融合也到了新的发展阶段。东坡文化与黄州旅游事业的发展建设，写进了黄冈市"十四五规划"；同时，建设东坡文化旅游区，写进了黄冈市委第六次党代会工作报告和市政府的工作报告。市东坡文化研究会向市委报送的关于建设东坡文化旅游区的项目策划报告，得到了市委市政府的高度重视。2022年6月11日，市委书记张家胜、市长李军杰亲自主持召开了黄冈市与中国城市规划设计研究院关于东坡文化旅游区规划工作的座谈会，进一步推进黄州东坡文化旅游区的规划和建设事项。

2023年春节，黄冈举办东坡庙会。从1月20日（壬寅年腊月二十九）在黄州遗爱湖公园东坡广场正式开启，至2月5日（正月十五），东坡庙会以六大主题百余场文化惠民活动，为广大群众提供一道道文化大餐，东坡文化得到全方位的广泛宣传。该活动由黄冈市委、市政府主办，市委宣传部、市文化和旅游局、市商务局、市文联、市城管执法委、黄州区委、黄州区政府承办，同时黄冈其他一些县市也组织了特色民俗文化迎春活动。在黄冈各县市，各类主题的活动还会持续开展下去。东坡庙会影响扩大至全国，各级各类传统媒体及融媒体进行了相关报道和宣传，各地游客纷纷前来打卡。此次庙会，对东坡文化与黄冈旅游融合发展产生了实质性的良好效果。

尽管自黄冈市东坡文化研究会成立以来，黄州东坡文化研究兴起了一大波热潮，研究成果斐然，但是，还没有以"东坡文化与黄州"为主题的单项研究成果出现。为了让更多人，尤其是广大青年学生能够了解和学习苏东坡在黄州的人生经历、文学创作、生活态度、胸怀品德及其东坡文化的形成和影响，加深对中国古代优秀知识分子、诗文大家的理解和文化品格的传承，应该有更多

相关的读本和研究成果出版。因此，黄冈职业技术学院"东坡文化传承中心"的同仁们，就苏轼来黄州的缘由，苏轼嬗变为苏东坡，苏东坡在黄州的生活和创作，东坡文化的形成和影响，以及今天的文旅融合，文创产品的研发，东坡文化融进校园文化建设等等内容，撰写成书，命名为《东坡文化与黄州》。

东坡文化，作为中华优秀传统文化的重要组成部分，也是黄州优秀地域文化、名人文化的代表，我们本地人更有责任继承和弘扬下去。

目录

第一章 苏东坡与黄州 001

第一节 苏东坡被贬黄州的缘由 …… 003

第二节 苏轼在黄州嬗变为苏东坡 …… 008

第三节 苏东坡与黄州的关系 …… 018

第二章 苏东坡在黄州的文学创作 024

第一节 苏东坡在黄州诗的创作 …… 026

第二节 苏东坡在黄州词的创作 …… 058

第三节 苏东坡在黄州散文的创作 …… 078

第三章 东坡文化在黄州的形成和发展 111

第一节 东坡文化的界定 …… 112

第二节 东坡文化在黄州形成的原因 …… 121

第三节 东坡文化的兴盛 …… 128

第四章 东坡文化对黄州文化的影响 135

第一节 黄州文化的兴起和发展 …… 136
第二节 东坡文化对黄州文化的影响 …… 146
第三节 东坡文化传承与弘扬的当代意义 …… 154

第五章 东坡文化在黄州创造性转化与创新性发展 158

第一节 东坡文化与黄州旅游的融合 …… 161
第二节 东坡文创产品和黄州东坡美食 …… 177
第三节 黄州东坡文化进校园 …… 195

附录 205
参考文献 211
后记 215

第一章 苏东坡与黄州

中国古代优秀人物和优秀传统文化可以满足当代人们的精神滋养和智力支撑，中华文明巨大的精神财富是我们吸取精神力量的不竭源泉。在我国文学史上，甚至世界历史上，有一位了不起的被广泛认可的中国诗文大家，他就是我国古代灿烂文化长河中的杰出代表——苏东坡。

苏东坡（1036-1101），姓苏名轼，字子瞻，亦字和仲，号东坡居士，出生于四川眉山，祖籍河北栾城。苏轼出生时，其家庭是县城内纱縠行一个"门前万竿竹，堂上四库书"的生活比较富裕、而喜子孙读书的人家。曾祖父苏杲和祖父苏序耕读传家，扶危济困，乐善好施；伯父苏涣科举走上仕途，为官有德政；父亲苏洵少喜游侠，二十七岁始发奋读书写作，并在家教苏轼苏辙二子读书；在父亲出门游学时，母亲课子，教育儿子学历史上爱国为民的良臣，做个正直有为的人。苏东坡在良好家风家教下成长，读书正业，志存高远，孝悌友善，为官后忠君爱民。他的头衔很多，是北宋著名的诗人、词人、文学家、思想家、书画家、美食家，等等，不胜枚举。

宋仁宗嘉祐元年（1056），还未有东坡之名的苏轼与弟弟苏辙一起，由父亲率领，离家出川，远赴首都汴京应试。次年（1057），兄弟俩参加科举考试，一举进士及第。苏洵也因文章出众，引起朝堂上下广泛赞誉。一时之间，苏氏父子三人名满京城。可是天有不测风云，同年因母亲程夫人病逝，东坡兄弟与父亲返回四川老家丁忧。服丧期满后，苏东坡带着妻子王弗与父亲和弟弟，一家人返京。嘉祐六年（1061）苏东坡通过制科考试，授予大理评事，凤翔府签判，同年十一月赴任，正式走上仕途。宋英宗治平元年（1064）十二月，苏东坡罢凤翔任，治平二年（1065）正月还朝，判登闻鼓院，任职京师直史馆。同年五月结发妻子王弗卒于京师，治平三年（1066）四月父亲苏洵也卒于京师，兄弟俩扶丧返川，在家居丧至神宗熙宁元年（1068）7月免丧，苏东坡续娶王弗堂妹王润之为妻。同年，苏东坡与苏辙携家人入京，经成都、阆中、凤翔，在长安度岁，次年二月还朝。熙宁二年（1069）二月至四年（1071）四月，苏东坡在京任殿中丞直史馆判官告院。他多次给神宗皇帝上书，批评新法一些有损百姓利益的做法，反对"夺民口体必用之资"。他的上书没被重视，反而有御史对他弹劾、诬奏。苏东坡在朝廷受到挤压，请求出任地方官，于是便有通判杭州之命。熙宁五年（1072）十一月至七年（1074）四月任杭州通判，七年（1074）五月命移知密州，至九年（1076）十二月离开密州，改知徐州。苏东坡知徐州两年多，后改知湖州，仅三个月却因诗获罪，被捕下狱，出狱后被贬黄州。

在通判杭州和知密州期间，苏东坡施行有利民生的德政，写诗反映百姓疾苦（在密州还有几首著名的词），给朝廷上书反映地方现状，主张救灾，减赋，镇压盗贼。应该说苏东坡为官是忠于朝廷，热爱百姓的。

黄州躬耕，并以东坡自号之后，苏东坡之名便取本名而代之。近千年来，苏东坡之名比苏轼之名影响更大，传播更广泛。

要了解苏东坡与黄州的关系，了解他给黄州留下的丰富而宝贵的文化遗产，首先就要了解他来黄州的缘由和他在黄州的生活经历与思想变化。

第一章　苏东坡与黄州

第一节　苏东坡被贬黄州的缘由

至元丰二年（1079）十二月被贬黄州，苏东坡已历任近20年的京官和地方官，人已进入到中壮年，早已自称"老夫"。为何被贬黄州，又为何有东坡之名，在了解这些之前，有必要先简要了解一下苏东坡其人。

一、苏东坡其人：才华横溢，仕途坎坷

对苏东坡该怎样评价，很难简单界定。说他是北宋伟大的文学家毫无疑问，他是北宋继欧阳修之后的文坛领袖，是"唐宋八大家（散文）"之一，有"欧苏"之称；说他是著名的诗人、词人，他本来就是，其诗与黄庭坚并称"苏黄"，词与南宋辛弃疾称"苏辛"，是豪放词派的代表；说他是著名的书法家和画家亦当其名，书法是北宋"四大家"（苏、黄、米、蔡）之首，画称文人画之宗。这些称谓他都当之无愧，他就是一位千年一遇的文学艺术创作的全才，也是一位通过科举考试走上仕途的朝廷命官，是一位享誉世界的"千年英雄"。

2000年，法国《世界报》在全球挑选出12位能够代表过去1000年的人物，称之为"千年英雄"。中国唯一入选的人就是苏东坡。法国《世界报》记者让-皮埃尔·朗日里耶，将苏东坡列为该报专栏连载的12位"千年英雄"之一。他专程来到中国四川三苏祠参观过，他说随着了解的深入，越发感到苏东坡了不起。他认为，苏东坡首先是一位伟大的诗人、文学家；其次，苏东坡是一位有良知的政治家、官员。他说："苏东坡是一位很有实干精神的人物，他在政治方面是十分有勇气的，不畏权贵……直言不讳。"《世界报》还认为，苏东坡的从政生涯同他的诗文书画一样，都是属于人类宝贵的文化遗产。

20世纪之初，第一位在美国用英语写作的中国文人、著名作家林语堂对

苏东坡评价说："像苏东坡这样的人物，是人间不可无一难能有二的。对这种人和人品个性做解释，一般而论，总是徒劳无功的。在一个多才多艺，生活上多彩多姿的人身上，挑选出他若干使人敬爱的特点，倒是轻而易举。"因此，他用列举、比喻、比较和其他修饰手法给苏东坡一个素描式画像（《苏东坡传》林语堂著；张振玉译，原序：4-5）：

苏东坡是个秉性难改的乐天派，是悲天悯人的道德家，是黎民百姓的好朋友，是散文作家，是新派的画家，是伟大的书法家，是酿酒实验者，是工程师，是假道学的反对派，是瑜伽修炼者，是佛教徒，是士大夫，是皇帝的秘书，是饮酒成癖者，是心肠慈悲的法官，是政治上的坚持己见者，是月下的漫步者，是诗人，是生性诙谐爱开玩笑的人。可是这些也许不足以勾绘出苏东坡的全貌。我若说一提到苏东坡，在中国总会引起人亲切敬佩的微笑，也许这话最能概括苏东坡的一切了。苏东坡的人品，具有一个多才多艺的天才的深厚、广博、诙谐，有高度的智力，有天真烂漫的赤子之心——正如耶稣所说具有蟒蛇的智慧，兼有鸽子的温柔敦厚，在苏东坡这些方面，其他诗人是不能望其项背的。这些品质之荟萃于一身，是天地间的凤毛麟角，不可数见的。而苏东坡正是此等人！

概而言之，苏东坡睿智博学、多才多艺、心灵纯洁、品质高尚、爱国忧民、爱好广泛、旷达乐观、随遇而安，很多正能量的美好称赞在他身上都有体现。

那么，苏东坡在当时生活得很顺利、很受朝廷重用吗？不是，恰恰相反，他在官场一波三折，常遇险境。他一生曾任不同名称的33个官职，八任州郡长官，官至礼部尚书、端明殿学士兼翰林侍读学士。他40年的仕途生涯却六起五落，苦乐相随。其中两次为远离朝廷是非之地而自请外任，三次被朝廷贬谪到偏远荒僻之地（饶学刚《苏东坡在黄州》增订本）。为什么呢？主要就是因为他的个性、思想和品质与众不同，还被朝廷的派系之争所殃及。他一心济世为民的为官之道，常常显得"不合时宜"。

苏东坡二十出头进士及第，可以说是少年得志，而他少年便有为国效力的

远大志向。而且，嘉祐六年（1061）经欧阳修推荐，他参加朝廷选拔人才的制科考试，成绩高居榜首。当时他献《进策》《进论》各二十五篇，系统提出了自己的革新主张。嘉祐八年（1063）《思治论》中，苏东坡强调"丰财""强兵""择吏"是存亡之所从出，明确提出了改革目标。此时，王安石变法运动正处于准备阶段。可以说在要求改革这一点上，苏、王并无重大分歧。苏东坡本是主张革新朝政的，为何又成为王安石变法的反对者而被捕下狱，被贬黄州？而且又会成为旧党的反对者，却作为旧党派的代表而一贬再贬呢？其缘由，主要还是苏东坡的民本思想，他总把老百姓的利益放在个人安危之前，首先加以考量。

元丰八年（1085）三月，神宗逝世，哲宗即位，高太后听政。司马光重新上台，遂着手逐步废除全部新法。元祐元年（1086）初，司马光奏复差役法，废除新法中的免役法。围绕这个关系着全部废除新法还是保留某些新法的问题，展开了一场相当规模的论争。苏东坡认为，对于新法应当"校量利害，参用所长"，因此"不可尽改"。他肯定了免役法"使民户率出钱，专力于农"，免除了"差役之害"，有利于生产发展。他在密州曾实行过与免役法类似的"给田募役法"，结果是"民甚便之"。因此对旧党要全部废除新法，他与司马光进行过激烈地争辩，称司马光为"司马牛"。此时，他刚从黄州贬地回到朝廷不久，没有考虑到个人利害得失，坚持实事求是，他"独立不倚"的立场，遭到了守旧派的不满，并结下了仇怨。朝廷内部愈演愈烈的派系斗争，另加"洛蜀党争"一类的朋党之间由学术宗派与政见论争转化而来的倾轧，让苏东坡经常处于被人"忿疾"和"猜疑"的境地，而不断遭到造谣中伤者的袭击（孔凡礼点校《苏轼诗集》）。

元祐八年（1093）九月，高太后死，哲宗亲政。守旧派下台，已经变质的变法派上台。苏东坡却被作为守旧派的重要人物，被贬到惠州，再贬儋州。对他的迫害持续至他死后的一段时间，他的文章、诗词等作品都成禁品。但愈禁愈流传广泛，文人士大夫以读不到苏东坡的作品为憾事，偷印一直没停止，民间刻本一直在流传。

二、苏东坡被贬黄州的缘由：乌台诗案

唐中期以后，非贵族出身、通过科举考试走上仕途的官员，官场常受挤压，人生之路很不平坦。苏东坡的仕途尤其坎坷，因为他既是以王安石为代表的新党改革派的反对者，又是以司马光为代表的旧党守旧派的反对者，加之朝廷宗族党派之争，使其一再被迫害，遭到一贬再贬。

苏东坡仕宦生涯屡遭贬谪，究其原因，既有他个人的思想观点与朝廷当权派的分歧，也与他才高傲物得罪一些朝廷高官有关。而且他特别关注民生，认为治国要以民为本，常以老百姓的利益和朝廷的前途来衡量政策法规的是非与高下。所以，不论是改革派还是守旧派当权，一旦有关乎民生社稷的举措，苏东坡都很关注，涉及百姓利益的都要据理力争，争取不能奏效，还会在诗文中讥刺一下时政。这自然不免让一些人不高兴，找到机会便要教训他，甚至惩治他。

王安石变法是基于他对当时国家形势的判断的，他认为当时的北宋王朝已经到了非"猛药"不足以疗弊端的地步。因此，王安石提出的变法措施，是大刀阔斧地变"法度"。苏东坡认为王安石变法太激进，很多变法条款，尤其在执行过程中，损害了老百姓的利益。在他看来"天下之所以不大治""非法制之罪"，法制可以不变，只需实施"课百官""安万民""厚货财""训兵旅"等措施就行。苏东坡主张的改革措施显得十分温和，没有付诸实施，是否有效也未可知。

北宋神宗熙宁二年（1069），王安石任参知政事（宰相），推行一系列的新法。新法中有些措施在一定程度上，打击了豪强兼并势力，损害了特权阶层的一些既得利益，在历史上有一定的进步意义，在这一点上苏东坡也是赞成的。但是，守旧的封建士大夫逐渐集结在以司马光为代表的反对变法的中坚力量周围，其中包括原来重视苏东坡的人在内，他们掀起了有声有势的反对变法的浪潮，苏东坡也被卷进了反对派的阵营。

熙宁四年（1071），苏东坡在《上神宗皇帝书》中，反对王安石的一些变法主张。因此，与王安石变法的分歧日益扩大和激化，情况十分复杂（孔凡礼

点校《苏轼诗集》)。王安石实施青苗法、方田均税法、均输法等，试图"生天下之财"，以此解决北宋王朝的经济危机。苏东坡对变法持异议，但他与顽固的守旧派不同。他忧虑青苗等法带来流弊，其着眼点是人民的利益。他并不是要维护豪强兼并势力的特权利益，他没有全盘否定新法，而是肯定了新法中"裁减皇族恩例"的措施及"刊定任子条式，修完器械，阅习旗鼓"等措施。但总的来说，在苏、王论争中，苏东坡是偏于保守的，他的变法主张是温和的，且未引起皇帝重视，没有采用。

熙宁九年（1076）十月，王安石二次罢相。新法逐渐失去了打击豪强势力的激进色彩，封建统治阶级内部变法派和守旧派之间的争斗，演变成封建宗派的倾轧、谤讪和报复。苏东坡成为报复中的最大受害者，他在地方官任上被指控写了一些讥讽新法的诗而被捕下狱（即"乌台诗案"），险遭灭顶之灾。

熙宁十年至元丰二年（1077-1079），苏东坡在徐州任太守两年余，因抗洪立大功，受到朝廷嘉奖。他在徐州修黄楼纪念抗洪胜利，召集社会名流和同僚集会，饮酒赋诗；他弟弟苏辙写了《黄楼赋》，其他人也写诗赞颂。庆祝很是高调，引得朝廷一些当权者的妒忌，这也可能为他日后被捕被贬而埋下祸根。

元丰二年（1079）春，苏东坡调任湖州。四月二十日，他到湖州上任，写《湖州谢上表》，感恩神宗皇帝待他宽厚。其中有"用人不求其备，嘉善而矜不能。知其愚不适时，难以追陪新进；察其老不生事，或能收养小民"等语。大意是说他自己愚笨、跟不上新贵，皇帝却宽容让他牧养小民。有人认为谢表语带讥讽，刺激了当朝变法派的一些人，引起他们不满。于是，御使台言官舒亶、李定、何正臣等人在神宗皇帝面前告苏东坡的御状。因找不到具体的罪行，便在《苏子瞻钱塘诗集》中寻章摘句，罗织罪名。然后，由王珪、舒亶、李定、李宜之等人先后呈递奏折，状告苏东坡反对变法，且对皇帝大不敬。奏折措辞激烈、语气严厉，大有置苏东坡于死地而后快之势。神宗皇帝是改革的发起人，自然不想有人反对，也想教训一下苏东坡，于是准奏。同年七月二十八日，御史台便派皇甫遵为钦差大臣，率御史台差官赶赴湖州，以讪谤新政的罪名拘捕苏东坡。

此案的主谋者何正臣、舒亶、李定等人，以文字进行陷害的目的，不仅在除掉苏轼，而是要除掉与苏轼有过交往的包括司马光、张方平、范镇等人在内的一些政敌。苏轼首当其冲，自然凶多吉少。

湖州到任三个月，苏轼便被御史台钦差从湖州押解到京城开封，进行审查。当时被打入死牢，关押4个多月。在押期间，提审11次，有时"诟辱通宵"，让苏轼受尽了折磨。由于苏轼的罪行全是来自对诗句的臆解，而案子由御史台所办，因御史台四周被古柏环绕，许多乌鸦栖息其上，故御史台称"乌台"，苏轼的案子称"乌台诗案"。

元丰二年（1079）农历十二月二十八日，"乌台诗案"结案。由于宋神宗谨遵仁宗皇帝"与士大夫共治天下"的遗训，不杀士大夫，又特别爱惜苏轼的出众文才，还由于曹太后主动出面在神宗皇帝面前说情，当朝宰相及其他官员也为之求情，其弟苏辙以官职抵罪求保。于是根据王安石"岂有盛世而杀才士乎"的意见，仁宗皇帝首肯释放了苏轼。责授"检校水部员外郎黄州团练副使，本州安置，不得签书公事"。

苏轼这个坚持己见，关心人民，"满肚皮不合时宜"的封建官员，仕途遭遇空前祸灾，因"乌台诗案"，他被贬黄州，从此，他与黄州结下了不解之缘。

第二节　苏轼在黄州嬗变为苏东坡

元丰三年（1080）农历正月初一，罪臣苏轼从开封被押解着起程，向贬地黄州走来。他们取道潢川，走光黄大道。行至麻城春风岭（即今天河南新县与麻城交界处的黄土岭——金木注），渐渐有了春天的信息。看到雨中草棘间开出鲜艳的梅花，苏轼感叹而写《梅花》诗二首。其二曰："何人把酒慰深幽，开自无聊落更愁。幸有清溪三百曲，不辞相送到黄州。"大约正月二十二、三日，令他意外惊喜的是，在麻城歧亭居然有老友陈季常（苏任陕西凤翔府签判时上司陈希亮之子）白马青盖迎接。于是，他便与这位20年前的老友相聚五日而别，

继续向着黄州而行。一行人,从汴京到黄州的整个行程历经一个月,于元丰三年(1080)农历二月初一,抵达黄州城。从此,苏轼成为被贬之人,在黄州被监管居住,一住五个年头,实住四年零二个月。

当苏轼从"乌台诗案"死里逃生,不得不于新春佳节之际起程,赶赴贬所黄州,接受"不得签书公事"的团练副使的任职时,却因罪臣之身不得入住黄州官邸,只能寓居城南小寺庙定惠院。实际上,他站在了人生的十字路口,必须面对新的身份和处境。他已不是独当一面的地方行政长官,而是"本州安置"的戴罪之身。如何适应仕途这巨大的变化,如何给自己的人生重新定位,是他将要面临的现实问题。

经过黄州四年多的贬居生活,苏轼不仅名号变成了苏东坡,而且人生态度、思想情感和价值观念也发生了质的变化,完成了从苏轼到苏东坡的角色嬗变。苏轼与苏东坡,这一个名和一个号,各有其深厚的含义和特殊的代表性。苏轼所代表的是北宋时期一个青年书生进士及第,走上仕途,踌躇满志,有才华、有理想、有抱负,一心想兼济天下、致君尧舜的封建知识分子官员形象;苏东坡则隐藏了很多人生抱负和才华外显的色彩,而蕴涵着儒、道、释三家思想精华的融合,彰显出历经沧桑之后的平和心态、洒脱旷达、随缘自适、亲和众生、忧国忧民的文学家形象。后者才是中国优秀传统文人和优秀传统文化的代表,是近千年来中国知识分子的处世楷模和精神家园,是让黄州传名古今、传播海内外的文化符号。

这个演变过程却不是轻松随意的,是苏轼仕途遭遇打击、人生遇到坎坷,经历了一番生活磨难、精神修炼、思想转换的痛苦历程,最后从被动贬居走向主动适应的结果。

一、初到黄州的苏轼,精神苦闷及自我调适

在初到黄州,躬耕东坡并以此自号之前,叙述中仍用苏轼其名。父亲苏洵

当年为儿子取名时，是有寄托和预言的。他说"轼"看起来不像车轮和车盖那般实用，但是，没有它车就不完整，更不完美。他担心苏轼不善于掩饰自己的才华、过于外露，而给自己带来很多意料不到的麻烦。果如其父所言，"苏轼"才华外露遭人忌恨，因言获罪。如今面临困境，他将如何破解呢？

已过不惑之年的苏轼，在官场历练多年，任过数州地方行政长官，对官场认识不可谓不深。虽然早先他已认识到了朝廷政治环境的险恶，多次请求外任，想要远离是非中心，但还是未曾料到自己会遭人陷害，仕途上第一次遭遇到沉重的打击。被捕下狱，出狱被贬，他的政治理想几乎破灭，生活信念也应该有所动摇，到黄州后，心态和人生态度必将有大的变化。

为适应新的角色，面对新的处境，作为贬官的苏轼经历了复杂而痛苦的心灵煎熬。刚开始畏人畏事、忧谗畏讥的心态很明显，而一些亲友也不敢与他往来。他在给一些同僚和朋友的书信中，流露出亲友疏离的情形。在《与章子厚书》中说："轼自得罪以来，不敢复与人事，虽骨肉至亲，未肯有一字往来。"（《苏轼集》卷七十五）有相当长一段时间，才华横溢的苏轼"不敢作诗与文字"。他说自己："笔墨荒废，实以多难畏人。"

来黄州的途中，"宿黄州禅智寺，寺僧皆不在，夜半雨作"。此时的苏轼想到早年曾在一村院墙壁上看到的题诗，记得其中的两句："夜凉疑有雨，院静似无僧。"于是，他"故作一绝"，诗曰："佛灯渐暗饥鼠出，山雨忽来修竹鸣。知是何人旧诗句，已应知我此时情。"荒凉寂静的雨夜，宿于无人的小寺中，此时是何种心情？他好像忽然领悟了那首诗的意境和题诗人的心情。生活的清苦和精神的寂寞，是他将要面对的现实，他必须有心理准备，从此，他要过一种有别于过去的生活。所以，初来黄州的苏轼"幽人无事不出门"（《定惠院寓居月夜偶出》）。"杜门思愆，深悟积年之非"（给神宗皇帝的《黄州谢表》）。这实际上也是他在调适自己的情绪和心态，他要确立一种让自己安身和安心的不同于以往的处世态度和人生态度。

政治上的巨大挫折，对于一个"奋厉有当世志"的人来说，打击不可谓不大。苏轼刚出狱时作诗给弟弟子由说："平生文字为吾累，此去声名不厌低。塞上纵归他日马，城东不斗少年鸡。"（《十二月二十八日，蒙恩责授检校水部员外郎黄州团练副使，复用前韵二首，其二》），此诗似要"改过自新"。事实上，儒家的入世思想还是其精神内核，一有适当的机会或朝廷有召唤，他便会全力以赴。而现实处境使他不得不借助佛老思想来平复自己的情绪，安放自己的灵魂。所以，黄州安国寺成为他居黄期间常去的地方。苏轼与寺僧继连关系密切，尔后还与其成立了拯救黄州溺婴的民间救婴会；还应继连之请，写《黄州安国寺记》；在徐君猷离任黄州前，又应继连之请，给安国寺竹间亭命名为遗爱亭，并代好友巢谷撰写《遗爱亭记》。

佛道的修炼安抚了苏轼的心灵，平复了他的思想，解脱了他的苦闷。同时，他还与当地人广交朋友，放浪山水；勤于读书、著述、创作。虽说为文字所累但仍离不开文字，初来黄州的苦闷和调适，便是借助写作而得到宣泄和抒发。也正是凭借他大量的作品，我们今天才得以了解他的心绪和思想、人格和心胸。他的苦闷、孤独、迷茫、彷徨以及自我调适后的开阔胸怀，我们都可以从其诗文中品读到。

从谪居黄州初期的一首词，便能看出苏轼的复杂心绪。此为寓居定惠院时所作的《卜算子》：

缺月挂疏桐，漏断人初静。谁见幽人独往来，缥缈孤鸿影。 惊起却回头，有恨无人省，拣尽寒枝不肯栖，寂寞沙洲冷。

词中的意象都是有缺陷不圆满的：不圆的"缺月"、少叶的"疏桐"、落单的"孤鸿"，作为"幽人"独往来的背景显得异常凄凉、孤苦；下片进一步描绘"孤鸿"的惊恐、怨恨和坚守，这正是作者内心情感的自然流露。但抒情主人公并不是一个怨妇或庸俗之人，所以才"拣尽寒枝不肯栖"，而宁肯忍受"寂寞沙洲冷"的清旷和高寒。这首词可说是苏轼初到黄州时的心情写照，一个遭过大难后被贬到远离都城的僻陋之地，且被剥夺了权力、失去了自由的人，所有的那种对命运的感叹、对前途的失望、对不为当权者信任的无奈，以及不

肯同流合污、低头屈服的坚持,都通过这首词委婉曲折地表达出来。

今天品读此词,仍然感受到"孤鸿"寂寞凄惶而又高傲自许的孤苦与清高。这完全是作者内心的真情流露,是心里煎熬和心灵挣扎的外现,景物是情感的意象外衣。

灵魂的救赎只有靠自己,此时的苏轼大概也有骆宾王"露重飞难进,风多响易沉。无人信高洁,谁为表予心"(《在狱咏蝉》)的感慨和杜甫的"亲朋无一字,老病有孤舟"的凄苦,但他比骆宾王更超然,比杜甫更旷达,即使"有恨无人省",也仍然"拣尽寒枝不肯栖"。他有自己的一份坚持,更有人格的独立。

困顿苦闷下的苏轼仍有能力调适自己的心绪,使自己得到心灵的平静。他精神的内核是丰富而有韧性的,因此,他就不那么容易被现实打倒、被困难吓倒。他的济世思想和政治理想还在心中,正如他《与李公择书》所言:"吾侪虽老且穷,而道理贯心肝,忠义填骨髓,直须谈笑于死生之际。"在《与滕达道书》中说:"虽废弃,未忘为国家虑也。"同时,他还有读书人的一种气节,"我虽穷苦不如人,要亦自是民之一。形容虽是丧家狗,未肯弭耳争投骨。"(元丰五年作《次韵孔毅甫久旱已而甚雨三首》)这些精神支撑,使得他在最悲苦的时候仍保有开朗乐观的生活态度。他的《初到黄州》诗,自嘲透着安慰:"自笑平生为口忙,老来事业转荒唐。长江绕郭知鱼美,好竹连山觉笋香。"诗中流露了诗人随缘放旷的思想,这种不因困苦而悲伤,总能发现生活中美好的心态,为他适应新环境和新角色打下了深厚的思想基础。既没有权又没有钱,但他有自我调适心态的办法。学道礼佛,"厚自养炼",以"焚香默坐"来达到"物我相忘,身心皆空"(《黄州安国寺记》)的境界。

终于,苏轼摆脱了忧谗畏讥、迷茫彷徨的思想状态,达到了自我调适、自我解脱的新境界,豪放旷达的苏东坡形象越来越鲜明。更为可贵的是,不论多么艰难,他都没有颓废、放弃,而且始终没有放弃写作,并取得了文学创作的辉煌成就。他曾说"某平生无快意事,惟作文章,意之所到,则笔力曲折,无

不尽意。自谓世间乐事,无逾此矣。"(何薳《春渚纪闻》)。这是他在困苦时表达思想、宣泄感情的最佳方式,也为后世留下了宝贵的精神财富。

二、从苏轼嬗变为苏东坡,从物质到身心的解救

苏轼以罪臣的身份来到黄州,最大的现实问题是生活困难,尤其家眷来了以后,很快有断炊之虞。元丰三年(1080)五月在给参知政事章子厚的信中,苏轼说到他抵黄后的生活:"现寓僧舍,布衣蔬食,随僧一餐,差为简便。"而"廪禄将绝",则"恐年载间,遂有饥寒之忧"(《与章子厚参政书二首》)。元丰三年十一月和元丰四年七月,在给学生秦太虚和难友王定国的信中,他又分别描述自己生活的窘境及如何痛自节俭生活用度。"日用不得过百五十,每月朔取四千五百钱,断为三大块,挂屋梁上,平日用画叉挑起一块,即藏去叉"(《答秦太虚书》),"所云出入,盖往村寺沐浴及寻溪傍谷钓鱼采药,聊以自娱耳"。此时的心情是"饥寒并日,臣亦自厌其余生"。虽是这样说,但他并不真的十分忧虑。而朋友马正卿则向黄州官府请求得城中数十亩故营地。于是,苏轼在黄州贬所开始过一种前所未有的自食其力的躬耕生活。唐代诗人白居易曾在忠州东坡种花,苏轼为示自己对白居易生活态度的仰慕,也称耕种之处为东坡,并自号"东坡居士"。饶学刚教授认为"无论是白居易贬至忠州任刺史也好,还是东坡贬至黄州任团练副史也好,始终抱着'达则兼济天下,穷则独善其身'的处世观"(饶学刚《苏东坡在黄州》增订本 P320)。

自号"东坡居士"后,苏轼常自称"东坡先生"或在诗文中署名"东坡"。苏东坡之名经数百年广泛地流传,渐渐超过了苏轼之名的知名度。从此,中国文学史上有一个响亮的名号——苏东坡,黄州产生了新的文化元素——东坡文化。饶教授说:"两地东坡耕作地的名字竟是如此巧同,激起了苏东坡的创作热情。"诞生了一大批有重大影响的诗、词、文及书信,"重塑了东坡及其'前非''今是'的人生观、世界观、艺术观,缔造了一种高品位的超越世

时空意义的'东坡文化'。自然黄州就成为东坡文化的发祥地"（饶学刚《苏东坡在黄州》增订本 P320）。黄州东坡，成为传向全国、传到海外的一个影响巨大的文化符号。本节从此往后，概用苏东坡或东坡为名叙事。

苏东坡是从劳动中走来的。他在给章子厚的信中说"黄州僻陋多雨，气象昏昏"。故营地荒芜、贫瘠，为了养家糊口，他与家人一道"刮毛龟背上"，辛勤地开荒。捡去瓦砾石块，挖掘薄薄的一层泥土，然后在上面种麦栽茶。而且他进行了规划，种麦、种菜、种桑树、茶树，不使寸土闲置。还疏浚了一口老井，饮用浇灌都有了，后来又建雪堂和南堂，改善了居住环境，扩大了活动范围。

元丰四年（1081），苏东坡躬耕东坡，十月作诗《东坡八首（并叙）》，其序曰："余至黄州二年，日以困匮，故人马正卿哀余乏食，为于郡中请故营地数十亩，使得躬耕其中。地既久荒，为茨棘瓦砾之场，而岁又大旱，垦辟之劳，筋力殆尽。释耒而叹，乃作是诗，自愍其勤，庶来岁之入以忘其劳焉。"序言简介了获得耕地的经过和开垦的辛劳，作诗以志其事，并对收成寄寓希望。

其中一首诗描写了老农热心地向苏东坡传授种麦经验。苏东坡知道"良农惜地力"，暗自高兴自己耕种的东坡"幸此十年荒"，所以"投种未逾月，覆块已苍苍"。当他正得意之时，却有"农夫告我言，勿使苗叶昌"。当他明白"君欲富饼饵，要须纵牛羊"的道理后，便"再拜谢苦言，得饱不敢忘"。他们获得了丰收，一家人可以自食其力。劳动的结果改变了苏东坡的生活状况和思想状态。东坡耕种，苏东坡的生活空间扩大了，精神境界也开阔了；他变得更豁达洒脱，对生活无所畏惧；他找到了新的精神支撑，对人生价值有了新的认识。此时的苏东坡，身心上感到轻松和快慰，敢于说"竹杖芒鞋轻胜马，谁怕？一蓑烟雨任平生"（《定风波·莫听穿林打叶声》）。他对生活和处世有了自己辩证的认识："且夫天地之间，物各有主。苟非吾之所有，虽一毫而莫取。唯江上之清风与山间之明月，耳得之而为声，目遇之而成色，取之无禁，用之不竭。是造物者之无尽藏也，而吾与子之所共适。"（《赤壁赋》），诗

人已陶醉其间，忘我地融入大自然之中，这也是身心的一种修炼和自救，是一种健康积极的人生态度。

明白了取舍得失，心绪变得平和宁静，思想和精神不为外物所役，又有什么想不开、放不下的呢？苏东坡懂得在自然中放空身心是对精神最好的救赎。在给好友李端叔的信中，表达了那种忘记身份得失的生活状况。他说："得罪以来，深自闭塞，扁舟草履，放浪山水间，与渔樵杂处，往往为醉人所推骂。"这种不计得失、返璞归真的生活，也是思想放松忘却身心痛苦的一种方式。苏东坡本是生性旷达乐观之人，远离官场的倾轧，放下心里的包袱，心态恢复正常，心胸更旷达起来。

苏东坡风趣洒脱，善于发现生活中的积极因素。当他与名医庞安时同游清泉寺，发现溪水西流时，有感而作《浣溪沙》词："山下兰芽短浸溪。松间沙路净无泥。萧萧暮雨子规啼。 谁道人生无再少？门前流水尚能西。休将白发唱黄鸡！"白居易有"谁道使君不解歌，听唱黄鸡与白日。黄鸡催晓丑时鸣，白日催年酉时没"之诗。苏东坡反白居易诗意而用之，表现出积极乐观的心态。可见他常在警醒自己，而此时他的精神状态也调适得很好，借自然山水特性表达了自己所悟出的人生哲理，积极向上。

苏东坡在黄州之所以能成功转变角色，走出一个全新的自我，这几点应该是必不可少的，并对我们现代人仍有启示意义：其一，苏东坡具有"达则兼济天下，穷则独善其身"的儒家思想内核，同时吸取佛道的生活态度和处世态度，并形成了自己对生活对人生的辩证思维；其二，能放下读书人的身架亲自耕种，靠自己的双手和智慧养活自己和家人，并爱惜身体和生命，学会养生；其三，放浪山水，亲近自然，无私而博大的自然能为人治愈心灵的创伤；其四，心胸旷达，广交志气相投的朋友，友情也可以疗伤；其五，听从心灵的召唤，有感必发，形诸文字，创作是有才华文人最好的情感宣泄方式，作品又是他人了解自己的依据；其六，始终保有对生活的热爱和对社会的关注，尽管被剥夺了权力，但知识分子的社会良知是剥夺不了的。最为重要的是，他有良好的思想、

深厚的学养、旷达的天性、乐观的人生态度。

三、苏东坡旷达乐观，成就辉煌

苏轼嬗变为苏东坡，在黄州起死回生，脱胎换骨。苏东坡特别可亲可敬之处，在于他是一个有血有肉、热爱自然、热爱生活，富有才华和浪漫情怀的人，同时他又是一个有理想有抱负的读书人，他还是一个诗词书画样样精通的文学家、艺术家。

来到黄州的苏东坡，主要活动便是参禅礼佛，调适心态，研究《周易》《论语》，注释儒家典籍，躬耕东坡，泛舟赤壁，游览山水，交朋结友，勤奋读书，笔耕不辍。

黄州州治所在地，是长江北岸一个城墙残破不全的小城（有人称之为黄州州郡）。长江绕城西流过，赤壁矶头，惯看大江日夜不停地向东南流去；而赤壁之名又令人想到三国赤壁之战，远来的骚人墨客便常发思古之幽情。唐代黄州刺史杜牧写过怀古诗《赤壁》："折戟沉沙铁未销，自将磨洗认前朝。东风不与周郎便，铜雀春深锁二乔。"苏东坡也常到此静坐，思古抚今；或泛舟长江，想古今往事，抒风月秋怀。黄州的自然风光，特别是赤壁和长江，总给人以人生的思考和启迪。最能反映苏东坡哲理思想和文学才华的作品，其创作之源来自长江，来自赤壁。眼看着奔流的长江之水，苏东坡心里会想：长江之水，是从我家乡四川峨眉山流来的，我在黄州仍在饮用，同饮一江水，何必思故乡呢？"便为齐安民，何必归故丘"。面对日夜奔流不息的长江之水，苏东坡还想到了三国赤壁之战，想到历史上的风云人物：曹操、孙权、刘备、周瑜、孔明，"一世之雄，而今安在哉？"原来他们都被东去的长江大浪淘尽，淹没于历史的长河之中。人生苦短，想长生不可能，想成仙更不可能。但是，人人可拥有山间的明月与江上的清风；可以泛舟赤壁，交朋结友；可以想历史人物，抒思古情怀，有什么可愁的呢？

第一章 苏东坡与黄州

余秋雨先生说:"这僻远的黄州却给了他巨大的惊喜和震动,他甚至把黄州当做他一生中一个最重要的人生驿站。"(《苏东坡黄州突围》)的确,不论是从生活上、身心上还是创作上,黄州都给了苏东坡最适宜和最恰当的。黄州虽然是僻陋小州,但生活环境还不是很差,生活水平低却物美价廉,为东坡先生一家的生存和东坡美食的创制提供了有利的条件。而安国寺又为他提供了身心修养的场所,使其心灵找到归宿,精神获得慰藉,能安于清静和淡泊。随着居住日久,苏东坡的精神越来越解放,心胸便越来越开阔。

苏东坡说:"黄州山水清远,土风厚善,其民寡求而不争,其士静而文,朴而不陋。虽陋巷小民,知尊爱贤者。"(《书韩魏公黄州诗后》)黄州纯朴厚善的风俗、善良而知礼节的人民让落难中的苏东坡备感温暖。尤其是,黄州的地方官也都敬重苏东坡,对他关怀照顾,使其受伤的心灵得到修复;躬耕东坡,体味着自然和生命的原始意味;拯救溺婴、救助疫情中的百姓,使其人格和精神都得到升华。黄州的生活经历,使苏东坡从整体意义上脱胎换骨,也使他的艺术才情获得一次蒸馏和升华。

生活问题解决了,又没有官场的应酬和案牍公事的牵绊,苏东坡读书、写作,交友、泛游、做美食、做美酒,越来越自由洒脱,创作也越来越得心应手,炉火纯青。正如余秋雨先生所言"引导千古杰作的前奏已经鸣响,一道神秘的天光射向黄州,《念奴娇·赤壁怀古》和前后《赤壁赋》马上就要产生"。

元丰五年(1082)沙湖相田,途中遇雨,苏东坡写《定风波·莫听穿林打叶声》,认识了人生的本真,得"一蓑烟雨任平生"之感悟。相田遇雨后得臂疾,到蕲水名医庞安时处求治。愈后两人同游清泉寺,见寺前兰溪水西流,有感而作《浣溪沙·游蕲水清泉寺》词:"谁道人生无再少?门前流水尚能西。"感悟到人生易老但要振作有为。

苏东坡思想的升华、心胸的开阔、创作的高峰应运而生。苏东坡在黄州创作了七百余首(篇)诗词、书札,代表作"两赋一词"及被誉为天下第三行书的《黄州寒食诗帖》(也称《寒食帖》)先后问世。元丰五年(1082)年,是苏东坡大丰收的一年,他的创作达到了顶峰,文学成就也无人能及。此时,苏东坡北宋文坛领袖的地位,无人能替代,也无人能撼动。

总之,黄州不仅让东坡先生一家人生存下来,而且使他修养了身心,开阔了胸怀,登上了文学创作的高峰,找到了逆境处世的范式,形成了影响深远的东坡精神和东坡文化。

说不尽的苏东坡,正如"一千个读者有一千个哈姆雷特",不同的读者也会有自己所理解的不尽相同的苏东坡。但莎士比亚的《哈姆雷特》是悲剧,是戏剧人物;苏东坡是真实可感的历史人物,他的人生应该是正剧,是我们能从中汲取正能量的伟大的人生导师。苏东坡的为官、为文、为人,近千年来是我们的学习榜样,还将永远是我们中华民族优秀的诗人、词人、文学家、艺术家、思想家等等典范。他在黄州创作出的优秀文学艺术作品,将永存我国古典文学宝库,辉映于中华优秀传统文化的殿堂。

第三节　苏东坡与黄州的关系

苏东坡与黄州的关系,从历史事实看,非常简单而清晰,苏东坡因政治迫害而被捕下狱,然后死里逃生而被贬到黄州,监管居住四年有余;黄州虽僻陋,但满腔热情地迎接苏东坡,使之在此躬耕自给,修养身心,思考和写作,读书和交友,达成了一生创作的丰收时期,登上文坛顶峰。具体来说,过程却是长远而细致的,可举之事烦琐而丰富,在此只能简而概之。

一、苏东坡与黄州赤壁的关系

苏东坡与黄州的关系,离不开黄州赤壁。黄州赤壁由长江北岸一带的丹霞地貌构造而成,赤壁矶头,红色的山崖像鼻子一样伸入长江,故又名"赤

鼻矶"。"东坡赤壁,来源赤壁,因其山色赭赤、陡峭如壁而得名。又因赤壁矶头断岸临江,状若悬鼻,亦名赤鼻山"(王琳祥《黄州赤壁》P12)。[清]《黄州府志》记载:"崖石屹立如壁,其色赤,亦称赤壁。"而据《黄州赤壁志》(序一)载:"赤壁之名,在公元前261—前255年就见于史册,而唐以前,它并不闻名。"宋陆游《入蜀记第四》云:"(黄)州最僻陋少事,杜牧之所谓'平生睡足处,云梦泽南州'。自牧之、王元之出守,又东坡先生、张文潜谪居,遂为名邦。……(竹)楼下稍东,即赤壁矶,亦茅冈尔。"唐宋以降,黄州赤壁渐显名于世(《黄州赤壁志》武汉大学出版社2018年10月版)。

苏东坡贬居黄州期间,多次偕友人到赤壁矶下的长江泛舟游览,观赏江山风月。他触景生情,联想三国"赤壁之战"及其英雄人物曹操、周瑜等的不世之伟业,创作前后《赤壁赋》及豪放词代表作《念奴娇·赤壁怀古》,"二赋一词"是世所公认的苏东坡黄州高峰之作,也是他文学创作的代表作,自此黄州赤壁名扬天下。

南宋以后,历代黄州缙绅名士为纪念苏东坡这位伟大的文学家,先后在赤壁矶择地兴建一些亭台楼阁,供人瞻仰游览。清康熙初年,黄州知府于成龙重建屋宇,榜曰"二赋堂"。至康熙六十年(1721),黄州知府郭朝祚修葺赤壁建筑,因景仰苏东坡德才,始将苏轼自号"东坡居士"之"东坡"冠于赤壁之上,题门额为"东坡赤壁"。"清代曾多次修葺赤壁,至咸丰初年颇具规模。咸丰二年至十一年(1852—1861),清军同太平天国军在黄州曾发生五次大战,赤壁之上的所有建筑第四次焚毁殆尽。同治七年(1868),黄冈人刘维桢率营弁醵金,重修赤壁,新建门楼仍榜曰'东坡赤壁',这就是今人所见到的东坡赤壁。"(王琳祥《黄州赤壁》P13-14)

东坡赤壁最为引人入胜之处,应该不仅仅在于其上的建筑,而是因苏东坡而积淀下来的文化遗存。"东坡赤壁有苏东坡的书画碑刻129块,主要陈列在碑阁和坡仙亭内"(王琳祥《黄州赤壁》P14)。苏东坡的书画碑刻统称为《景苏园帖》,其中《黄州寒食诗帖》被称为"天下第三行书",与王羲之的《兰亭序》和颜真卿的《祭侄稿》媲美；苏东坡手书的《赤壁赋》和草书《念奴娇·赤壁怀古》更是得到历代书法鉴赏家的极高评价。

宋代以来，文人墨客和社会名流慕名造访东坡赤壁，或吟诗作赋，或书画勒石，或学术研讨，蔚为大观（《黄州赤壁志》（序一））。东坡赤壁现为全国重点文物保护单位，是黄州东坡文化蕴藏最深厚的重要旅游景点。随着城市升级改造和黄州文化古城的更新建设，东坡文化旅游区建设已提上日程，东坡赤壁景区还将有更大规模的修葺和扩建。这一切缘于对苏东坡的景仰和纪念，也会因苏东坡而不断地延伸发展下去，并因此而丰富东坡文化的内涵。

二、苏东坡与黄州彼此成就的关系

被贬谪是封建时代尤其是中唐以后，朝廷官员们常有的遭遇，贬所自然是当时偏远僻陋之地。唐代中后期至宋代被贬谪的官员尤其多，贬官中名声大的有不少，贬谪之地比黄州有名气而且比黄州景色奇异优美的更不在少数。但像苏东坡和黄州这样名声大、影响深远的贬官和贬地却不多。那么，苏东坡这一次的被贬黄州到底意味着什么呢？总的来说，不论是对他本人的人生命运，还是对黄州的文化意义，都是影响巨大而深远的。

在黄州，苏东坡是无权的贬官，但他关怀百姓，关心民生，拯救溺婴、献秘方抗时疫，雪天想到"舍外无薪米者，亦为之耿耿不寐"（《书雪》）。对社会问题超乎寻常地关注和满腔热情地投入，这是东坡先生一贯的行事作风，也是在黄州留下的东坡精神的重要内容。苏东坡在黄州不仅留下了丰厚的精神财富，还有蕴含深厚的物质财富。他郊游和交友的遗迹，生活中创造的美食、美酒、香茶，一些生活中常见之物经他点化，便都提高了品位，充满了趣味。这些仍是今天可以开发利用的资源，是为提高黄州旅游的文化内涵而可开发利用的宝藏。

对于苏东坡与黄州的关系，文化学者余秋雨先生的《苏东坡突围》（载《山居笔记》，一名《黄州突围》，载《山河之书》），其中有几段文字概括得很好。他说：

苏东坡以自己的精神力量给黄州的自然景物注入了意味，而正是这种意味，使无生命的自然形式变成美。因此不妨说，苏东坡不仅是黄州自然美的发现者，而且也是黄州自然美的确定者和构建者。

苏东坡成全了黄州，黄州也成全了苏东坡，这实在是一种相辅相成的有趣关系。他写于黄州的那些杰作，既宣告着黄州进入了一个新的美学等级，也宣告着苏东坡进入了一个新的人生阶段。两方面一起提升，谁也离不开谁。

苏东坡走过的地方很多，其中不少地方远比黄州美丽，为什么一个僻远的黄州还能给他如此巨大的惊喜和震动呢？他为什么能把如此深厚的历史意味和人生意味投注给黄州呢？黄州为什么能够成为他一生中最重要的人生驿站呢？这一切，决定于他来黄州的原因和心态。他从监狱里走来，他带着一个极小的官职，实际上以一个流放罪犯的身份走来，他带着官场和文坛泼给他的浑身脏水走来，他满心侥幸又满心绝望地走来。他被人押着，远离自己的家眷，没有资格选择黄州之外的任何一个地方，朝着这个当时还很荒凉的小镇走来。

……

他不知道，此时此刻，他完成了一次永载史册的文化突围。黄州，注定要与这位伤痕累累的突围者进行一场继往开来的壮丽对话。

余秋雨先生的这几段文字，非常精到地概述了苏东坡为什么来到黄州，被贬黄州对苏东坡和对黄州都意味着什么；他的几个设问也正是我们所要思考，并试图理解和解答的几个问题。

贬居黄州，苏东坡不断从思想上反省自己，深感自己以前最大的毛病是才华外露，缺少自知之明。如他《答李端叔书》所言："木有瘿，石有晕，犀有通，以取妍于人，皆物之病也。谪居无事，默自观省，回视三十年以来所为，多其病者。足下所见，皆故我，非今我也。无乃闻其声不考其情，取其华而遗其实乎？"新的生活环境和人生体验，使苏东坡不得不反省自己过去的一切，

第一章　苏东坡与黄州

自我反省使苏东坡思想成熟。所以,余秋雨先生说:

这一切,使苏东坡经历了一次整体意义上的脱胎换骨,也使他的艺术才情获得了一次蒸馏和升华。他,真正地成熟了——与古往今来许多大家一样,成熟于一场灾难之后,成熟于灭寂后的再生,成熟于穷乡僻壤,成熟于几乎没有人在他身边的时刻。

苏东坡的成熟在于什么,是彼时的一场政治风雨,一场无妄之灾,还是苏东坡被贬之地有幸是黄州,黄州人生经历促使他的思想成熟、人生观的确立吗?不论是灾难还是幸运,黄州对苏东坡的人生意义,是不言而喻的。黄州既是苏东坡的伤心地,更是他的新生之地,是他人生途中的转折之地。来到黄州,"宣告着苏东坡进入了一个新的人生阶段",苏东坡"写于黄州的那些杰作,宣告着黄州进入了一个新的美学等级"。

三、苏东坡给黄州留下宝贵的文化遗产

苏东坡给黄州留下的文化遗产,的确意义非凡,影响深远。总的来说有两大类型:有形的,如文艺作品、遗址遗迹、美酒美食、医药养生、山水景观;无形的,如人格、思想、精神品质、文化符号等等。

从有形的文化遗产来说。据统计,苏东坡一生创作了4800多篇文、2700多首诗、400多首词,在黄州的四年多时间里,他创作了750余篇诗、词、文赋,数量上占较大比例;质量上,他一生创作高峰的代表作:《赤壁赋》《后赤壁赋》和《念奴娇·赤壁怀古》及誉为"天下第三行书"的《黄州寒食诗帖》都创作于此。《易传》《书传》《论语说》等儒家经典的研究性著作也在黄州开始,并撰写了两部,后在海南儋州全部完成。苏东坡的"二赋一词",不仅成为宋代文坛的巅峰之作,也是中国古典文学作品的代表之作。"一词"是"苏辛"豪放派开山之作,"二赋"是汉赋的集大成之作,也是散文赋最高成就的代表作。除文学艺术创作外,还有东坡美食、与东坡有关的遗址遗迹、纪念性

建筑等等。

　　从无形的精神遗产来看，苏东坡给黄州留下了宝贵的文化遗产和深远的社会影响力。正是因为有了苏东坡，才使得黄州赤壁古往今来吸引了无数的军政要人、骚人墨客和文人学者。他们纷纷前来瞻仰、游览，又因此而不断地留下了不同时代的诗文、楹联、墨宝，使得黄州的文化积累越来越深厚。

　　宋代以来，因苏东坡而来黄州游览赤壁的政治文化名人（除其弟弟苏辙之外），北宋主要有"苏门四学士"（黄庭坚、秦观、晁补之、张耒）及（苏门）"六君子"之一的陈师道等人；南宋著名的有陆游、辛弃疾；元代有赵景文、李纯甫；明代有张以宁、杜庠、解缙、李梦阳、何景明、王世贞、袁宏道、杜茶村（黄州人）；清代黄州知府于成龙，状元刘子壮、陈沆，晚清的何绍基、张之洞；近代的宋教仁、黄兴、吴佩孚、王葆心、蒋介石等等；当代既有国家领导人来黄州必到东坡赤壁视察，也有不少作家和文化名人来此参观。他们留下了大量的有关黄州赤壁和苏东坡的题词和诗文，形成了黄州赤壁独特的名人文化。

　　苏东坡在黄州取得如此巨大的文学艺术成就，当然少不了他本人的渐趋成熟的创作思想和极其高妙的文学艺术才华；也不可否认有黄州地理位置、社会风俗、生活环境及赤壁与长江等历史文化和山水风光等诸因素的作用。

第二章 苏东坡在黄州的文学创作

苏东坡在黄州的政治处境并不自由，尽管徐君猷、陈君式等地方官对他很尊重，也很关照，但仍要被监管，不能"擅去安置所，而居于别路。传闻京师，非细事也"（苏东坡《与陈季常》）。苏东坡对自己的言行也十分检点，有人请他写《燕子楼记》，他不敢写，告诉人说："意谓不如牢闭口，莫把笔，庶几免矣。"意即，免得好事者又生事端。在艰难困苦的逆境之中，苏东坡以佛老思想为处世哲学。但他并不是消极颓废，也并未被现实处境压倒。除了东坡躬耕，在监管地游览山水，与当地读书人和普通老百姓交朋友外，贬居黄州的苏东坡一直在勤奋地读书写作。他手抄《金刚经》，第三次手抄《汉书》，研究注释儒家经书，写了《易传》九卷和《论语说》五卷，同时还写了大量的诗、词、文、赋和书信。

苏东坡学养深厚、视野开阔、思想丰富、创作题材无所不取，诗词歌赋、书法绘画无不精到，其创作成果丰硕，成就巨大，品位高雅，古今无数名家对他推崇备至。

苏东坡在黄州的作品名篇很多，如《梅花二首》《初到黄州》《定惠院寓居月夜偶出》《安国寺浴》《海棠》《雨中看牡丹三首》《寒食雨二首》《东

坡八首》《南堂五首》等诗；《卜算子》（缺月挂疏桐）、《定风波》（莫听穿林打叶声）、《浣溪沙》（山下兰芽短浸溪）、《念奴娇·赤壁怀古》等词；《赤壁赋》《后赤壁赋》《记承天寺夜游》等赋和散文，以及《与李公择书》《答秦太虚书》《与滕达道书》《与陈季常书》等书信。许多篇章近千年来仍让人百读不厌，常读常新。

苏东坡在文学艺术创作上是全才，本章主要介绍他的诗、词和文的创作。就诗来说，清代文艺理论家刘熙载的《艺概·诗概》对苏诗的评论简练精确。他说东坡诗：

打通后壁说话，其精微超旷，真足以推倒豪杰。

东坡诗推倒扶起，无施不可，得诀只在能透过一层及善用翻案耳。

东坡诗善于空诸所有，又善于无中生有，机括实自禅悟中来。

东坡题与可画竹云："无穷出新境。"余谓此句可谓坡诗评语……

诗家'清新'二字，均非易得。

东坡、放翁皆有豪有旷，但放翁是有意要做诗人，东坡虽为诗，而仍有夷然不屑之意，所以尤高。退之诗豪多于旷，东坡诗旷多于豪。

……

东坡诗，意颓放而语遒警。颓放过于太白，遒警亚于昌黎；太白长于风，少陵长于骨，昌黎长于质，东坡长于趣。诗以出于《骚》者为正，出于《庄》者为变，少陵纯乎《骚》，太白在《庄》《骚》间，东坡则出于《庄》者十之八九。

刘熙载艺术评论的特点是点评式的，没有系统理论，也不对某家作全面的论述，只取其最主要的特点来论述。对苏诗的评论从意境、风格、创作手法、技巧等方面进行点评，还与其他诗家进行比较，使苏诗的特色突显出来。

苏东坡除中国最传统的文学样式诗歌创作以外，词赋创作也是他的强项，尤以黄州创作的豪放词为代表，在词史上占有特殊地位。南宋末年著名爱国词人刘辰翁说"词至东坡，倾荡磊落，如诗如文，如天地奇观"（见《辛稼轩词序》）。

对于散文的创作苏东坡有自评，他在《答谢师民书》中说到他写散文，行文"大略如行云流水，初无定质；但常行于所当行，常止于所不可不止。文理自然，姿态横生"。还说"吾文如万斛泉源，不择地而出，在平地滔滔汨汨，虽一日千里无难。及其与山石曲折，随物赋形而不可知也"。因其才气高妙，想象丰富，笔力雄健，挥洒自如，故创作思维泉涌，能收能放，自然天成。

第一节　苏东坡黄州诗的创作

作为多才多艺的文学家，苏东坡诗、词、文、赋样样精通，被贬黄州是因诗获罪，但他并没有因此而不写诗。当他接到被贬通知的当天，便对神宗皇帝的不杀之恩表示感谢，写下《十二月二十八日，蒙恩责受检校水部员外郎黄州团练副使，复用前韵二首》，其二云：

平生文字为吾累，此去声名不厌低。塞上纵归他日马，城东不斗少年鸡。
休官彭泽贫无酒，隐几维摩病有妻。堪笑睢阳老从事，为予投檄到江西。
——东坡自注：子由闻予下狱，乞以官职赎罪，贬筠州监酒。

首联"平生文字为吾累，此去声名不厌低"。似乎表明东坡对创作、对仕途没有了要求和奢望，从此要规规矩矩做个老老实实的人。其实并不如此，累他受罪的文字仍是他的至爱，一有机会就会写。在黄州他不仅没有怕惹祸而不写诗，而且还写了很多诗，不少好诗。来黄州的路上及刚踏上黄州地界，他就在写诗；在黄州住下也一直没停止过写诗，而且写出了新高度和新成就。在来贬地途中，行至麻城，看到荆棘中的梅花，东坡便被梅花的孤寂和自爱的精神所感动，写下《梅花》诗。其中有深含感情的诗句："幸有清溪三百曲，不辞相送到黄州。"踏上黄州地界后，他又被眼前所见感染，写下《初到黄州》：

自笑平生为口忙，老来事业转荒唐。长江绕郭知鱼美，好竹连山觉笋香。
逐客不妨员外置，诗人例作水曹郎。只惭无补丝毫事，尚费官家压酒囊。

"长江绕郭知鱼美，好竹连山觉笋香"是诗人美好的想象，尽管有"自笑

平生为口忙，老来事业转荒唐"的自嘲，但见长江而思鱼美，望修竹而觉笋香，仍表达了诗人初到贬地的生活憧憬，也表现了东坡式的达观情怀。

一、东坡黄州诗的数量、题材和风格

据统计，苏东坡一生共留下了2700多首诗，另据梅大圣教授统计，东坡在黄州创作的诗330余首，从数量上说占其一生诗作总量的八分之一。主要的有《梅花二首》《初到黄州》《柯丘海棠诗》《安国寺浴》《东坡八首并叙》《定惠院月夜偶出》《南堂五首》《东坡》《安国寺寻春》《雨中看牡丹三首》《五禽言一首》《武昌铜剑歌并引》《晓至巴河口迎子由》《次韵答子由》《与子由同游寒溪西山》《迁居临皋亭》《武昌酌菩萨泉送王子立》《闻捷》《闻洮西捷报》《侄安节远来，夜坐三首》《红梅三首》《陈季常见过三首》《岐亭五首并叙》《问大冶长老乞桃花茶栽东坡》《寒食雨二首》《次韵和王巩六首》《次韵孔毅父久旱已而甚雨三首》《鱼蛮子》《徐君猷挽词》《和黄鲁直食笋》《和秦太虚梅花》《海棠》《别黄州》《过江夜行武昌山上，闻黄州鼓角》等等，不一一列举。

黄州是东坡诗歌创作的重要时期，东坡黄州诗，题材广泛，风格多样。其诗取材"于物无不收，于法无不有，于情无不物，于境无不取"（袁宏道《雪涛阁集序》）有复杂心情的宣泄，与朋友的应酬和唱和，对山水花卉的情有独钟，对黄州景致的咏诵，还有对渔樵农夫艰辛苦楚情状的描写。此外，还有送别诗、劳作诗、题画诗、记梦诗等等。他把自己的思想情绪、言谈举止、生活情趣、人生经验、审美观点，都流于笔端，溶于诗情，信手拈来，皆为佳品。

苏东坡走上文坛的时候，他的前辈老师欧阳修、梅尧臣所倡导的反对缺乏实际内容、诗风浓艳艰涩的诗体革新运动正在开展。欧阳修"学韩退之"，以文为诗；梅尧臣"学唐人平淡处"，主张平淡。二人的实践和主张，对宋诗的发展起了很好的作用。但其影响所及，在含蓄和文采上显得不足，流于浅俗。

苏东坡横溢的才华，突破了前辈的局限。他继承了欧、梅两位前辈的成就，创作上却超越了他们。他广泛地向前代、前辈诗人学习，用他创造性的、丰富的艺术实践，显示了宋诗的独立力量（《苏轼诗集》孔凡礼点校）。

东坡诗毫不逊色于以诗著称的有唐一代著名诗人的诗，"能驱驾杜（甫），韩（愈），卓然自成一家，而雄视百代"（《唐宋诗醇》，史智鹏《黄州东坡赤壁文化》P105），有不少名篇在历代选注家所选之列。清朝戏曲理论家、诗人李调元在其《雨村诗话》卷下说："余雅不好宋诗，而独爱东坡。以其诗声如律吕，气若江河，不失于腐，亦不流于郛。由其天分高，学力厚，故纵笔所之，无不精警动人。不特在宋无此一家手笔，即置之唐人中亦无此一家手笔也。"

东坡黄州诗风格多样，正如南宋严羽《沧浪诗话》中对宋诗特点的归纳，"以文字为诗，以才学为诗，以议论为诗"。这反映了宋诗的风貌，也是苏诗表现的风貌。苏东坡写诗、写文和填词都熟练地运用着他自己总结出来的艺术方法："出新意于法度之中，寄妙理于豪放之外。"梅大圣教授认为，苏诗"仍以旷达为其主体风格"（梅大圣《苏轼黄州诗文评注》）。苏东坡的诗与词对思想的表达与情感的抒发，有异曲同工之效。在黄州，东坡的诗词大多表现了自己在理想与现实产生矛盾时，所采取的一种超然物外、听任自然、无往不乐的旷达思想与情怀。我们今天读其诗篇，仍能感受到他的思想脉动，领会他"清丽舒徐，出人意表"的诗与词相同的风格。

如东坡元丰五年（公元1082年）的女王城和诗：

东风未肯入东门，走马还寻去岁村。人似秋鸿来有信，事如春梦了无痕。
江城白酒三杯酽，野老苍颜一笑温。已约年年为此会，故人不用赋招魂。

此诗全名较长，像小序：《正月二十日与潘、郭二生出郊寻春，忽记去年是日同至女王城作诗，乃和前韵》。元丰四年（1081）正月二十日，苏东坡往歧亭访陈慥（季常），黄州本地书生潘丙、古耕道、郭遘送至女王城（今黄州禹王）东禅院。东坡此次赋诗一首：

第二章　苏东坡在黄州的文学创作

> 十日春寒不出门，不知江柳已摇村。稍闻决决流冰谷，尽放青青没烧痕。
> 数亩荒园留我住，半瓶浊酒待君温。去年今日关山路，细雨梅花正断魂。

尾联是诗人此时犹记一年前在来黄州路上，见荆棘中梅花开放的情景。"人似秋鸿来有信，事如春梦了无痕"。元丰五年（1082）正月二十日，苏东坡又与潘、郭如约出城寻春，和上年是日同至女王城诗。元丰六年（1083）又有和诗，《六年正月二十日，复出东门仍用前韵》：

> 乱山环合水侵门，身在淮南尽处村。五亩渐成终老计，九重新扫旧巢痕。
> 岂惟见惯沙鸥熟，已觉来多钓石温。长与东风约今日，暗香先返玉梅魂。

如果说元丰四年的诗表现了更多的凄惶、感伤，元丰五年的和诗则平和了许多。原诗中"去年今日关山路，细雨梅花正断魂"的感伤情绪，在和诗中明显淡化了。一个空灵高远、开朗旷达的形象显露出来，情与景融汇，人与事相随，平静自然，不急不怨。

刚刚过去一年，苏东坡已适应了黄州的生活，与当地读书人成为好朋友，心态情绪再不是那样的凄惶易感。"已约年年为此会，故人不用赋招魂"，似与"一蓑烟雨任平生"一样的旷达潇洒。元丰六年的和诗，纪昀评其"温雅可诵"。此时诗人来黄州已三载，年年相约出东门寻春，也暗含着另一种寻觅，那就是期盼着朝廷重新起用的消息。"长与东风约今日，暗香先返玉梅魂"，其中就用了韩偓的诗意。韩偓被排挤到湖南，想唐昭宗了解他，作《湖南梅花一冬再发，偶题于花援》诗云："玉为通体依稀见，香号返魂容易回。"以梅花第二次开放，好比魂之返回，希望自己再回朝廷。苏东坡用其意，同样希望朝廷起用他。前面"五亩渐成终老计，九重新扫旧巢痕。岂惟见惯沙鸥熟，已觉来多钓石温"，似乎表明东坡打算在黄州定居终老。而且他也熟悉、习惯了这种与世无争的半隐生活，不会再有回朝廷被重用的期望。这似乎是一种正话反说，也是一种自保式的委婉表达。何焯对东坡诗中用韩偓典故的评论说："盖公之在黄，犹致光（韩偓）之厄于崔昌遐而在湖南。'先返玉梅魂'，盖以神宗之必不忍绝弃也。而语意浑然，恰是收足'复出东门'意。"他还说"此老

诗诚非浅人所能读也"，一般人读不出东坡诗的深意。其实，苏东坡是用一种旷达超脱的手法，来委婉表达自己的心意。

苏东坡的旷达诗风在一些写景诗中也得到了体现，在黄州期间，东坡尤其留意自然景物和农事风物，写出的诗洋溢着清新朴实的生活气息。如《南堂》（五首）《东坡》《海棠》等单篇或系列诗歌，生活气息浓郁，个性情趣超然。略举数例，以供欣赏。

南堂（之五）

扫地焚香闭阁眠，簟纹如水帐如烟。
客来梦觉知何处，挂起西窗浪接天。

此诗历来认为是表现作者悠闲自得的感情，近似韦应物"鲜食寡欲，所居焚香扫地而坐"的高洁情怀。"扫地焚香闭阁眠"清静无为的生活状态，好像世外之人，写出东坡的闲适自得。"客来梦觉知何处，挂起西窗浪接天"二句写诗人梦中醒来，不知身在何方，但见西窗外水天相接，烟波浩渺。这样以景收尾，不仅表现了清静壮美的自然环境，而且与诗人悠闲自得的感情相融合，呈现出一种清幽绝俗的意境美。

虽是一首小诗，却有叙事、有写景、有抒情，情景相融。读者如身临其境，窥见诗人静心安居的旷达情怀。诗人此时没有了在《寒食雨》中所言"也拟哭穷途，死灰吹不起"的困扰，可见，新居南堂落成，他是快乐自得的。

东坡

雨洗东坡月色清，市人行尽野人行。
莫嫌荦确坡头路，自爱铿然曳杖声。

这首七绝创作于元丰六年（1083）六月。对于诗人来说，东坡既是他耕种之处，又是雪堂所在地，是他接待访客、进行文学创作等日常活动的场所，还是他自称"东坡居士"的精神寄托家园。他在此劳作、行走、栖息，他对这里倾注了热爱和感情。诗人一开始便把东坡置于一片清旷之月景中，以清丽的笔调，抒写他对雨后月下东坡的激赏。纪晓岚评价此诗"风致不凡"。

此诗表现了作为诗人的东坡不畏艰难，傲视坎坷的洒脱襟怀。诗人自称"野人"，与身系官场俗务或蝇营狗苟之人比，他自是在野的闲散之人，但又是清高自爱之人，人格和品味之高下不言自明。正如他在《卜算子》（缺月挂疏桐）自称的"幽人"一样，都有自己的坚守，但这里却没有惶恐不安，只有安身自乐。

"莫嫌荦确坡头路，自爱铿然曳杖声"是诗人自慰之语，亦是自傲之言。《宋诗精华录》卷二对此二句的评论："东坡兴趣佳，不论何题，必有佳句，此类是也。"因为这两句深化了题旨，思想性和哲理性蕴含其中。有了"荦确坡头路"，才有"铿然曳杖声"，这不是一般人所能享受和喜爱的，只有在此境遇下、并有此胸怀的苏东坡才能够做到。诗人正是抱着一种开朗乐观、不避艰难的人生态度，行走于坎坷不平的人生之路上。梅大圣教授说："荦确坡头路"上踽踽独行者的身影，与《定风波》"莫听穿林打叶声，何妨吟啸且徐行。竹杖芒鞋轻胜马，谁怕？一蓑烟雨任平生"的神态，构成了黄州时期特有的活脱脱的东坡先生形象，这是一个不可磨灭的文化形象，永记人们心中（梅大圣《苏轼黄州诗文评注》）。

二、东坡黄州诗的家国情怀

苏东坡被贬黄州时期，虽然用种种办法逃避现实，但是他仍然时时关心国家大事和民间疾苦，仍然时刻为北宋王朝的统治而操心（曾枣庄《苏轼评传》P149）。他也未因"乌台诗案"而不作诗，此时期的诗歌数量却不少，体现家国情怀的诗也有一些。

◆（一）家国情怀之爱国情

对国家社稷，苏东坡始终倾心关注和真诚热爱；对社会现实，被贬以后不敢过多地针砭时弊，但反映社会现实的诗却不少。虽远离朝廷，谪居"不得签书公事"，但爱国爱民初心未改，始终关注着国家大事，很关心朝廷安边。时时想为抗击辽和西夏的侵扰而建功立业："臂弓腰箭何时去，直上阴山取可汗。"（《谢隐季常惠一撞巾》）苏东坡在《与滕达道书》中问"西事得其详乎？虽废弃，未忘为国家虑也"。"西事"，指四川泸州一带少数民族的叛乱。元丰三年（1080）泸州知州乔叙平定乞弟之乱，结果全军覆没；后派韩存宝去镇压，他不敢与乞弟战，而以贿赂的方式，让乞弟送一纸空降书。苏东坡在《答李琮书》中提出了讨平乞弟的方略。他认为单靠武力镇压不能解决问题，必须通过"怀结（怀柔团聚）近界诸夷"的办法，才能收到事半功倍的效果。他在信后对李琮说："此非公职事，然孜孜寻访如此，以见忠臣体国，知无不为之义也。轼其可以罪废不当言而止乎？"此时的苏东坡被贬黄州，是"罪废"之身，但他没有因"不当言"而不言，仍要言，表明他对宋王朝边境安危很是关心。

《闻捷》（并叙）和《闻洮西捷报》两诗，是苏东坡黄州爱国情怀诗，也是他关心国家边安的直接体现。

闻 捷

元丰四年十二月二十二日，谒王文父于江南，坐上，得陈季常书报：是月四日，种谔领兵深入，破杀西夏六万余人，获马五千匹。众喜忭唱乐，各饮一巨觥。

闻说官军取乞閴，将军旗鼓捷如神。
故知无定河边柳，得共中原雪絮春。

诗前序言记叙了喜闻捷报的详情和愉悦心情，苏东坡与朋友们为宋军在无定川击破西夏军而欢欣鼓舞。种谔领兵入西夏，是为北宋边境安宁而战。苏东坡被贬偏远的黄州，不得签书公事，但他仍然胸怀天下，心系宋王朝边境安危，关注朝廷与西夏的战事，此诗表现了诗人强烈的爱国之心。

闻洮西捷报

汉家将军一丈佛，诏赐天池八尺龙。
露布朝驰玉关塞，捷书夜到甘泉宫。

第二章　苏东坡在黄州的文学创作

似闻指挥筑上郡，已觉谈笑无西戎。

放臣不见天颜喜，但惊草木回春容。

还是元丰四年（1081），种谔指挥北宋将士击破西夏，取得米脂大捷，米脂在山西洮河之西，故称洮西。苏东坡写了《闻捷》诗还觉不能尽抒其欢喜之情，又作《闻洮西捷报》。

首联直接叙事，以"一丈佛""八尺龙"的夸张手法，极力渲染宋军将士的威风和朝廷抗敌的决心。颔联中"朝驰""夜到"表明：征讨西夏的檄文早晨传到边塞，夜晚捷报就送到朝廷。夸张地写出王师之威风，突出捷报之迅速。颈联想象奇特，极具浪漫豪放之风。诗人远在千里之外，宛若看到将士们在修筑边境防御工事，英勇御敌，便感到边塞安全，再无外敌入侵（无西戎）。身为远贬之臣，无法看到天子高兴的面容，却惊喜地看到宋朝大地草木回春的喜庆之气。此诗表达了苏东坡渴望国家强盛，希望建功立业的爱国主义情感。

◆（二）家国情怀之百姓情

苏东坡早年写诗讲求言之有物，为事而作，针砭时弊；因诗获罪被贬黄州后，他有后怕，谨慎作诗，但他的诗笔仍为百姓民生而歌。从题材来看，还可以细分为两个方面。

其一，同情百姓的生活艰难

苏东坡过去为地方官时就以民为本，兴修水利，疏浚河湖，抗洪救灾、抗旱求雨，甚至设法蓄粮、收养弃孩。他反对王安石激进的变法，是从百姓的利益考虑，完全不是为一己私利。即使受了牢狱之灾并被贬黄州，仍心系百姓，他的诗文常常有这种思想的流露和反映。

在来黄州的路上，蔡州道上遇雪，苏东坡写道：

下马作雪诗，满地鞭捶痕。伫立望原野，悲歌为黎元。

刚走出牢狱，他想到的不是自己仕途坎坷、前路茫茫，而是百姓的苦难，

并为之叹息。还是在赴黄州途中的麻城岐亭，遇到好友陈季常，看到《朱陈村嫁娶图》，苏东坡写了题画诗《陈季常所蓄〈朱陈村嫁娶图〉二首》，其二：

我是朱陈旧使君，劝农曾入杏花村。而今风物那堪画，县吏催租夜打门。

题画诗由画作者或其他人所题，其内容往往就画面情景，或抒发题诗者的感情，或谈艺术见解，或咏叹画面意境。这首诗要抒发的是苏东坡由画面内容而引发的对社会现实的讽喻之情。想到过去曾任使君的那个朱陈村，村民自给自足、生活平静安详，二姓互通婚姻，感情纯真。如今官府催租逼税，百姓半夜三更还被敲门骚扰，怎不令人心情沉重。

谪居黄州期间，苏东坡躬耕渔樵，"幅巾芒履，与田父野老相从溪谷之间"。他的日常逐渐融入到当地百姓生活之中，并与百姓有了相通的感情和共同的语言。他在《与章子厚书》中说："仆居东坡，作陂种稻，有田五十亩，身耕妻蚕，聊以卒岁。"自己似乎变成了百姓的一分子，生活和思想与普通劳动者相融相通。元丰四年冬天大雪的日子，他为农民的生活担忧，睡不着觉，他在《书雪》中写道："黄州今年大雪盈尺，吾方种麦东坡。得此，固我所喜，但舍外无薪米者，亦为之耿耿不寐，悲夫！"这种为百姓的悲悯情感，似乎是苏东坡与生俱来的。在黄州他走下了政坛，离开了官场，走近了百姓，诗歌抒发的感情更加真挚。

正因为有这样的思想基础，所以，苏东坡在黄州还模仿民歌写了《五禽言五首并叙》，序言云：

梅圣俞（北宋诗人梅尧臣的字，欧阳修称其为"诗老"）尝作《四禽言》。余谪黄州，寓居定惠院。绕舍皆茂林修竹，荒池蒲苇。春夏之交，鸣鸟百族，土人多以其声之似者名之。遂用圣俞体，作《五禽言》。

《五禽言》（其二）

昨夜南山雨，西溪不可渡。

溪边布谷儿，劝我脱破裤。

不辞脱裤溪水寒，水中照见催租瘢

第二章　苏东坡在黄州的文学创作

这种诗体，纪晓岚认为是"乐府变体歌谣遗意"。的确，这是一种乐府民歌体，多用来抒写农村题材。《五禽言》即为仿五种禽语而作（梅圣俞《四禽言》分咏子规、鹈鹕、山鸟、竹鸡四鸟），亦诗亦词，多反映民间百姓生活情景。

苏东坡到黄州不久作此诗，是借"布谷"鸣声，而抒发同情百姓贫苦之情。诗开头两句叙述，渲染了环境和气氛，也为后面事件的发展作了铺垫。正是因为昨夜下了雨，使西溪涨水不能渡过，才有合布谷儿的叫声"脱破裤"的附会（苏东坡自注：土人谓布谷为"脱却破裤"）。对布谷叫声的附会，很巧妙地表达了对农民的同情，反映了百姓生活的艰难苦楚。劳动者"不辞脱裤溪水寒"，却怕"水中照见催租瘢"，这不是表面上读者看到的对百姓的一般同情，却有着更深层的揭露：即用民歌的手法，反映现实生活中的统治问题，以上达圣听。苏东坡认为，这样的民情"不可不令操权者知也"。

元丰五年（1082）张芸叟（舜民）贬官彬州，绕道黄州见苏东坡。东坡取张舜民《渔父》为题作《鱼蛮子》诗：

鱼蛮子

江淮水为田，舟楫为室居。

鱼虾以为粮，不耕自有余。

异哉鱼蛮子，本非左衽徒。

连排入江住，竹瓦三尺庐。

于焉长子孙，戚施且侏儒。

擘水取鲂鲤，易如拾诸途。

破釜不著盐，雪鳞芼青蔬。

一饱便甘寝，何异獭与狙。

人间行路难，踏地出赋租。

不如鱼蛮子，驾浪浮空虚。

空虚未可知，会当算舟车。

蛮子叩头泣，勿语桑大夫。

鱼蛮子，就是指渔民。"蛮子"是民间语，水边的人以捕鱼为生，所以"不耕自有余"。"左衽"与中原先民的"右衽"服饰不同，指北方少数民族的服饰，古代指蛮夷之服。"本非左衽徒"的渔民，因为以打鱼为生，异于居于陆地、种田为生的农民，所以也被称为"蛮子"。他们以竹木为排筏，浮于水中，排上以竹为瓦，盖成竹篷小屋，高三尺左右，人居其间，只能坐卧，不能直立，在此中生儿育女，个头矮小，"戚施且侏儒"。但他们水性好，"擘水取鲂鲤，易如拾诸途"，水中取鱼，如陆路上捡拾东西一样容易。他们生活简单、且容易满足，"一饱便甘寝"。生活环境和生活质量都很差，他们却担心收租而不敢让官府知晓。这首诗显然揭露了当时的社会状况，即百姓生活艰苦而赋税繁重的现实。推行新法老百姓没有受益，官府的租税却增加了。

苏东坡贬居黄州，生活也困难且与"渔樵杂处"，对老百姓的生活状况比较了解，对他们的疾苦也有着深刻的同情。《鱼蛮子》一诗就描写了渔民的贫困生活和不幸遭遇。张舜民的原诗：

　　家在耒江边，门前碧水连。小舟用养马，大罟当耕田。
　　保甲原无籍，青苗不著钱。桃园在何处，此地有神仙。

张诗所反映的是摆脱了赋税后过着自由自在生活的渔民，而苏东坡的诗反映的是过着艰苦水上生活的渔民。世上本没有世外桃源，张舜民写的是理想的渔民生活，苏东坡写的是社会现实，揭露更深刻。尽管苏东坡笔下的渔民在水上的生活好像也是自由的，他们技艺高超，取鱼不费什么力气，生活安定而满足，比遭受赋税压迫的农民生活得好些。但他们的处境异常艰辛，他们那病态的身体，如动物一般的生活，有谁会关心呢？诗的后几句，卒彰显其志，表明了诗的主旨。尽管鱼蛮子不受"人间行路难，踏地出赋租"的困苦，但"空虚未可知，会当算舟车"，说不定水上捕鱼有一天也要征税，"鱼蛮子"终究逃脱不了水上被征税的命运。所以最后"蛮子叩头泣，勿语桑大夫"，诗境更沉重。这是苏东坡对劳动者的同情，对"桑大夫"（地方官吏）们的讥讽，是他爱民之心的文学反映。

其二，体会劳动艰辛，直面现实安然生活

"躬耕东坡"今天看来是个美好的文化符号，但对贬居黄州的苏东坡来说，却是一场磨难。不说思想情感如何困苦郁闷，贬官的生活本身就够艰难，家人的生活也要他操心。苏东坡居黄州第二年即元丰四年（1081）十月，因"躬耕东坡"而作诗《东坡八首》，其序言简叙了作此组诗的背景和缘由：

余至黄州二年，日以困匮。故人马正卿哀余乏食，为予郡中请故营地数十亩，使得躬耕其中。地既久荒，为茨棘瓦砾之场，而岁又大旱，垦辟之劳，筋力殆尽。释耒而叹，乃作是诗，自愍其勤，庶几来岁之入以忘其劳焉。

其一

废垒无人顾，颓垣满蓬蒿。

谁能捐筋力，岁晚不偿劳。

独有孤旅人，天穷无所逃。

端来拾瓦砾，岁旱土不膏。

崎岖草棘中，欲刮一寸毛。

喟然释耒叹，我廪何时高？

其五

良农惜地力，幸此十年荒。

桑柘未及成，一麦庶可望。

投种未逾月，覆块已苍苍。

农父告我言，勿使苗叶昌。

君欲富饼饵，要须纵牛羊。

再拜谢苦言，得饱不敢忘。

《东坡八首》描写了诗人"躬耕东坡"的苦乐情形，第一首写出了所耕之地的荒瘠、劳动的艰辛及诗人的愿望。"颓垣满蓬蒿"的荒地使人望而生畏，但苏东坡自认是"独有孤旅人，天穷无所逃"。为生计所迫不得不于"崎岖草棘中，欲刮一寸毛"。最后"喟然释耒叹"，期望着"我廪何时高"？如果说

第一首诗表现的主要是垦辟的辛劳,后面几首则越来越多地表现了劳动的喜悦和收获的快乐。第五首诗就记述了老农向诗人传授使麦子丰收的秘诀,及诗人表达感谢的心情。

《东坡八首》体现了苏东坡身处困境的生活态度,劳动是艰辛的,从中也得到了收获和快乐。对苏东坡来说,劳动生活是前所未有的,体验也是前所未有的。通过垦殖,可以得到收获,有望解决一家的温饱,心境会变得恬淡而愉悦;朴实的农人教他种植技术,让他获得一些过去不懂的知识,从而有了新的感受和温暖。苏东坡自称"识字耕田夫"。耕田夫很多,但能从劳动中有那么丰富的感受、体验和愿望,并能用清丽的诗句表达出来,自古以来能有几人。正如欧阳修所言"醉能同其乐,醒能述其文者,太守也"。既耕田,又能诗文者,东坡也。这就是苏东坡躬耕东坡,与普通百姓田间劳作的最大不同,《东坡八首》是劳动收获之一,是我们今天的精神食粮。

与《东坡八首》一样表现生活艰辛和东坡劳作的诗,还有《次韵孔毅父久旱已而甚雨三首》

其 一

饥人忽梦饭甑溢,梦中一饱百忧失。
只知梦饱本来空,未悟真饥定何物。
我生无田食破砚,尔来砚枯磨不出。
去年太岁空在酉,傍舍壶浆不容乞。
今年旱势复如此,岁晚何以黔吾突。
青天荡荡呼不闻,况欲稽首号泥佛。
瓮中蜥蜴尤可笑,跂跂脉脉何等秩。
阴阳有时雨有数,民是天民天自恤。
我虽穷苦不如人,要亦自是民之一。
形容虽似丧家狗,未肯弭耳争投骨。
倒冠落帻谢朋友,独与蚊雷共圭荜。

故人嗔我不开门，君视我门谁肯屈。
可怜明月如泼水，夜半清光翻我室。
风从南来非雨候，且为疲人洗烝郁。
褰裳一和快哉谣，未暇饥寒念明日。

其二

去年东坡拾瓦砾，自种黄桑三百尺。
今年刈草盖雪堂，日炙风吹面如墨。
平生懒惰今始悔，老在劝农天所直。
沛然例赐三尺雨，造物无心怳难测。
四方上下同一云，甘霪不为龙所隔。
蓬蒿下湿迎晓耒，灯火新凉催夜织。
老夫作罢得甘寝，卧听墙东人响屐。
奔流未已坑谷平，年苇枯荷恣漂溺。
腐儒粗粝支百年，力耕不受众目怜。
破陂漏水不耐旱，人力未至求天全。
会当作塘径千步，横断西北遮山泉。
四邻相率助举杵，人人知我囊无钱。
明年共看决渠雨，饥饱在我宁关天。
谁能伴我田间饮，醉倒惟有支头砖。

其三

天公号令不再出，十日愁霖并为一。
君家有田水冒田，我家无田忧入室。
不如西州杨道士，万里随身惟两膝。
沿流不恶泝亦佳，一叶扁舟任漂突。
山芎麦曲都不用，泥行露宿终无疾。
夜来饥肠如转雷，旅愁非酒不可开。

> 杨生自言识音律，洞箫入手清且哀。
> 不须更待秋井塌，见人白骨方衔杯。

这三首诗作于元丰五年（1082）六月，这是一首和孔毅父（名孔平仲，毅父为其字，江西新余人，进士，有文名）的七言古诗。纪昀评其第一首诗云："拓宕兀傲，奇气纵横，妙俱从自己现境生情，不作应酬泛语，凡和诗，最忌作应酬，人与己两无涉。"这应该是较中肯地评价了苏东坡此首七言古诗的写作特点。

苏东坡"从自己现境生情"，直接描述了他尝到的普通老百姓可能经常会有的饥饿体味。"我生无田食破砚，尔来砚枯磨不出"的痛苦无奈，使之对生活现实、人生意义有了不一样的新认识。这种体验是苏东坡"故我"从未有过的，因此，"今我"对百姓生活的艰难有了切身之感，因此说"我虽穷苦不如人，要亦自是民之一"。他把自己放到了社会的最底层，与普通老百姓同艰苦同感情。"形容虽似丧家狗，未肯弭耳争投骨"，诗人虽生活穷困、身处底层，内心却有坚守、有气节。他明白坚持自己的主张和个性会倒霉，但他不能放弃做人的根本，不能不关心国家的命运和百姓的冷暖。他已与百姓同忧同乐，命运攸关。"今年旱势复如此，岁晚何以黔吾突"，既是苏东坡对自己今年收成的忧虑，也饱含他对百姓生活的深深担忧。诗的末尾两联："风从南来非雨候，且为疲人洗炎郁。褰裳一和快哉谣，未暇饥寒念明日。"又表现出苏东坡一向的洒脱乐观，明知南风吹来没有雨，庄稼的收成会如何还是未知数，但他现在不想忧愁。先给自己一些安慰，也给他人安慰，让生活过得愉快些吧，明天可能会更好。本来是生活困难、劳动艰苦，但诗中所体现的心境和诗境却是超脱放旷的，这就是苏东坡可爱可敬之处，是今天人们仍对他念念不忘的缘由。其二其三两首诗仍可见生活的艰辛，但更多的是表现东坡式的洒脱和豪迈。

苏东坡百姓情怀诗在黄州时期表现得尤为突出，除揭露出百姓受欺压，被盘剥的苦况，更多的则是表现诗人与百姓的情感相通，不分彼此，密切相处。他不少诗歌或反映百姓的辛勤劳作，辛苦所得还得纳税；或写他自己如百姓一样获得劳动成果后的喜悦和易于满足的快乐心情。如上所举《东坡八首》既写

出了东坡如农夫般的劳作和辛苦,也写出他如老农般易于满足,苦中有乐的平和心境和恬淡的愉悦。《鱼蛮子》则表现了东坡对当时黄州渔民生活方式的熟悉,并对他们辛苦劳作、可能仍免不了抽赋税的境况深表同情,反映出"人间行路难,踏地出赋租"的社会现实。

《南堂五首》是临皋亭南畔新居南堂落成后,苏东坡作的又一组诗,既写出了东坡贬居黄州两年后的平静、淡泊、闲适的心境,也写出了居住条件改善后的满足感。

其四
山家为割千房蜜,稚子新畦五亩蔬。
更有南堂堪著客,不忧门外故人车。

下面这首,更是写出了东坡与邻里和友人亲切和睦的关系。即使是游戏小诗,也体现出东坡与当地百姓的亲密无间。如作"为甚酥"诗:

野饮花间百物无,杖头惟挂一葫芦。
已倾潘子错着水,更觅君家为甚酥。

此诗作于元丰七年初,四月份他就要离开黄州了。此时的东坡真可谓旷达、洒脱,率性而为,诗中既反映了他乐天派的性格,更反映出他与黄州百姓人家不一般的亲密关系。"为甚酥"意为"为什么这么酥脆",这是黄州的一种油炸小吃,后来的东坡饼。

三、苏东坡黄州自然情怀诗之咏花诗

苏东坡本性爱自然、爱万物,对自然万物多有描写和歌咏,还有深入地认知和借鉴。黄州的山水和自然对他认识社会、领悟人生起到巨大的作用,其诗、词、文中都有精彩的描绘和抒发。既有"大江东去,浪淘尽"的豪放,也有借水与月长流不竭、有圆有缺的特性而参透人生的得失与变化。有领悟的深刻哲理,"且夫天地之间,物各有主,苟非吾之所有,虽一毫而莫取。惟江上之清风,与山间之明月……是造物者之无尽藏也,而吾与子之所共适"。更有因兰溪河水西流而感悟人生,人应老而弥坚,有所作为。"谁道人生无再少,门前流水尚能西,休将白发唱黄鸡"。这些虽是赋和词中表达的思想,但苏东坡向持诗词一体的思想,在诗中也很纯熟地表达各种思想和哲理。

黄州诗中还有不少托物抒怀的咏花诗,写得最多的是梅花,其次是牡丹和海棠。这几种花被诗人高看,既是他的偏好,情有独钟,也是他的心性所属,是品格的寄托。

苏东坡黄州的梅花诗有多首,未到黄州城就题有《梅花诗二首》:

其一

春来幽谷水潺潺,的皪梅花草棘间。
一夜东风吹石裂,半随飞雪度关山。

其二

何人把酒慰深幽,开自无聊落更愁。
幸有清溪三百曲,不辞相送到黄州。

此诗写于神宗元丰三年(1080)正月,苏东坡被贬来黄州途中,在麻城境内关山,看到春寒料峭的荒草中,竟然开放着灿烂的梅花,便赋诗二首。诗人见此情景,既伤感又有一丝欣慰和希望。他将个人的遭际与复杂情怀寄托于梅花形象之中,有感而作,托物抒情。从诗句的字里行间可以看出,诗人在凄苦中有坚强和乐观。

梅花被誉为"四君子"之首,苏东坡写梅花实为心有所感,借梅自况。诗人笔下的梅生于偏僻之地的"幽谷"之中,且在环境荒寂的"草棘间",气候环境俱恶劣,梅花好像是不幸的;但她又是坚强乐观的,在荒草间一如既往地"的皪"开放,此时与被贬之人"半随飞雪度关山"。人与花相怜相惜,物我相融。梅花的生长环境荒凉寂寞,无人珍重,似乎与此时的诗人处境相似;而梅花一任灿烂开放的坚强乐观也如诗人的品格一样,给人力量和信心。所以尽管有"何人把酒慰深幽,开自无聊落更愁"这样孤寂落寞的感叹,最后诗人却庆幸有清

溪与飘零的梅花相伴、相送到黄州,让他在落寞无助中感到欣慰,看到希望。诗人将自身的孤寂无助,用拟人化手法寄寓到对梅花的环境和情状的描写之中,用梅花的坚强、洒脱慰藉自己的心胸,表现自身的坚强和乐观。

元丰五年(1082),苏东坡在黄州生活了三年,也是他创作丰收、出现文艺创作高峰的一年。躬耕东坡,一家人的生活有了着落;禅修养炼,心态平和,思想得到解放,精神焕发出新的面貌。这年一月,他又写《红梅三首》:

其一

怕愁贪睡独开迟,自恐冰容不入时。
故作小红桃杏色,尚余孤瘦雪霜姿。
寒心未肯随春态,酒晕无端上玉肌。
诗老不知梅格在,更看绿叶与青枝。

其二

雪里开花却是迟,何如独占上春时。
也知造物含深意,故与施朱发妙姿。
细雨裛残千颗泪,轻寒瘦损一分肌。
不应便杂妖桃杏,半点微酸已著枝

其三

幽人自恨探春迟,不见檀心未吐时。
丹鼎夺胎那是宝,玉人频颊更多姿。
抱丛暗蕊初含子,落盏秾香已透肌。
乞与徐熙画新样,竹间璀璨出斜枝。

苏东坡的《红梅》诗,托物咏怀,含蓄蕴藉,物我交融。这三首红梅诗不是作者看到梅花而写,是他读北宋诗人石延年的《红梅》诗后有感而作。第一首诗尾联"诗老不知梅格在,更看绿叶与青枝。"是千古名句。苏东坡认为老诗人石延年(曼卿)虽然《红梅》诗写得好,但他"不知梅格在",只简单地与桃杏相比,"认桃无绿叶,辨杏有青枝",这是只看到了梅花艳如桃杏的表象。为了趋时，红梅"故作""桃杏色"，她的本性"尚馀孤瘦雪霜姿"，美姿丰神，形神兼备才可见"梅格"。正因为红梅有艳若桃李、冷若冰霜的特性，以及不争春却报春的独特性，才被诗人所看重。东坡先生以梅花自喻，就是要借"梅格"来抒发自己达观超脱的襟怀，不随波逐流的傲骨。这三首诗不光有苏东坡一贯的拟人手法，还有抒情和议论，状物、抒情、议论，三者融为一体，梅花独特的风格特性与苏东坡自己不同流俗、超脱自许的品性正相暗合。

这《红梅三首》似乎更坚定了苏东坡的心志，确定了他的人生态度，虽遭打击也不动摇自己的做人原则，不会同流合污。

元丰六年（1083）十二月，苏东坡还作一首七言古诗《和秦太虚梅花》：

西湖处士骨应槁，只有此诗君压倒。

东坡先生心已灰，为爱君诗被花恼。

多情立马待黄昏，残雪消迟月出早。

江头千树春欲暗，竹外一枝斜更好。

孤山山下醉眠处，点缀裙腰纷不扫。

万里春随逐客来，十年花送佳人老。

去年花开我已病，今年对花还草草。

不如风雨卷春归，收拾余香还昊昊。

秦太虚（1049-1100），名观，字太虚，一字少游，扬州高邮人，"苏门四学士"之一。他有《和黄法曹忆建溪梅花》，本是和诗，苏东坡次韵再和，于赏诗、咏梅中流露出自己深沉的感喟。全诗十六句，前四句赞美秦观的诗写得好，"西湖处士骨应槁，只有此诗君压倒。东坡先生心已灰，为爱君诗被花恼"。东坡先生所说的"西湖处士"，指北宋诗人林逋，以咏梅诗著称，有"疏影横斜水清浅，暗香浮动月黄昏"被称"咏梅绝唱"。其后"骨应槁"，意为死了很久，他的咏梅诗现在才被你超过，东坡先生我本已心如死灰，现在却被你的诗撩起想去看梅花。接下四句就写他黄昏骑马赏花，"多情立马待黄昏，残雪消迟月出早。江头千树春欲暗，竹外一枝斜更好"。清冷境界显梅之高洁，诗人的雅兴也显梅之闲雅。然后四句联想到十年前孤山山下赏花，东坡先生又用拟人和想象，写出他的梅花情缘。"万里春随逐客来，十年花送佳人老"。诗人感到好似梅花有情追随他从杭州一路到了黄州，可是十年过去，物是人非，不得不让人感慨"佳人老"了。他命运多舛，身心俱疲，似乎有负良辰美景。最后四句"去年花开我已病，今年对花还草草。不如风雨卷春归，收拾余香还界昊"。春会归去，不如收拾梅花余香飞还到浩渺的天宫中去。借物抒怀，感慨沉痛，感情浓郁。

附秦观《和黄法曹忆建溪梅花》诗：

　　　　海陵参军不枯槁，醉忆梅花悉绝倒。
　　　　为怜一树傍寒溪，花水多情自相恼。
　　　　清泪班班知有恨，恨春相逢苦不早。
　　　　甘心结子待君来，洗雨梳风为谁好。
　　　　谁云广平心似铁，不惜珠玑与挥扫。
　　　　月没参横画角哀，暗香销尽令人老。
　　　　天分四时不相贷，孤芳转盼同衰草。
　　　　要须健步远移归，乱插繁华向晴昊。

再说东坡海棠诗，苏东坡黄州海棠诗主要有两首。元丰三年（1080）二月，苏东坡既来黄州，寓居定惠院，见东边小山上有海棠一株，便赋七言古诗一首。诗题很长《寓居定惠院之东，杂花满山，有海棠一株，土人不知贵也》，一如诗前小序，后人将之作了题名。

　　　　江城地瘴蕃草木，只有名花苦幽独。
　　　　嫣然一笑竹篱间，桃李漫山总粗俗。
　　　　也知造物有深意，故遣佳人在空谷。
　　　　自然富贵出天姿，不待金盘荐华屋。
　　　　朱唇得酒晕生脸，翠袖卷纱红映肉。
　　　　林深雾暗晓光迟，日暖风轻春睡足。

雨中有泪亦凄怆，月下无人更清淑。
先生食饱无一事，散步逍遥自扪腹。
不问人家与僧舍，拄杖敲门看修竹。
忽逢绝艳照衰朽，叹息无言揩病目。
陋邦何处得此花，无乃好事移西蜀。
寸根千里不易致，衔子飞来定鸿鹄。
天涯流落俱可念，为饮一樽歌此曲。
明朝酒醒还独来，雪落纷纷那忍触。

全诗较长，有28句，却层次清晰：前六句写生长环境，"江城地瘴蕃草木，只有名花苦幽独。"在诗人看来这好像是"造物有深意"，要"遣佳人在空谷"，这"佳人""嫣然一笑竹篱间"，与漫山粗俗的桃李相比，更显高雅脱俗。接下来的八句写海棠的姿态及内在精神，她艳丽的姿态不是媚俗，而是"朱唇得酒晕生脸"，她的精神却不怕"林深雾暗晓光迟"。她在雨中显得凄怆，在月下无人之时却"更清淑"，这就是她的风韵，楚楚动人。海棠幽独却不减其娇艳，生于竹篱间也不减其高雅，与诗人的品格何其相似。

诗的前十四句写海棠，后十四句却笔锋一转由海棠写到诗人自身及其联想和感想。有他的身世之感，命运之感。刚来黄州不久，心境和处境都不妙，"先生食饱无一事""拄杖敲门看修竹"，这处境与海棠一样幽独，无人欣赏，命运何其相似。看到海棠让诗人感到好像是"忽逢绝艳照衰朽"，惊艳海棠的"绝艳"，感叹自己的"衰朽"。于是诗人展开绝妙的想象，"陋邦何处得此花，无乃好事移西蜀"，那么是谁好事移来的呢？诗人再发挥美妙的想象，推测"寸根千里不易得，衔子飞来定鸿鹄"。诗人从西蜀远赴京城，本以为考取功名可以为社稷为苍生大展宏图，谁知被人陷害而入囹圄，得脱牢笼却被贬此地，飘零而不能自主的身世，与海棠好似"同是天涯沦落人"，这怎能不令人感慨。诗人说"天涯流落俱可念，为饮一樽歌此曲。"诗人笔行至此，苏东坡与海棠，恰有白居易《琵琶行》"同是天涯沦落人，相逢何必曾相识"之慨叹。所以，

诗人最后说"明朝酒醒还独来,雪落纷纷那忍触。"怅惘之情,言不尽意。

元丰七年(1084)春,苏东坡又赋七言绝句《海棠》诗一首:

> 东风袅袅泛崇光,香雾空濛月转廊。
> 只恐夜深花睡去,故烧高烛照红妆。

黄庭坚书写过苏东坡的《海棠》诗,并在《跋所书苏轼海棠诗》中称其诗"殆古今绝唱"。这个评价,对这首脍炙人口的诗来说一点不为过。在春风轻轻地吹拂下,海棠花泛出高贵华美的光泽;夜深人静之时,东坡先生无以入眠而赏花;在香雾空濛月转廊西之时,诗人"只恐夜深花睡去,故烧高烛照红妆"。爱惜之情溢于言表,这海棠同样寄寓了东坡先生的情感、他的华贵光彩和洒脱风姿。

苏东坡黄州的牡丹诗,是元丰三年(1080)二月,写了定惠院东边小山上的海棠诗后,所写的《雨中看牡丹三首》:

其一

> 雾雨不成点,映空疑有无。
> 时于花上见,的皪走明珠。
> 秀色洗红粉,暗香生雪肤。
> 黄昏更萧瑟,头重欲相扶。

其二

> 明日雨当止,晨光在松枝。
> 清寒入花骨,肃肃初自持。
> 午景发秾丽,一笑当及时。
> 依然暮还敛,亦自惜幽姿。

其三

> 幽姿不可惜,后日东风起。
> 酒醒何所见,金粉抱青子。
> 千花与百草,共尽无妍鄙。
> 未忍污泥沙,牛酥煎落蕊。

诗人在雨中观赏黄州天庆观的牡丹，一连赋诗三首，写出他对牡丹的欣赏和爱怜。这三首诗不仅有对眼前细雨朦胧中牡丹形色味的描写，娇艳灵动；更有诗人对明日雨过天晴后花儿情态的想象描写，还有后日风起花谢，诗人的不忍和怜惜。诗人描写生动，想象丰富，走进的怜惜之情也是诗人对身世境遇的感叹。国色天香的牡丹无人欣赏，在风雨中自开自落，才华横溢的诗人，空有抱负，无人重用，贬居这偏僻的陋邦，情何以堪。东坡正是以花自喻，借花抒情。

如果说，梅花自高洁，海棠自高雅，牡丹自高贵，那么，苏东坡爱这几种花也是有所寄托、有所寓意的。其实，高洁、高雅、高贵的品质，用来形容东坡本人也恰如其分。

四、苏东坡黄州的心情、亲情、友情诗

苏东坡贬居黄州后，生活的主题除禅修养心、躬耕养身，主要活动就是交友、泛游和读书写作。写诗不敢针砭时弊，笔锋转向内心世界，尚有自然景物、日常生活、亲情友情可以抒写，如上面所介绍的与潘、郭、古三人出女王城的三首诗。

苏东坡在黄州有一项重要的活动，既是心灵修炼的需要，也为解决实际的生活问题，有诗《安国寺浴》为证。此诗记事抒怀，表明苏东坡对禅修活动的认知和佛禅的理解。

> 老来百事懒，身垢犹念浴。
> 衰发不到耳，尚烦月一沐。
> 山城足薪炭，烟雾濛汤谷。
> 尘垢能几何，翛然脱羁梏。
> 披衣坐小阁，散发临修竹。
> 心困万缘空，身安一床足。

> 岂惟忘净秽，兼以洗荣辱。
> 默归毋多谈，此理观要熟。

此诗作于元丰三年（1080）二月，苏东坡初来黄州，经常往安国寺静坐和沐浴。这是他寻到的一种新的生活方式，也是精神的寄托。在安国寺结识僧首继连，加持了苏东坡的精神力量；在沐浴活动中，东坡的身体洁净了，精神也舒畅了，可以放飞心灵的自由。经过洗礼，身心自由，可以随缘自适，处变不惊。《维摩经》说："心垢故众生垢，心净故众生净""妄想是垢，无妄想是净。颠倒是垢，无颠倒是净"。苏东坡诗中摄入此佛理，显然是借佛家义理，修炼自己的身心，以得到身净和心静，达到随缘放旷的境界。

苏东坡对佛禅的研修与领悟，从来都不是单纯地信仰佛教或要遁入佛门，而是基于自身已有的人生信念与学问修养，从现实社会的实际需要出发，研究佛法，参悟佛理。在《答毕仲举书》中，他清楚地表达自己对于佛禅的理解与认识："佛书旧亦尝看，但暗塞不能通其妙，独时取其粗浅假说以自洗濯，若农夫之去草，旋去旋生，虽若无益，然终愈于不去也。若世之君子所谓超然玄悟者，仆不识也。"他说："仆尝语述古：'公之所谈，譬之饮食，龙肉也；而仆之所学，猪肉也。猪之与龙则有间矣。然公终日说龙肉，不如仆之食猪肉，实美而真饱也'。"

苏东坡这个比喻很有趣，常人都能理解。他对佛禅的兴趣并不在于玄虚飘渺的说理，他更加关注佛禅对于现实人生的切实作用。龙肉固然美味高贵，但遥不可及。现实生活中不存在龙肉，望梅止渴也不可能，永远不能解决肚子问题。与龙肉相比，猪肉虽然粗鄙低贱，但是却能实实在在地解决饥饿问题。

至于说怎样解决现实问题，苏东坡有自己的看法："学佛老者，本期于静而达，静似懒，达似放。学者或未至其所期，而先得其所似，不为无害。仆常以此自疑，故亦以为献。"

所谓"静""达"，也许就是"实美而真饱"，就是身在黄州的苏东坡对学佛的期许，那象征着佛教空静与达观的境界，其本质就在于破除执念。然而，

"静"极便有"惫懒"的倾向,"达"极也有放任疏放的危险。苏东坡也意识到了这个危险的倾向,所以他所要求的"静"和"达"便是执著又不执著。

所谓执著,便是依然要关注现实、关注人生、关注民生,这是苏东坡的人格基础;所谓不执著,就是在面临人生失意之际,要善于开解自己的心结,要善于转换自己的心态,要勇于面对现实生活中的一切挫折磨难。从这个意义上来说,佛教自然是苏东坡口中的"猪肉"了!

因此,对于佛学的研修并不曾使苏东坡彻底走向虚无与消沉,相反,在佛禅的帮助下,他的生活走向了通脱畅达,显得更加兴味盎然(苏东坡:学佛老本期于静而达,"百家讲坛"《康震评说苏东坡》)。

亲情和友情也是苏东坡看重和珍惜的,他的黄州诗中也多有表现。下举数例,以资研学。

侄安节远来夜坐三首

一

南来不觉岁峥嵘,坐拨寒灰听雨声。
遮眼文书元不读,伴人灯火亦多情。
嗟予潦倒无归日,今汝蹉跎已半生。
免使韩公悲世事,白头还对短灯檠。

二

心衰面改瘦峥嵘,相见惟应识旧声。
永夜思家在何处,残年知汝远来情。
畏人默坐成痴钝,问旧惊呼半死生。
梦断酒醒山雨绝,笑看饥鼠上灯檠。

三

落第汝为中酒味,吟诗我作忍饥声。
便思绝粒真无策,苦说归田似不情。
腰下牛闲方解佩,洲中奴长足为生。

大诏一弛何缘榖，已觉翻翻不受桑。

此三诗作于元丰四年（1081）十一月，侄儿安节远道而来，令苏东坡悲喜交集。东坡自己是被贬之人，生活正孤寂贫苦；侄儿是一落第书生，也可能正是受到他这个被贬叔叔的株连，真可谓苦上加悲。但让人欣喜的是侄儿仍来探望，没有抛弃亲情，这大大慰藉了苏东坡的孤寂之心。诗中既自嘲贫困，孤寂无聊，又满含着对亲人浓厚的感情。贬到黄州快两年了，苏东坡却处于"坐拨寒灰听雨声"的境况之中，遮眼文书也不用读了，只有灯火多情地陪伴着主人。侄儿远道来看望窘境中的叔父，尤其显得亲情可贵。三首诗内容相连、艺术特色一致，情真意切，沉郁深厚，意境深远。虽贫苦却没有哀求和愤懑，每首诗尾联都透出平和与洒脱。

苏东坡在黄州的友人中，友情最深厚的应该是隐居于麻城歧亭的陈季常（名慥，字季常），苏东坡居黄期间，两人相与往来频繁，每次来往东坡都作诗以记。

陈季常见过三首

其一

仕宦常畏人，退居还喜客。
君来辄馆我，未觉鸡黍窄。
东坡有奇事，已种十亩麦。
但得君眼青，不辞奴饭白。

其二

送君四十里，只使一帆风。
江边千树柳，落我酒杯中。
此行非远别，此乐固无穷。
但愿长如此，来往一生同。

其三

闻君开龟轩，东槛俯乔木。

人言君畏事，欲作龟头缩。

我知君不然，朝饭仰盱谷。

余光幸分我，不死安可独。

此三诗作于元丰五年（1082）二月，描写了陈季常到黄州来拜访东坡、东坡待客送客的情景，表现了两人的深厚情谊。苏东坡希望二人友谊长存，并表达了对老友的理解和同享长生不老之术的愿望。苏东坡另有《歧亭五首》（并叙），前四首是写他到歧亭拜访的情景。

歧亭五首

其一

昨日云阴重，东风融雪汁。远林草木暗，近舍烟火湿。
下有隐君子，啸歌方自得。知我犯寒来，呼酒意颇急。
抚掌动邻里，绕村捉鹅鸭。房栊锵器声，蔬果照巾幂。
久闻蒌蒿美，初见新芽赤。洗盏酌鹅黄，磨刀削熊白。
须臾我径醉，坐睡落巾帻。醒时夜向阑，唧唧铜瓶泣。
黄州岂云远，但恐朋友缺。我当安所主，君亦无此客。
朝来静庵中，惟见峰峦集。

其二

我哀篮中蛤，闭口护残汁。又哀网中鱼，开口吐微湿。
刳肠彼交病，过分我何得。相逢未寒温，相劝此最急。
不见卢怀慎，蒸壶似蒸鸭。坐客皆忍笑，髡然发其幂。
不见王武子，每食刀几赤。琉璃载蒸豚，中有人乳白。
卢公信寒陋，衰发得满帻。武子虽豪华，未死神已泣。
先生万金璧，护此一蚁缺。一年如一梦，百岁真过客。
君无废此篇，严诗编杜集。

其三

君家蜂作窠，岁岁添漆汁。我身牛穿鼻，卷舌聊自湿。

二年三过君,此行真得得。爱君似剧孟,扣门知缓急。
家有红颊儿,能唱绿头鸭。行当隔帘见,花雾轻幂幂。
为我取黄封,亲拆官泥赤。仍须烦素手,自点叶家白。
乐哉无一事,十年不蓄愤。闭门弄添丁,哇笑杂呱泣。
西方正苦战,谁补将帅缺。披图见八阵,合散更主客。
不须亲戎行,坐论教君集。

其 四

酸酒如齑汤,甜酒如蜜汁。三年黄州城,饮酒但饮湿。
我如更拣择,一醉岂易得。几思压茅柴,禁网日夜急。
西邻推瓮盎,醉倒猪与鸭。君家大如掌,破屋无遮幂。
何从得此酒,冷面妒君赤。定应好事人,千石供李白。
为君三日醉,蓬发不暇帻。夜深欲逾垣,卧想春瓮泣。
君奴亦笑我,鬓齿行秃缺。三年已四至,岁岁遭恶客。
人生几两屐,莫厌频来集。

其 五

枯松强钻膏,槁竹欲沥汁。两穷相值遇,相哀莫相湿。
不知我与君,交游竟何得。心法幸相语,头然未为急。
愿为穿云鹘,莫作将雏鸭。我行及初夏,煮酒映疏幂。
故乡在何许,西望千山赤。兹游定安归,东泛万顷白。
一欢宁复再,起舞花堕帻。将行出苦语,不用儿女泣。
吾非固多矣,君岂无一缺。各念别时言,闭户谢众客。
空堂净扫地,虚白道所集。

这五首诗作于元丰五年(1082),诗前有个长长的序言:

元丰三年正月,余始谪黄州。至岐亭北二十五里山上,有白马青盖来迎者,则余故人陈慥季常也。为留五日,赋诗一篇而去。明年正月,复往见之,季常使人劳余于中途。余久不杀,恐季常之为余杀也,则以前韵作诗,为杀戒以遗

季常。季常自尔不复杀,而歧亭之人多化之,有不食肉者。其后数往见之,往必作诗,诗必以前韵。凡余在黄四年,三往见季常,而季常七来见余,盖相从百余日也。七年四月,余量移汝州,自江淮徂洛,送者皆止慈湖,而季常独至九江。乃复用前韵,通为五篇以赠之。

　　这个序言写明苏东坡从元丰三年来黄州途中与老友陈季常相遇、留居数日、作诗相别及其后三年间二人往返造访的情况。每次相见后,苏东坡都用前韵作诗一首,直至东坡离开黄州时陈季常相送到九江,东坡又用前韵作诗一首,加上原来的四首一共五首赠送老朋友,与之作别。序言将二人的交往及作诗的情况写得很清楚,诗的内容细致地描述了东坡每次去访陈季常的情况。二人相交深厚,相处融洽,他们的友谊慰藉了东坡一颗孤寂苦闷的心。尤其让东坡感到欣慰的是,他不忍杀生,劝朋友也不要杀生,不仅陈家做到了,周围百姓也有受到影响而不杀生的了。

　　这些与好友相交相聚的诗,不论是友人陈季常到黄州来拜访东坡,还是东坡去麻城歧亭回访,二人都相处愉快,东坡的诗也写得轻松幽默,充分体现了东坡风趣乐观的性格特征。

　　苏东坡还有一类诗也写得很轻松,那就是生活和纪事诗,如《问大冶长老乞桃花茶栽东坡》《蜜酒歌》《元修菜》《和黄鲁直食笋》等。

问大冶长老乞桃花茶栽东坡

　　周诗记茶苦,茗饮出近世。初缘厌梁肉,假此雪昏滞。
　　嗟我五亩园,桑麦苦蒙翳。不令寸地闲,更乞茶子蓺。
　　饥寒未知免,已作太饱计。庶将通有无,农末不相戾。
　　春来冻地裂,紫笋森已锐。牛羊烦诃叱,筐筥未敢睨。
　　江南老道人,齿发日夜逝。他年雪堂品,空记桃花裔。

　　元丰五年(1082)春,苏东坡乘船到大冶拜访文友程师德,在鳌山堡桃花嘴上岸,品了桃花茶,又到大茗山桃花峰寺庙向长老讨要桃花茶树秧,栽种于黄州东坡,并作此诗。诗风平淡,诗句如话。诗的前四句写了向大冶长老乞桃

第二章 苏东坡在黄州的文学创作

花茶栽于东坡的原因,大冶的桃花茶是茶中名品。苏东坡喜品茗,又没有现成的名茶,更重要的是他身耕东坡,即使田亩不大,要种桑种麦,还是想挤出地方栽种茶树。"嗟我五亩园,桑麦苦蒙翳。不令寸地闲,更乞茶子蓺"。接着东坡描写了他对田园的规划和展望,从中可以看出苏东坡发展农业和经济的思想,要互通有无,还要让这种优良的桃花茶传承下去。大冶长老日益衰老了,他的桃花茶却在黄州继续生长,人们日后雪堂品桃花茶时不会忘记这是大冶桃花茶的后代。

苏东坡既喜茶又嗜酒,桃花茶在东坡种下了,酒要自己酿可不容易。元丰五年五月,正当官方禁私酒甚严之时,苏东坡的友人、西蜀道士杨世昌自庐山来黄州拜访,带来酿酒秘方,苏东坡照此方酿酒成功,于是作诗《蜜酒歌》答谢友人。其序言:"西蜀道士杨世昌,善作蜜酒,绝醇酽。余既得其方,作此歌以遗之。"

> 真珠为浆玉为醴,六月田夫汗流沺。
> 不如春瓮自生香,蜂为耕耘花作米。
> 一日小沸鱼吐沫,二日眩转清光活。
> 三日开瓮香满城,快泻银瓶不须拨。
> 百钱一斗浓无声,甘露微浊醍醐清。
> 君不见南园采花蜂似雨,天教酿酒醉先生。
> 先生年来穷到骨,问人乞米何曾得。
> 世间万事真悠悠,蜜蜂大胜监河侯。

苏东坡在黄州生活困难,但他可以自力更生,大胆尝试做蜜酒,还把富人不肯吃穷人不解煮的猪肉做成了美食。东坡栽种了桃花茶,他还种了家乡菜,并写诗《元修菜》(元丰六年(1083)六月)记其事。序言云:

菜之美者,有吾乡之巢,故人巢元修嗜之,余亦嗜之。元修云:使孔北海见,当复云吾家菜耶?因谓之元修菜。余去乡十有五年,思而不可得。元修适自蜀来,见余于黄,乃作是诗,使归致其子,而种之东坡之下云。

此序言中苏东坡交代了元修菜名的由来，因他极喜爱这种家乡的菜，离家十五年，思而不可得，恰好故人巢元修自蜀来黄，苏东坡便作此诗，让元修的儿子寄来种子，种于东坡之下。诗尾苏东坡想象着："悬知东坡下，塉卤化千钟。长使齐安人，指此说两翁。"也正如其所言，这种菜在黄州传了下来。光绪十年《黄州府志》载："元修菜，似芥，蜀种，东坡得自故人巢元修因名。"现代称"薇菜"，豆科植物，野豌豆的嫩苗。南宋诗人陆游的《剑南诗稿》（十六：元菜序）记载更详细："蜀蔬有两巢：大巢，豌豆之不实者；小巢，生稻畦中，东坡所赋之元修菜也。"

苏东地喜欢竹笋，与苏东坡亦师亦友的黄庭坚更喜欢。黄庭坚，字鲁直，北宋著名诗人，江西诗派的代表人物；诗和书法与苏东坡齐名，有"苏黄"之称；书法与苏轼、米芾、蔡京称北宋四大家；另"与张耒、晁补之、秦观俱游苏轼门，天下称为四学士"（《宋史·文苑传》）。元丰六年（1083）九月，苏东坡作《和黄鲁直食笋次韵》。

> 饱食有残肉，饥食无余菜。
> 纷然生喜怒，似被狙公卖。
> 尔来谁独觉，凛凛白下宰。
> 一饭在家僧，至乐甘不坏。
> 多生味蠹简，食笋乃余债。
> 萧然映樽俎，未肯杂菘芥。
> 君看霜雪姿，童稚已耿介。
> 胡为遭暴横，三嗅不忍嘬。
> 朝来忽解箨，势迫风雷噫。
> 尚可饷三闾，饭筒缠五采。

这首诗写得风趣自然，如叙话，而蕴含深厚，转换自如。开头就说饮食不在菜肴，不管是肉还是蔬菜，饱腹就行。说黄鲁直喜欢食竹笋而且一味食笋，"未肯杂松芥"，一定是钻研古书留下来的习惯，这是苏东坡一贯的风趣幽默。

"君看霜雪姿,童稚已耿介"。苏东坡称赞竹子有傲风雪之姿,嫩笋便长得直,亦是称赞黄庭坚的为人,何尝不是委婉地表现了自己呢。最后,苏东坡由食笋联想到楚人用五彩线包角黍饷屈原的风俗。屈原"信而见疑,忠而被谤"(司马迁《屈原列传》),苏东坡巧妙地将自己像屈原一样遭遇不幸仍保持高尚节操的品格寄寓其中。所以,纪昀评曰:"忽然自寓,不粘不脱,信手无痕而玲珑四照。"

与前面一些风趣幽默诗风不同,这里要介绍一首悲痛欲绝的悼念诗和一首感情沉郁的别离诗。

徐君猷挽词

一舸南游遂不归,清江赤壁照人悲。
请看行路无从涕,尽是当年不忍欺。
雪后独来栽柳处,竹间行复采茶时。
山城散尽樽前客,旧恨新愁只自知。

此诗作于元丰六年(1083)十一月。徐君猷,名大受,东海(今福建瓯宁)人。元丰三年(1080)八月,以朝散郎任黄州太守,对刚被贬来黄州不久的苏东坡多有照顾。多次携酒到东坡住所探望,二人曾多次同游栖霞楼、涵晖楼、安国寺等,苏东坡有不少作品记述,如《南乡子·重九,涵晖楼呈徐君猷》《醉蓬莱·笑劳生一梦》。苏东坡在给徐君猷弟弟徐得之的信中说:"某始谪黄州,举目无亲,君猷一见,相待如骨肉。此意岂可忘哉!"苏东坡应安国寺僧首继连之请,将他们游坐饮茶的竹间亭命名为"遗爱亭",并代巢谷写《遗爱亭记》。元丰五年徐君猷黄州离任将赴湖南任,元丰六年十一月逝于途中,丧过黄州,苏东坡沉痛地作了祭文和此挽词。"清江赤壁照人悲",表达了苏东坡极大的悲痛;"请看行路无从涕,尽是当年不忍欺"。描写了黄州人路祭太守的场面,歌颂了徐君猷的政绩。正是太守理政有方,政治清明,百姓才会热爱他、哀悼他。"雪后独来栽柳处,竹间行复采茶时"。回忆往事,倍感悲伤,睹物怀人,痛定思痛。尾联"山城散尽樽前客,旧恨新愁只自知"。沉痛、凄凉而哀思不绝，苏东坡内心有多悲痛只有他自己知道。

元丰七年（1084）三月，苏东坡改迁汝州（河南临汝）团练副使，四月一日告别生活四年多的黄州，作《别黄州》诗。

> 病疮老马不任鞿，犹向君王得敝帷。
> 桑下岂无三宿恋，樽前聊与一身归。
> 长腰尚载撑肠米，阔领先裁盖瘿衣。
> 投老江湖终不失，来时莫遣故人非。

四年多的黄州生活，苏东坡参禅养炼、躬耕东坡、读书写作、放浪山水、与渔樵杂处，足迹遍及鄂东大地，体味着人生的苦乐酸甜，与黄州结下深厚的感情。"桑下岂无三宿恋"，在离开黄州之时，诗人将自己的深情和感慨倾注于笔端，写出了这首《别黄州》。尾联"投老江湖终不失，来时莫遣故人非"。可以理解为诗人说他今日别黄州，日后还会"投老江湖"，再回黄州；也可以理解为他此时离开黄州，日后再来黄州，故人是否还在呢？情真意切，进一步表达了诗人对黄州的依恋之情。

第二节　苏东坡在黄州词的创作

我国古代文学殿堂中，诗居其首位；词，作为一种新兴的文学样式，自中唐后为适应流行音乐（燕乐）而产生。词的诞生，以供世俗社会消遣；吟唱的多是男欢女爱、离情别绪。针对民间词的鄙陋浅俗，自晚唐五代，去陋远俗一直是文人词家所注意的，并付诸创作实践。著名诗人刘禹锡，以隐括的手法改写过《竹枝词》；以温庭筠为代表的"花间"词，从语言和音乐形式上脱离了民间词的浅陋粗俗，成为贵族及崇尚贵族生活的士大夫文人花间樽前的助欢工具。然而其内容十之七八还是描写闺阁艳情，与民间词相较，虽然语言、修辞和艺术上趋于"雅化"，但仍脱不了思想情感骨子里的俗艳，其"雅化"的只是形式而已。

第二章　苏东坡在黄州的文学创作

　　至北宋，词体成熟，广为盛行。专职词人柳永名声很大，"凡有井水处，皆能歌柳词"。他是公认的北宋早期著名的婉约词人。但词的地位与诗不可同日而语，词仍不被正统文人和官员所看重，不能像诗一样登上堂皇的文学殿堂。倚声填词仍被当时的文人和官员当做"遣情娱兴"的小道，不敢公开创作和示人，也不把词当做文学创作的正途。宋人胡寅在《题酒边词》中对苏东坡以前五代北宋人的"诗尊词卑"观念有一段论述，很能反映当时词的地位之低下。他说："词曲者，古乐府之末造也。古乐府者，诗之傍行也。""然文章豪放之士，鲜不寄意于此者（很少作词），随亦自扫其迹，曰谑浪游戏而已也"。例如，王荆公（王安石）初为参知政事（即宰相），闲日因阅读晏元献公（早期词人晏殊）小词而笑曰："为宰相而作小词，可乎？"平甫（王安国）曰："彼亦偶然自喜而为尔，顾其事业岂止如是耶？"时吕惠卿为馆职（编修书籍的官），亦在坐，遽曰："为政必先放郑声（禁绝郑国浮靡的乐曲），况自为之乎？"可见，苏东坡时期的北宋人，仍认为作词是有失身份、有损尊严的事。

　　胡寅的《题酒边词》又说："眉山苏氏，一洗绮罗香泽之态，摆脱绸缪宛转之度，使人登高望远，举首高歌，而逸怀浩气超然乎尘垢之外。于是《花间》为皂隶，而柳氏为舆台矣。"（史智鹏，张龙飞《黄州简史》P103）生平跨越两宋的胡寅，对苏东坡提振词的风格和内容，作出了正面而极高的评价。

　　苏东坡因诗获罪贬来黄州，大概也是利用词被当做"遣兴娱乐"的小道，而不会包含什么政治内涵或重大意义，即使是专事对其文字吹毛求疵的御史们也不会从中去找什么罪证，才敢于多有创作。他在《与陈大夫八首（之三）》中说："比虽不作诗，小词不碍，辄作一首，今录呈，为一笑。"苏东坡主动把自己填的词赠送朋友，也是聊作解颐。今人陈冰清研究苏东坡黄州词，找出苏东坡在黄州热衷于作词的原因。他在《黄州词》中指出："苏轼此时期的词不仅数量大，而且名作倍出。这是因为谪居的痛苦，满腔抱负无所施展的抑郁，不能总是压抑在心底。以苏轼豪爽的性格，心直口快的脾气，一定要有所宣泄。既然诗、文因为惧怕政治上再遭陷害而不敢作，那就要找个

代替品，于是选择了当时广为盛行的词体。"（转引自韩国强《也说苏轼黄州词》）

苏东坡致力于词的创作始于杭州任职之后，山东密州时期已有不少佳作问世。经历了多年的由尝试而开拓的创作实践，东坡词的诗化特点突显，苏词遂进入了一种更纯熟的境界。在贬官黄州后，达到了他自己的词作及北宋词的质量高峰。居黄州后，"小词不碍"的观念为苏东坡壮胆，他以"诗尊词卑"作掩护，运用手中如椽大笔，抒情言志。不但积极创作"小词"，而且名篇不少。如《念奴娇·赤壁怀古》《定风波》（莫听穿林打叶声）、《浣溪沙》（山下兰芽短浸溪）、《水调歌头·黄州快哉亭赠张偓佺》等词作名篇，创造了中国词坛的辉煌。薛瑞生《东坡词编年笺注》指出："东坡词开豪放一宗，且词备众体，影响深远，享誉古今。"王灼《碧鸡漫志》（卷二）云："东坡先生非醉心于音律者，偶尔作歌，指出向上一路，新天下耳目，弄笔者始知自振。"这种评价得到历代词评家的关注和认可。

纵观苏东坡的黄州词，其题材、词境大大开拓，诸如政治、农事、友谊、爱情、风物、游览等等都进入他的词作中。现仅从数量、题材、艺术风格、代表作品等几个方面，作简要介绍。

一、苏东坡黄州时期词的数量及主要词篇

苏东坡在黄州的词作，经几代研究者考证认定，数量不断增多。较早的是20世纪初期，龙榆生《东坡乐府笺》认定黄州作词47首；20世纪八十年代由石声淮、唐玲玲编撰而成的《东坡乐府编年笺注》，认定黄州编年词65首。20世纪末21世纪初，东坡词的研究出现了一个高潮，陆续推出了新的苏词校注和词目订正，其篇目逐次增加。1998年薛瑞生的《东坡词编年笺证》（西安：三秦出版社）新增词目21首，次年饶学刚教授的《东坡黄州词目订正》（《苏东坡在黄州》京华出版社）又新增6首，而2004年邹同庆、王宗堂的《苏轼

词编年校注》(中华书局出版),再次增加7首,前后加起来,东坡黄州词近百首。《东坡乐府》收词340余首,黄州词数量几占三分之一。

苏东坡在黄州的词作,不仅超过了任何时期和地方的创作,而且名篇迭出,如珠玉纷呈。仅元丰五年(1082)的著名词作就有《江神(城)子》(梦中了了醉中醒)、《定风波》(莫听穿林打叶声)、《浣溪沙》(山下兰芽短浸溪)、《渔家傲·赠曹光州》(些小白须何用染)、《念奴娇》(大江东去)等。其中《念奴娇·赤壁怀古》成为千古绝唱,被称为豪放词的代表作,奠定了苏东坡词坛豪放派圣主的地位。此外,黄州词作名篇还有《卜算子》(缺月挂疏桐)、《诉衷情》(海棠珠缀一重重)、《归来引》(归去来兮)、《水龙吟》(似花还似非花)、《临江仙》(夜饮东坡醒复醉)、《水调歌头》(落日绣帘卷)、《西江月》(照野弥弥浅浪)、《念奴娇》(凭高眺远)、《浣溪沙》(半夜银山上积苏)、《满庭芳》(蜗角虚名)、《鹧鸪天》(林断山明竹隐墙)、《水龙吟》(小舟横截春江)、《南乡子》(晚景落琼杯)、《南乡子》(霜降水痕收)、《十拍子》(白酒新开九酝)等等,不一一列举。

二、苏东坡黄州词的主要题材

东坡词题材丰富,包罗万象,举凡怀古、述怀、讽时、咏史、农村、悼亡、送别、宴游、戏谑、赠答、山水景物及隐括、集句、自度曲等等,在他笔下无不可歌可咏。苏词题材之广泛,如石声淮、唐玲玲《东坡乐府编年笺注》(前言)中所言:

苏轼的词,比北宋任何词人留下的都多,而且内容丰富:有对美好理想的热烈追求,有在受到政治迫害时苦闷而又旷达的心情的抒发,有登高临水的吊古伤今,有对亲戚故旧深沉的眷念,有对丑恶事物的讥讽;写了火树银花的都市繁华,也写了静谧的农村和渔家;写了寒夜孤灯的客馆,也写了歌吹热闹的宴会;写了达官贵人,也写了流落江湖卖唱的游女;……题材之广突破了前人。

苏东坡黄州时期的词作几乎包括了以上所有题材。他大量填词，以此来发泄苦闷、抒发情怀、寄寓理想、唱和赠答，举凡诗能表达的意境、涉及的题材、表现的功能，他都用词实现了。

元丰四年（1081）十二月大雪天，太守徐君猷携酒上门拜访东坡先生。苏东坡以《浣溪沙》词牌填词三首，次日雪更大，又填二首。这五首词可说都是农村题材，而且第五首由瑞雪联想到麦子丰收的情景，表达了"但令人饱我愁无"的愿望。苏东坡向来持诗词一体的观点，与百姓情怀的诗一样，这五首词抒发了作者关心民生、关爱百姓的美好情怀，这种思想感情贯穿于黄州贬居时期及其后半生的创作之中。

北宋末年的南渡词人和南宋的辛派词人，就是沿着苏东坡的词路进一步向前开拓发展的。南宋词人刘辰翁说："词至东坡，倾荡磊落，如诗、如文、如天地奇观。"（《辛稼轩词序》）。清代学者陈廷焯说："人知东坡古诗古文，卓绝百代，不知东坡之词，尤出诗文之右。"（转引自史智鹏《黄州赤壁文化》2008 年，P95）

苏东坡在黄州，不仅词作多，艺术水平高，还创新了词的题材和表现手法，使词的地位与诗并立；题材反映现实人生、社会生活，词风健康向上，艺术手法丰富多彩。毫无疑问，苏东坡对词的发展做出了巨大的贡献。

三、苏东坡黄州词名篇赏析

从苏东坡黄州词中列举数例（代表作《念奴娇·赤壁怀古》另作赏析），以窥见其丰富的思想情感和多样的艺术表现手法。

（一）以"孤鸿"自喻，词中塑造孤寂清高的形象

苏东坡初到黄州，畏人畏事，苦闷彷徨，但他内心有孤寂又有坚持，词作中也有形象的表现。神宗元丰三年（1080），苏东坡居定惠院时所作《卜算子》，

第二章　苏东坡在黄州的文学创作

借物抒怀，"孤鸿"形象意蕴深邃。

缺月挂疏桐，漏断人初静。时见幽人独往来，缥缈孤鸿影。惊起却回头，有恨无人省。拣尽寒枝不肯栖，寂寞沙洲冷。

这首咏物词，以"孤鸿"和"幽人"两个意象，托物寄意，含蕴隽永。词中幽静凄冷的气氛和孤寂彷徨的形象，就是苏东坡当时真实的心理感受和情感体验。作此词时，作者刚从狱中放出，被贬而来到黄州。恐惧和惊吓仍在心间，对迫害尚有余悸，但他内心又有自己的个性和坚持。所以，在残月静夜中，于自然野趣里寄寓着他幽独的心（"缥缈孤鸿影"），而孤寂的心中又流露出高洁自许、不同流俗的情怀（"拣尽寒枝不肯栖"）。

词的上片"缺月挂疏桐，漏断人初静"。描写出当时的景物、环境、气氛，是那样的萧瑟、凄凉、冷清，反映着词人当时的内心是多么的孤独无助，意兴惨淡。黯淡的月光，孤独的身影，犹如缥缈的孤鸿，彷徨无依。紧接着两句"时见幽人独往来，缥缈孤鸿影"自然而出，"孤鸿"就是东坡自喻的形象。词人孤寂惆怅的内心与暗夜此情此景相契合、相交融，以景物寄托了情感、抒发了胸怀。

下片承上"孤鸿影"转入对孤鸿的描写，"惊起却回头，有恨无人省"。清冷的月夜"孤鸿"被惊起，本想仓皇飞走，却又依依不舍地回头张望。在这暗淡的夜色中，有谁能理解此种苦衷？苏东坡用十个字，不仅生动地描绘出自己遭受打击、惊魂未定、顾影自怜的形象，还含蓄地表现出自己初来黄州"亲友绝交""郡中无一人识者"的孤独寂寞。苏东坡有伤痛苦闷，但却不消沉颓废，所以"孤鸿"就会"拣尽寒枝不肯栖，寂寞沙洲冷"。凄苦中坚持高洁，不苟合流俗、乞求保护。这个艺术形象，耐人寻味。

关于此词的艺术造诣，有两则评语可引。一则是"苏门四学士"之一的黄庭坚，他的《山谷题跋》卷二跋东坡乐府《卜算子》（缺月挂疏桐）一阕云："语意高妙，似非吃烟火食人语，非胸中有万卷书，笔下无一点尘俗气，孰能至此。"一则是清代黄蓼园的《蓼园词选》评苏东坡此词："语语双关，格奇而语隽，斯为超诸神品。"

◆（二）走出阴霾，抒发旷达胸怀

经过安国寺禅修，东坡躬耕，放浪山水，苏东坡精神舒畅，思想解放，胸怀旷达，创作高潮应运而生。《定风波》（莫听穿林打叶声）、《浣溪沙》（山下兰芽短浸溪）、《西江月》（照野泝泝浅浪）等体现其超脱旷达情怀的词作诞生。《念奴娇·赤壁怀古》既是豪放词的代表，也是苏词创作高峰的代表（后面单独赏析此词）。

定风波

三月七日，沙湖道中遇雨。雨具先去，同行皆狼狈，余独不觉。已而遂晴，故作此词。

莫听穿林打叶声，何妨吟啸且徐行。竹杖芒鞋轻胜马，谁怕？一蓑烟雨任平生。料峭春风吹酒醒，微冷，山头斜照却相迎。回首向来萧瑟处，归去，也无风雨也无晴。

此词作于宋神宗元丰五年（1082）三月，即苏东坡谪居黄州的第三年。词前小序交代了作词的背景和缘起。但不论是小序还是词作本身，都让人感受到了词人的不羁形象和洒脱情怀。

此时，"乌台诗案"过去了三年，失去自由、身心遭受欺凌和侮辱的不堪体验渐渐淡化，苦难没有打倒苏东坡，却成为他转变世界观、人生观、扩大视野和胸怀的推动力。贬居黄州后，度过了最初的惶恐不安，寂寞无奈的时光。躬耕东坡，雪堂赋诗，超脱地面对现实和人生，让一个旷达乐观的苏东坡从黄州诞生了，从此迈步走向创作成就的辉煌。《定风波》（莫听穿林打叶声）这首词便是苏东坡告别不堪回首的过去，走向人格形成新未来的宣言。此时的苏东坡，大有不管前路如何，我自有应对的从容心态和定力。

"莫听穿林打叶声，何妨吟啸且徐行"。开篇描绘风雨骤至的自然景象，而我自"吟啸徐行"的洒脱形象。任凭风云变幻，"我"却悠然面对。"何妨

吟啸且徐行",从中可以看出苏东坡的胸襟和个性,是那么的宽广和坚强,面对忧患和灾难,他有足够的勇气和信心。

所以"竹杖芒鞋轻胜马,谁怕?一蓑烟雨任平生"。词句似乎是脱口而出。之所以从容不迫,安详自在,因为苏东坡心中已有应对风雨的准备和打算。早已身经过更大的狂风暴雨,"穿林打叶"这阵小雨算不得什么。这里的自然风雨,已然上升为仕途政治和社会人生的风雨,是人生的遭遇和灾难的隐喻,给此词赋予了丰富而深远的内涵。

下片,苏东坡从风雨中的情怀抒发转向雨过天晴后的描写,重在写感受和思想活动。虽然雨后"微冷",但"山头斜照却相迎",似乎感受到了光明和温暖,这是他继续前行的动力。"回首向来萧瑟处,归去,也无风雨也无晴"。真是退一步海阔天空,这既是当时的自然描写,也是苏东坡为自己人生最后归宿的设想。人生风雨也好,政治风雨也好,没什么可怕的。"归去,也无风雨也无晴"。一语双关,大有跳出政治陷阱、人生苦难,甚至超脱尘世,成为隐士或仙人的洒脱设想。苏东坡将旅途的风雨升华为人生路途中的艰难险阻,使词的意境丰富而深远。(《苏东坡黄州名篇赏析》P133)

苏东坡还有首《独觉》诗,后四句为:"悠然独觉午窗明,欲觉犹闻醉鼾声。回首向来萧瑟处,也无风雨也无晴。"此诗进一步体现了苏东坡超脱而坦荡的胸怀。独自鼾睡,不管外面风吹雨打,心无挂碍,安之若素,处之泰然。这完全是摆脱了外物的束缚,超越了悲喜和忧乐的自在境界。一种自由阔大的心境,给人以精神的美感和享受。

浣溪沙

游蕲水清泉寺。寺临兰溪,溪水西流。

山下兰芽短浸溪。松间沙路净无泥。潇潇暮雨子规啼。

谁道人生无再少?门前流水尚能西。休将白发唱黄鸡。

此词作于神宗元丰五年(1082)三月,与《定风波》(莫听穿林打叶声)写作时间相隔不远,而且事有关联。三月七日,苏东坡往沙湖相田,途中遇雨,

他独不觉,还说"何妨吟啸且徐行",人洒脱,词豪迈。实际上,这次雨后他得了臂疾,后往蕲水(今黄冈市浠水县)麻桥庞安时(安常)家治疗,病愈。与庞医生同游蕲水清泉寺,作此词。

"溪水西流"让苏东坡大为惊奇、欣喜,也成为他作词的灵感触发点。词的上片写景,下片抒情。写的是眼前所见所闻,尽管环境很好,但表现的却是凄清寂静的气氛;"潇潇暮雨子规啼",静寂打破了,心境却是压抑的。上片写景用抑的手法,为过渡到下片抒情作铺垫。

下片"谁道人生无再少?门前流水尚能西"。笔锋一转,情绪上扬,让人精神为之一振。兰溪河水不像我国大部分河流,随地势由西流向东,而是因地势由东北向西南方流去。这一反常的景象,让苏东坡眼前一亮,感觉岁月也好像可以回头再现,人生可以再回年少时。所以,紧接着一句"休将白发唱黄鸡"。借用白居易的诗,反其意而用之,既是自勉,又给人以鼓励。

注:[唐]白居易原诗《醉歌示妓商玲珑》中有诗句:"……谁道使君不解歌,听唱黄鸡与白日。黄鸡催晓丑时鸣,白日催年酉前没。腰间红绶系未稳,镜里朱颜看已失。玲珑玲珑奈老何,使君歌了汝更歌。"(《白香山诗集》)

此诗悲叹衰老,苏东坡反用其意,让人不要悲伤,不要哀叹。从此词可以看出,苏东坡被贬黄州三年后,对人生价值有重新发现,其生活态度、思想情感产生了转折性变化,对前途充满信心,对未来有强烈的向往和希望。

西江月

顷在黄州,春夜行蕲水中,过酒家饮。酒醉,乘月至一溪桥上,解鞍,曲肱醉卧少休。及觉已晓。乱山攒拥,流水锵然,疑非人世也。书此词桥柱上。

照野弥弥浅浪,横空隐隐层霄。障泥未解玉骢骄。我欲醉眠芳草。

可惜一溪风月,莫教踏破琼瑶。解鞍欹枕绿杨桥。杜宇一声春晓。

此词作于神宗元丰五年(1082)三月,与上面介绍的《定风波》和《浣溪沙》几乎是同时。苏东坡这一段时间的心情状态和精神面貌,在这几首词中得到了充分的体现,但又有所不同。如果说前两首是感慨、感叹,抒发的是洒脱旷达的豪情的话，此词就是陶醉于自然，是静谧优美环境下温婉柔情的流露。这首词是婉约的，又带着几分野性和野趣。苏东坡有诗说他"野性犹同纵壑鱼"（《游庐山，次韵章传道》），这首小词虽是温婉的，却也展露出他洒脱不羁的情愫。

词前小序不仅交代了他的行踪，当时的自然环境，让人明了他作此词的缘起；还起到重要作用，那便是引领读者感受词的意境，理解东坡当时的情感。乱山葱茏，不谓尘世的自然环境和感受，令人神往，未读词，就已进入到超凡脱俗的美妙境界。词中景物描写细腻生动。早春夜晚，无人的旷野，月色的清辉洒在微波翻动的小溪水面上，粼粼的波光反射于两岸；静谧的夜空中，月色朦胧，营造出梦幻般的仙境。两句诗所描写的景色由远而近，又由近而远，给人以阔大的境界，如入仙境般的感受，也想随东坡"醉眠芳草"。为爱惜那波光粼粼的水面，不忍马蹄踏碎空明梦幻般的溪水，苏东坡只好"解鞍欹枕绿杨桥"。这份细心和柔情，简直不像是出自被称为豪放代表词人的笔下。但是词的结尾，"杜宇一声春晓"却含意复杂，让人惆怅。词中描写的意境如仙境，使人忘却世间的烦恼；"杜宇一声"又把人拉回了现实，表现出东坡复杂的情感。

四、东坡黄州词的多样风格

从词的艺术风格来看，苏词，既有"须关西大汉、铜琵琶、铁棹板，唱'大江东去'"的豪放词，也有须浅吟低唱的婉约词。人们不否认苏东坡是豪放词的开创者，是他将激昂甚至略带悲凉的感情融入到词作之中，写人状物以慷慨豪迈的形象和阔大雄壮的场面取胜。但是苏词中真正属于豪放风格的作品并不多，据朱靖华教授统计，这类作品仅占苏东坡全部词作的十分之一左右，婉约词则占有绝对多的比例。一些名作，如山东作的《江城子》（十年生死两茫茫）、黄州作的《水龙吟》（似花还似非花）、惠州作的《贺新郎》（乳燕飞华屋）等都属婉约词之类。这类词感情纯正深婉，格调健康高远，既是对传统婉约词

的一种继承和发展，也是对传统婉约词的突破和创新。因此，仅以豪放论苏词的风格有失全面，但仅以传统婉约词的题材和风格特点来论述苏东坡的婉约词，也不准确。

苏东坡还有抒发"逸怀浩气"的清旷之作，如《水调歌头》（明月几时有）、《卜算子》（缺月挂疏桐）等；体现"仙才灵气"的幽隽之作，如《满庭芳》（归去来兮）；有描写农村风物的韶秀之作，如《浣溪沙》（簌簌衣巾落枣花）之类；还有诸如《浣溪沙》（山下兰芽短浸溪），表现出词人积极乐观的进取精神；《西江月》（照野瀰瀰浅浪），表现词人纵情山水的生活情趣；《临江仙》（夜归临皋），表现词人精神上的苦闷和对自由生活的渴望；《水调歌头·黄州快哉亭赠张偓佺》，表现词人以浩然正气迎接生活的旷达胸怀。所有这些不同类型的词作，都有东坡词创作的个性特色，都与过去词的题材和风格不同，也都体现了苏词独特的艺术价值。这进一步证明了苏词是丰富多彩的，题材多样，风格多样，不拘于某一个方面。

下面，以苏东坡一首咏物词看其婉约词的风格。

水龙吟·次韵章质夫杨花词

似花还是非花，也无人惜从教坠。抛家傍路，思量却是，无情有思。萦损柔肠，困酣娇眼，欲开还闭。梦随风万里，寻郎去处，又还被、莺呼起。

不恨此花飞尽，恨西园、落红难缀。晓来雨过，遗踪何在，一池萍碎。春色三分，二分尘土，一分流水。细看来，不是杨花，点点是离人泪！

这首词创作于神宗元丰四年（1081），是苏东坡为和其友人章楶（字质夫）的咏杨花词《水龙吟》而作的。次韵和词要受到原词用韵和词牌的限制，苏东坡的和词既遵守了规则，又跳出了原词的束缚。人们都认为，不论是内容、情感还是艺术特色，苏东坡的和词都超过了原词，足见东坡功力之高。

此词被王士禛誉为"压倒古今"的"神品"。南宋词人张炎也说，"和韵词"中，东坡此词"真是压倒古今"。清末词论家王国维在其《人间词话》中说："东坡《水龙吟》咏杨花，和韵而似原唱；章质夫词，原唱而似和韵，才之不可强也如是。"

唐圭璋、潘君昭《唐宋词选注》(1982年，北京出版社第一版)有一段评论说："本词是和作。咏物拟人，缠绵多态。词中刻画了一个思妇的形象。萦损柔肠，困酣娇眼，随风万里，寻郎去处，是写杨花，亦是写思妇，可说是遗貌而得其神。"而杨花飞尽化作"离人泪"，更生动地写出她候人不归所产生的幽怨。能以杨花喻人，在对杨花的描写过程中，完成对人物形象的塑造。这比章质夫的闺怨词技高一筹。

朱靖华教授在《苏轼词新释辑评》中指出："作者深挚之情，奇特之想，新奇之喻，振起全篇，上、下片遂成一体，显得超凡脱俗，笔酣墨饱，神完气足而余味无穷。这大概也正是苏词'次韵'之所以能够压倒原作的地方。"邱俊鹏在《苏轼〈水龙吟次韵章质夫杨花词〉琐谈》中说："全篇处处写杨花，极尽变化，姿态横生，但诗人在咏杨花时，却把柳枝的柔弱、柳叶的细长、柳絮的轻盈、传说、结局，统统调动起来写人、抒情、言志。其间牵合关连，委婉曲折；反复倾吐，感慨幽深，真不愧为千古绝妙好词。"(苏轼研究论文集《东坡词论丛》(第一辑)：P181)。

附章质夫原唱《水龙吟》(杨花)：

燕忙莺懒芳残，正堤上杨花飘坠。轻飞乱舞，点画青林，全无才思。闲趁游丝，静临深院，日长门闭。傍珠帘散漫，垂垂欲下，依前被、风扶起。　兰帐玉人睡觉，怪青衣，雪沾琼缀。绣床渐满，香球无数，才圆却碎。时见蜂儿，仰粘轻粉，鱼吞池水。望章台路杳，金鞍游荡，有盈盈泪。

五、苏东坡黄州词作代表《念奴娇·赤壁怀古》

大江东去，浪淘尽、千古风流人物。故垒西边，人道是，三国周郎赤壁。乱石穿空，惊涛拍岸，卷起千堆雪。江山如画，一时多少豪杰。

遥想公瑾当年，小乔初嫁了，雄姿英发。羽扇纶巾，谈笑间，樯橹灰飞烟灭。故国神游，多情应笑我、早生华发。人生如梦，一樽还酹江月。

这首词的作年，在苏学界普遍认为是宋神宗元丰五年（1082）七月（或八月），词的标题也表明其主题是"赤壁怀古"。目前流行的观点认为此词创作与《赤壁赋》同时，或同一次游赤壁之后。这观点的源头来自南宋人傅藻，他在《东坡纪年录》中有言："元丰五年壬戌先生四十七岁，（七月）既望，泛舟于赤壁之下，作《赤壁赋》，又怀古，作《念奴娇》。"此说被苏词研究专家所认同并采信。黄冈著名苏学专家饶学刚教授认为，此词是元丰五年八月作。[清]王文诰《苏诗总案》卷二十一主张为元丰四年十月作，却无考证。朱靖华教授说："括史料记载，东坡在元丰五年秋，曾多次游黄州赤壁，并著有词赋，本词应为同时所作。"（《苏东坡黄州名篇赏析》P141）。而凯里学院副教授、文学博士杨松冀经过研究，持有不同的观点。他的观点与王文诰相近，也说作年是元丰四年，而月份则是十二月。饶学刚教授在他的《苏东坡在黄州》（增订版）（武汉大学出版社2022年版）中，有专文批驳杨博士的观点及其推理性的分析。

饶学刚教授说："一般创作者在登临什么样的楼（台、亭、矶），看了什么样的景（人、事、物），生了什么样的情，便会写什么样的诗（文）。元丰五年秋冬间，苏轼登临黄州城外长江畔的赤壁矶，放眼大地，江山如画。赤壁矶对岸武昌（今湖北鄂州）西山的吴王（孙权于公元229年称帝于武昌）行宫矗立眼前，赤壁之战的壮丽图景醒目浮现，笔底涌起了万丈波澜，一发而不可收拾地创作了'赤壁'两赋一词。"（《苏东坡在黄州》（增订版）P545）因此，他的结论是："从苏轼作词的时序、景物、行实、思想、诗词文会通来看，笔者也认为：苏轼游赤壁继写《赤壁赋》之后又作《赤壁怀古》。"他还说："这是让事实说话、以理服人的。何况元丰五年是苏轼清醒、游览、创作的高潮年。是年秋冬频游赤壁，作《赤壁怀古》乃是情理中事了。"（同上P549）

其实，饶学刚教授的说法仍然是推测，并不是实证。对杨博士的分析，笔

者认为确有一定的道理,因此持赞同观点。通过比较各种文献的说法,尤其分析了几位有影响的苏学专家对傅藻观点的接受,杨博士认为依据仅仅只有傅藻为南宋人这一条,并没有其他具体确凿的证据,不足信。

无论从所写景象、两作所表现的意境情感以及写作角度来看,二者(《念奴娇》词和前《赤壁赋》)相差都太大,且苏轼也绝不会选择在一个'惊涛拍岸,卷起千堆雪'的时候去泛舟游赤壁,因此笔者认为二作肯定不是因同一次游赤壁而作。(《中国苏轼研究》第五辑:P101)

此词与《赤壁赋》不应是同一次游赤壁而作,而且还不一定是游赤壁之后所作,这一观点是站得住脚的。苏东坡自己也说"遇风浪静,辄乘小舟至其下"。到元丰五年七月,有案可查者东坡游赤壁已三次,不一定在元丰五年七月十六游赤壁后作《念奴娇·赤壁怀古》;古人也确有不一定要到所咏古迹游览之后才能作怀古诗词或文章的,如范仲淹作《岳阳楼记》并未去过岳阳楼。笔者认为《赤壁赋》与《念奴娇·赤壁怀古》词所描写的长江景象,差别的确很大,赋和词肯定不是描写的同一江面。赋是很明确地写到赤壁之下泛舟游览,长江风平浪静:"清风徐来,水波不兴";而词所描写的则是"乱石穿空,惊涛拍岸,卷起千堆雪"。这种气势浩大的景象,可以是江岸边所见,而不是江面游览所见,更不是《赤壁赋》所描写的江面景象。

从内容、风格和思想感情等方面综合看,此词的确不是寻常之作,肯定不是随意创作出来的。一定是有所触动、有所思考酝酿。饶教授也说:"如果苏轼不是登临黄州长江畔的赤壁矶,不是面对黄州对岸武昌西山吴王行宫而向往英雄事业即古抒怀的话,他的《赤壁怀古》词及"赤壁"二赋是绝对产生不出来的。"饶教授这里说的是"登临黄州长江畔的赤壁矶",而不是赤壁之下的长江泛舟。"二赋"却是很明确地写了作者的活动,与友人泛舟游于赤壁之下。因此,饶教授的论述仍不能证明"二赋一词"是同时所作。而从苏东坡当时的生活状况和思想状态来看,他一面谨慎从事,厚自养炼,研读经书,放浪山水间;一面却在关注世事民情,关心国家社稷,尤其是宋与辽边境的安危。在元

丰六年《与李公择》（十一）中有一段话，可以看出苏东坡始终如一的忠君爱国思想。

> 吾侪虽老且穷，而道理贯心肝，忠义填骨髓，直须谈笑于死生之际，若见仆困穷便相于邑，则与不学道者大不相远矣。

> ……仆虽怀坎懔于时，遇事有可尊主泽民者，便忘躯为之，祸福得丧，付与造物。

苏东坡被远贬黄州仍不忘"尊主泽民"，正如他自己所言："虽废弃，未忘为国家虑也。""道理贯心肝，忠义填骨髓"可说是其秉性的自白。不论是为官还是被贬，"尊主泽民"思想都时时体现于苏东坡的言行中，表现于诗词文章中。

苏东坡贬居黄州的元丰四年（1081），宋朝出兵征讨西夏。北宋朝廷本想趁西夏内讧一举消灭之，并收复原来的失地。开始宋军取得一些胜利，最后"灵州溃败"，大败而归（《中国苏轼研究》第五辑 P106）。这对北宋朝廷打击巨大，苏东坡在黄州也非常关心这场战事。他本是持反对态度的，但出兵以后他又向一些朋友写信打听消息，当得知种谔军取得"无定川大捷"的喜讯时，便与朋友一起饮酒欢庆，并写下《闻捷》和《闻洮西捷报》两诗（苏东坡黄州诗已作介绍），表达自己的兴奋之情。最终宋军大败的结局，对苏东坡的打击应该也是巨大的，这或许就是苏东坡创作《念奴娇·赤壁怀古》的直接触发点。

杨博士还推测《念奴娇·赤壁怀古》的创作过程（《中国苏轼研究》第五辑 P108）：

> 极度悲愤的诗人，目睹眼前滚滚东去的长江联想到战争中被黄河水淹死被冰雪冻死的宋军士兵，联想到战争失败的原因进而想到西边不远处几百年前曾经发生的赤壁大战，想到'谈笑间'就让曹操几十万大军'灰飞烟灭'的东吴统帅周瑜……诗人心潮起伏夜不能寐，情动于衷而形于言，一气呵成写下《念奴娇·赤壁怀古》这首千古绝唱，这应该是合情合理的。

这段推论虽没有确切的史料支撑，也有一定的道理。不论从词的题材、风

格来说,还是从苏东坡当时的思想感情来说,都是相符的。这种大气磅礴情感强烈的豪放词,蕴含着作者深厚的思想和博大的胸怀。重大的、诗人所关注和关心的大事,确实可以成为思想的触发点和创作的灵感。

如果说《念奴娇·赤壁怀古》的创作缘起是宋军西征失败,那么创作的时间就不是大家所公认的元丰五年(1082)七月或八月(朱靖华教授认为此词作于元丰五年八月,东坡游黄州赤壁矶之时),而应该是战事结束的当年。苏东坡在黄州得知消息,大约在元丰四年年底。根据苏东坡获知种谔捷报的时间,推算出从战地到京城再到黄州,消息传播的时间,大约是在元丰四年(1081)十二月中下旬,《念奴娇·赤壁怀古》当作于是时。在此期间(元丰四年十二月至元丰五年正月),苏东坡与陈季常的书信,及他们黄州歧亭互相来往的事实,消息应该是陈季常告诉苏东坡的。因苏东坡《闻捷》诗序言,明确说:"元丰四年十月,谒王文父齐万于江南。坐上,得陈季常书报。"可以推测,宋军溃败的消息也可能还是来源于陈季常的书信。那么,此词有可能作于元丰四年十二月下旬或元丰五年正月,而元丰四年十二月下旬则更为合理。

了解作品的创作背景和创作时间,尤其是创作者在创作时的思想状况和情感倾向,有利于更好地理解作品的思想内容和主题。《念奴娇·赤壁怀古》这首词不论创作于何时何地,其伟大之处是被公认的,丝毫不会受到影响,但了解了准确的创作时间和背景,更有利于深入理解作品,理解作者的创作意图和思想感情。

《念奴娇·赤壁怀古》词牌和词题,似乎都暗藏深机。这个词牌在苏词中较少用,在整个北宋用得也不多。它是宋词长调的三大"金曲"之一,其词曲向以声调高亢著称。苏东坡选用此调,无非是借之抒发他澎湃的激情。而有人所说此词有些不合词律,也是因感情激昂、一气呵成而造成的,情有可原。苏东坡在黄州,之后还以《念奴娇》词牌填过一首词(凭高眺远),则是完全合律的。《赤壁怀古》的词题也只是借以抒情,并掩盖作词的真实意图。怀古是为了借古讽今,讽的是北宋王朝当时之事。

词的开篇"大江东去",看不出是登临赤壁矶头,还是某次游赤壁之后。"浪淘尽,千古风流人物"。所表达的不一定是人们所认为的苏东坡的消极情绪,也可能是极大的感慨。感叹英雄人物不再,才有宋朝出兵大败的结局。下文"故垒西边,人道是:三国周郎赤壁"。苏东坡从眼前滚滚东去的长江,转向西边不远处传说中的赤壁古战场遗址。对周瑜形象的塑造,也与王昌龄"但使龙城飞将在,不教胡马度阴山"所表达的感情是一样的。紧接着描写如画的江山,既可以是过去的也可以是眼前的,"东坡本是借山川",目的是抒发胸中块垒。他赞颂周瑜英姿勃发,不仅有儒雅大将的风范,更有"谈笑间,樯橹灰飞烟灭"的军事才干。对周瑜英雄形象的描写,正是对北宋"朝中无大将,宦官充统帅"的暗讽,也委婉地表达了对宋神宗草率出兵的不满。苏东坡在《代滕甫论西夏书》中提出:"愿陛下选用大臣宿将素为贼所畏服者,使兼帅五路。"表明他对军事将领在战争中的重要性有深入地考虑。

既然作此词的背景和时间与已有的认知不同,那么,对苏东坡塑造周瑜的英雄形象也可以从另一个角度来理解:苏东坡不是为了与周瑜对比,表现自己功业无成、早生华发的感叹,而是对军事统帅重要性的深刻认识,对宋朝以宦官权充大帅的讽喻。周瑜的指挥若定,以少胜多、智灭曹军的辉煌战绩,与宋朝最终大败而归的结局形成鲜明的对比。

最后"故国神游,多情应笑我,早生华发。人生如梦,一尊还酹江月"。内容和感情与前面发生了极大的转折,从前面的满怀激情地歌颂古代英雄人物,一下转到个人的自嘲和哀叹。这也可能是巧妙的曲笔,既消弭了激情,也隐藏了真实的创作意图,让那些紧盯着东坡文字想找破绽的人,抓不到把柄。

由此看来,此词的创作不只是苏东坡谪居黄州这个小背景,更有宋朝那个时代的大事件大背景。有了宋朝对西夏用兵失败的那个时代背景,词的内涵和主题思想更显深厚博大。词的上片侧重写景,下片刻意写人。用几个词语就表现了笔锋跳转,词意跌宕起伏。"遥想"一词把读者从眼前的赤壁之景带到了三国赤壁之战的古战场,从而引出了对周瑜这个代表性英雄人物的描写;"故国神游"一下又让人回到眼前现实,回到苏东坡自身。表面看词的主题"怀古"是苏东坡在感叹人生,其真实意图却是讽喻北宋当朝。

过去的观点,一般认为苏东坡也不是为怀古而怀古,是借怀古而抒怀寄意,仍表现了他的爱国情怀。或说苏东坡是借周瑜的战功来抒发自身沦落的感慨,最后以"人生如梦,一樽还酹江月"来自我解脱,是自我排遣郁积的消极喟叹。虽说对作品的理解不是千篇一律的,各有不同的观点,但总的来说此词的主题是"怀古",其目的是抒怀,不论是个人的感慨还是对国家的热爱和关切。不同的读者,当有自己对作品内涵的不同理解和对艺术美的欣赏。不同的读者、或从不同的角度,对苏东坡此词的理解,也可以有所不同。

苏东坡在黄州以《念奴娇》词牌创作的另一首词:

念奴娇

中秋

凭高眺远,见长空万里,云无留迹。桂魄飞来光射处,冷浸一天秋碧。玉宇琼楼,乘鸾来去,人在清凉国。江山如画,望中烟树历历。

我醉拍手狂歌,举杯邀月,对影成三客。起舞徘徊风露下,今夕不知何夕。便欲乘风,翻然归去,何用骑鹏翼。水晶宫里,一声吹断横笛。

词牌下有"中秋"标示,表明中秋有感而作。此词就是作于神宗元丰五年(1082)八月十五,苏东坡在黄州过第三个中秋节之时。这首词与其密州所作的《水调歌头·明月几时有》,同为中秋思亲之作。

词的上片远望长空,展开联想,用拟人手法描绘月宫美丽冷艳的景象;想象着夜空中仙人在此"清凉国"里乘鸾鸟飞来飞去,一派亲和迷人的景象。放眼望去,江山美丽如画,如烟的树木历历在目,让人遐想。

词的下片词人收回了目光,回到自身此刻的行为"拍手狂歌""举杯邀月""对影成三客""起舞徘徊"。一系列的忘情忘形之举,既是兴奋的神态,也是孤独寂寞之状。中秋月夜,一人独酌,望月怀人,佯狂取乐。这几句词也是点化作者喜爱的、唐代浪漫主义诗人李白《月下独酌》诗句而来。下面"今

夕不知何夕"一句，则与其《水调歌头·明月几时有》中"不知天上宫阙，今夕是何年"相近。这一问笔锋又指向天上，接下来两句："便欲乘风，翻然归去，何用骑鹏翼。"表现了苏东坡的豪放和洒脱。似乎他也会成仙，来去自由，"何用骑鹏翼"。这里，没有《水调歌头·明月几时有》词中"我欲乘风归去，又恐琼楼玉宇，高处不胜寒"的顾虑，体现的是一种超脱、自由的情怀。苏东坡继续展开联想，想象着"水晶宫里，一声吹断横笛"的美妙境界。此时，读者也会随着东坡创造的神奇梦幻般的意境，而感受到超然世外的美妙和美好。

六、东坡黄州词的创新及其表现

东坡词在北宋词坛上，具有树旗帜领风骚的标志性意义。学界虽公认苏东坡开创了词的"豪放"一派，但人们并不都认可唯以"豪放"代表苏词，因为他的婉约词同样温润柔和、缠绵悱恻，并不亚于柳永的"晓风残月"。对苏词可以用王国维《人间词话》一段话来评价：

> 大家之作，其言情也必沁人心脾，其写景也必豁人耳目，其词脱口而出，无矫揉妆束之态。以其所见者真，所知者深也。诗词皆然，持此以衡古今之作，无大误矣。

苏词不论是豪放还是婉约，绝大多数都可以用这把尺子来衡量，都给人以"沁人心脾、豁人耳目、无矫揉妆束之态"的震撼和美感。这也正是苏词的独特之处，是他的创新之处。

孔凡礼先生认为，苏东坡在文学创作上的革新精神，更为突出地表现在词上，"他扩大了词的领域，解放了词体，开创了豪放一派"（《苏轼诗集》校注本前言，中华书局，1982.）。颜中其在《苏东坡》中对苏东坡创作创新的评价说：

> 苏东坡在文学艺术上不断追求大胆创造和最高成就的，是词的解放，他积极扩大了词的题材范围，积极创造词的新的表现手法，并冲破词法与韵律的某

些束缚，形成了与"柳词"对抗的新的词风，开创了以浪漫主义色彩为主要特征的"豪放派"，从根本上改变了词的面貌，也从根本上扭转了词的发展方向，使它从此摆脱了"花间词"的束缚，真正成为一个反映现实生活、时代精神、思想情感的为历代广大读者所喜爱的文学样式。

毫无疑问，苏词的创新扩大了词的表现力，提高了词的地位和品位，确立了词在中国文学史上与诗同等的地位。并且为以南宋辛弃疾为代表的后代词人的创作，指引了新的发展方向。

苏词的创新并不始于黄州，也不止于黄州，但是，他在黄州的词作在继承密州、徐州已初步形成的题材扩大、风格创新的基础上，更有新的发展。苏词几近三分之一是在黄州创作的，且优秀作品甚多，前文已有列举，在此不赘述。可以说东坡词的创新在黄州词中都有代表，且黄州有他词的最高成就的代表、最能表现他的创新特点。

苏东坡黄州词创新表现主要在三个方面：一是完全打破过去文人对"词为艳科"的宥见，解放了词的束缚，扩大了词的题材范围；二是"以诗为词"创新了词的表现手法，提高了词的表现能力；三是沿用传统题材的词而赋予了新的思想内容和健康的情感元素。

苏东坡在他的词中融入其思想状况、孤鸿意象、英雄情结，以及社会生活、人生理想等等复杂的情感和思想内容，其风格表现为豪放中透着忧伤、婉约中透着劲健和大气。这些是过去词中所没有的，是苏词的创新。苏东坡对词的这种改变或更新，应该不完全是有意追求的，更不是要对自己过去的完全否定，主要是因为生存环境、生活境遇、思想情感等等发生改变而反映在创作上的变化。他在《答李端叔书》中所言："足下所见皆故我，非今我也。"苏东坡在黄州的创作也可说是他"新我"的文学表现。最明显最直接的就是诗作少了，词作多了。黄州的这些词作是苏东坡过去所没有的全新创作，题材、内容和风格焕然一新，正所谓一新天下人耳目，且指出了词的向上一路。

总的来说，苏词创新在于他的以诗为词的观念和创作实践。苏东坡学养深厚、见识高超、心胸开阔、思想宏富，在创作上反对因袭，不人云亦云，不步人后尘。以致有时因重内容和情感的抒发，打破了词律的束缚，而被人认为是不懂音律。贬居黄州无权无势，促使苏东坡转变了对世事对人生的看法，创作思想亦更趋成熟，在词的创作上表现出不同以往的意境和风格，并且出现了彪炳千秋的豪放词杰作。苏东坡以长短句这一艺术形式，传达了生活中的自然美和精神美，并以丰富的作品表达了他独特的审美和创作意图。或慷慨激昂或优美婉约，都给予我们艺术之美的享受。

第三节　苏东坡在黄州散文的创作

　　中华书局1986年3月出版，孔凡礼点校的《苏轼文集》，共七十三卷，全六册，近3000页，据孔凡礼先生统计，不包括《佚文汇编》，收文3800余篇。《苏轼文集》所收各类文章中，表状、奏议、制敕、祝文及答、启等应用文占有相当大一部分，这些都是文章，但不是文学作品散文。如果大量的论（政论和史论），是议论性散文，那么，写得洒脱自然、生动灵活的则是那些辞赋、题跋（杂文类）、杂著、记、传等类篇章。其中杂记内容最丰富，有游记、人物、异事及其他杂事，杂记类小品文一部分来自《东坡志林》和《仇池笔记》。《志林》和《笔记》单行本，除去重复的还有约300篇，5万余字。这其中不少篇章是艺术价值高的散文，有些是黄州创作的。

　　为了较全面地了解苏东坡散文创作梗概，在此录下《苏轼佚文汇编·弁言》中一段内容。孔凡礼说："苏轼之文，见于《苏轼文集》者，凡三千八百余篇，然犹未尽也。"

　　苏轼著述著录于《昭明先生郡斋读书志》《直斋书录解题》《宋史·艺文志》而已久失者有《东坡先生别集》（三十二卷本）、《东坡别集》（四十六卷本）、《续别集》《儋耳手泽》《奏议补遗》《南征集》《黄州集》《续集》《北归集》等多种，《直斋书录解题》提及之麻沙本《大全集》尚不在内，明万历所

第二章　苏东坡在黄州的文学创作

刊《重编东坡先生补集》卷首列举之苏轼著作如《南行集》（当即《南征集》）、《坡梁集》《钱唐集》《超然集》《黄楼集》等二十二种，皆已早失。其中有诗集、诗文合集及笔记。

这段文字说明，苏东坡一生所作文章，遗失很多，完全遗失永远不知去处的仍有不少。如孔凡礼先生所言："苏轼一生，交游甚广，所作尺牍、题跋甚多。然志不在传世，随作随散。后人仰其人，高其文，赞其书，屡予以搜辑刊行，然未遍也。"苏东坡的文章即使有人"屡予以搜辑刊行"，仍还有遗漏。所以孔先生在校点《苏轼文集》的同时，潜心搜辑苏东坡的佚文。五六年间，从各种书籍和作品集中得文近四百篇。又有中国社会科学院文学研究所王学泰先生提供了若干篇，二者共四百余篇，命之为《苏轼佚文汇编》（七卷），收录于《苏轼文集》（第六册，2393–2394页）。

经多方搜求，孔凡礼先生还找到了茅维的《宋苏文忠公全集叙》（《苏轼文集》P2390-2391），一共三段，在此录最后一段：

> 盖长公之文，犹夫云霞在天，江河在地，日遇之而日新，家取之而家足，若无意而意合，若无法而法随，其亢不迫，其隐无讳，淡而腴，浅而蓄，奇不诡于正，激不乖于和，虚者有实功，泛者有专诣，殆无位而据隆中之抱，无史而毕龙门之长，至乃羁愁濒死之际，而居然乐香山之适，享黔娄之康，偕柴桑之隐也者，岂文士能乎哉！噫！能穷长公于用，而不能穷长公于文，能不用长公，而不能不为长公用。当其纷然而友，粲然而布，弥宇宙而至今古，肖化工而完真气，无一不从文焉出之，而读之淡乎若无文也，长公其有道者欤！又当语人以文之旨，第举夫子所谓"辞达而已矣"。盖文止乎达，而达外无文，原六艺而重万代，旨其蔽之哉！彼所指离不离者抑末耳。在昭明固云"老、庄、管、晏之书，以意为宗，不以文为本"者，无庸进退之也。若长公者，非其亚耶？藉令起昭明以进退其文，吾知难乎为政矣。则不佞是役也，盖不徒以先大夫之成命在。
>
> 万历丙午元日，吴兴茅维撰。

明末清初多次修订《东坡先生全集》，却删除了茅维序言，至其几乎失传。中华书局刘尚荣先生潜心搜求，终得见于中国社会科学院语言研究所，并商借给孔凡礼先生，得以复刊于《苏轼文集》（《苏轼佚文汇编》之前）。

茅维"叙"的第一段，开篇说，自古明白道理的文人当中，必定要推崇眉山苏长公这个人。昔日评论文章，都以梁朝的《昭明文选》为指导，而唯独长公非难了它。因为此书一出，文人更加追求文章辞藻华美，文章的本质丧失，意旨混乱，而没有人能扭转这风气。人们都以《昭明文选》为文章指南，唯苏东坡指出它的弊端：追求文章辞藻华美而本质尽失。浮华的文风盛行于世，对文章没有意义，对世道人心也没有好的引导。

第二段，写茅维的先父（茅坤）很担心这种风气，就编辑了唐宋八人（唐宋八大家）的文集，想以此引导社会的文章文风。茅坤尤其推崇苏东坡自然畅达的文风，很想将其单独立为一家，那就一定要找到苏东坡更多的文章才有说服力。茅坤说自己老了，要儿子茅维完成此重任。茅维历经两个寒暑，费尽周折，多方搜求，终于编成了《苏文忠公全集》，并私人刻版刊行。

上面所引序言的最后一段，是茅维对苏东坡文章的高度评价。文尾说，他搜集苏东坡文章刊刻传世，也不只是为了完成父亲的使命，他本人对苏东坡的文章也十分喜爱和推崇。茅氏父子所为，为倡导"文止乎达，而达外无文"的古朴文风，做了一件有意义的大事。

苏东坡散文造诣极深，成就巨大，著述宏富，广备众体，并且在各种体式的创作上都卓有成就，名篇众多。

一、苏东坡散文创作的主要题材和特点

苏东坡一生的经历，几起几落、大起大落的生活遭遇，造成他复杂矛盾而又经常变动的思想面貌和艺术特征，给研究其创作分期带来了一定的困难。王水照先生认为苏东坡的创作有其统一性和不得不变的特性，"第一，他的儒释

道杂糅的人生思想是贯穿其一生各个时期的；笔力纵横、挥洒自如又是体现于各个时期诗、词、文的统一艺术风格，这是统一性。第二，他的思想和艺术又不能不随着生活的巨大变化而变化"。因此，他的创作分期，"不如按其生活经历分成初入仕途及两次'在朝——外任——贬居'七段，并进而按其思想和艺术的特点分成任职和贬居两期：思想上有儒家与佛老思想因素消长变化的不同，艺术上有豪健清雄和清旷简远、自然平淡之别。这是特殊性，也是分期的根据。"（王水照选注《苏轼选集》）嘉祐、治平间初入仕途时期，是苏东坡创作的发轫期，表现在散文创作上是《进策》（二十五篇）、《思治篇》等充满政治革新精神的政论文。这一时期，艺术上已日趋成熟，论辩滔滔、汪洋恣肆的文风，已烙下个人鲜明的印记。两次在朝任职时期，是苏东坡创作的歉收期。熙宁、元丰、元祐、绍圣的两次外任时期，是苏东坡创作的发展期。不仅创作数量比在朝时增多，名篇佳作亦美不胜收。散文写作着重在议论文（政论、史论）和记叙文。前者如奏议、策论、进论，是为了向朝廷直接表达政见；后者如亭台楼堂记，要刻石立碑，大都带有应用文性质，并非严格意义上的文学性散文，但仍有很高的文学价值。如《喜雨亭记》《凌虚台记》《超然台记》《放鹤亭记》等，都是传诵至今的名篇。杂记、游记如《日喻》《石钟山记》不仅以形象生动感人，而且以警策哲理给人以启迪。

元丰黄州和绍圣、元符惠州、儋州长达十年的谪居时期，是苏东坡创作的变化期、丰收期。贬谪时期，苏东坡的创作注意力主要转到个人抒慨，题材趋向日常生活化，尤以黄州时期创作变化巨大。在散文方面，"着重抒情性，注重于抒情与叙事、写景、说理的高度结合，出现了带有自觉创作意识的文学散文或文学性散文，其中尤以散文赋、随笔、题跋、书简等成就最高。赤壁二赋，光照文坛；笔记小品如《记承天寺夜游》《游沙湖》《书临皋亭》及数量众多的书简，字里行间，都有一个活脱脱的坡公在，而行文又极不经意，似乎信手拈来"（王水照《苏轼选集》），自成篇章。惠州、儋州的贬谪生活是黄州生活的继续，苏东坡的思想和创作则是黄州时期的继续和发展，创作上追求最大的表达自由。

总之，苏东坡散文创作的题材和特点，贬居黄州是重要的分水岭。如果说早期的散文意气风发，雄辩滔滔；被贬黄州以后，锐气内敛，文字平实拙朴，文风平和淡远。就苏东坡主要的散文创作来看，大致可从以下几个方面，简要概述其主要题材和特点。

◆（一）政论和史论：说理透辟，文笔纵横，气势磅礴

苏东坡的散文向来同韩（愈）、柳（宗元）、欧（阳修）三家并称。早期有特色的散文就是政论和史论。他的政论文以二十五篇《进策》和《思治论》《上神宗皇帝书》等最为有名。这类文章确实"有孟轲之风"，说理透辟，气势雄浑，滔滔不绝；文笔纵横恣肆，又显见《战国策》的影响。这些政论文从儒家政治思想出发，广引历史事实加以论证，精神上继承了贾谊、陆贽的传统。苏东坡从小读书就"好观前世盛衰之迹，与其一时风俗之变"（《上韩太尉书》），他的进策论对当时社会问题及其错综复杂的关系提出了自己的见解和对策。他主张对内行宽仁之政，通上下之情；对外"先为不可胜，以待敌之可胜"，从而争取主动权。宋仁宗嘉祐八年（1063）苏轼所作《思治论》，文章开头就提出"方今天下何病哉"这一尖锐问题，接着提出"病"在"其始不立，其卒不成，惟其不成，是以厌之，而愈不立"这一怪圈。个人要做成一件事要有计划，而治理国家却没有计划，各自为政，自行其是；前政未废，新政复发，胸无成竹，屡试屡变，有始无终。这样国家怎么能治理好？通篇或分析形势，或征引史实，或作比喻，淋漓尽致地揭露了当时朝政的混乱状态，从多方面阐述了治理国家要"先定其规模（计划）而后从事"的主张。全文既平易畅达，又气势磅礴，颇能代表苏东坡政论文的风格（曾枣庄《苏轼评传》P257-258）

苏东坡的史论，如《贾谊论》《范增论》《留侯论》《平王论》虽有较浓的纵横家习气，但也有许多独到的见解，富有启发性。写作上善于随机生发，翻空出奇，表现出高度的论说技巧，成为当时士子参加科场考试的范文，所以

广泛流传（袁行霈《中国文学史》第三卷 P68）。

苏东坡史论文写作上随机生发，或翻空出奇的手法对士子科场考试颇有用处，故从北宋中叶以后，一直成为应举士子的敲门砖。秀才们的口头禅"苏文熟，吃羊肉；苏文生，吃菜羹"，正说明了苏文对科举应试士子的重要性。

苏东坡早期的政论文也有类似史论文的风格特点，但随着官场阅历的加深，纵横家的习气逐渐减弱，在晚年针对具体政治问题写的奏议，内容上有的放矢，议论切于事实，文风接近贾谊、陆贽（袁行霈《中国文学史》三，P68）。

◆（二）杂记类哲理文：比喻生动贴切，说理深入浅出

苏东坡的散文创作，史论和政论虽然表现出其非凡的才华，但杂说、杂记之类的哲理文，更能体现其文学成就。他善于用浅显、生动、贴切的比喻，阐明一些深刻的道理。大都夹叙夹议，随笔挥洒，表现了他坦率的胸怀，也表现了他对人生对文艺的见解和爱好，成就远在政论文之上（游国恩《中国文学史》三，P48）。《日喻》《稼说》可算是这类杂论的代表，《日喻》有两段比喻很是生动形象：

生而眇者不识日，问之有目者。或告之曰："日之状如铜盘。"扣盘而得其声。他日闻钟，以为日也。或告之曰："日之光如烛。"扪烛而得其形。他日揣籥，以为日也。日之与钟、籥亦远矣，而眇者不知其异，以其未尝见而求之人也。

道之难见也甚于日，而人之未达也，无以异于眇。……

南方多没人，日与水居也，七岁而能涉，十岁而能浮，十五而能浮没矣。夫没者，岂苟然哉？必将有得于水之道者。日与水居，则十五而得其道。生不识水，则虽壮，见舟而畏之。故北方之勇者，问于没人，而求其所以没，以其言试之河，未有不溺者也。故凡不学而务求道，皆北方之学没者也。

《日喻》是宋神宗元丰元年（1078），苏东坡任徐州知州时所作。"日喻"即"以日为比喻"，借用形象生动的事物进行比喻说理，这是常见的一种论证

方法。作者善于用形象比喻来逐层推进，引出观点，因之成文。"眇者"，失明的人；"没人"，善于潜水的人。苏轼通过一反一正两个比喻，说明了"道可致而不可求"，"道"（真理）只可能在实际接触事物的过程中逐步获得，而不可能通过"达者告知"而求得。他说："即其所见而名之，或莫之见而意之，皆求道之过也。"仅仅根据自己的一得之见来解释事物，或根本没有见到过而对事物进行主观臆测，这两种情况对寻求真理来说都是错误的。苏文这种用比喻生动鲜明地说理方法，仍值得今人借鉴。

◆（三）叙事记游文：实事求是，叙议结合，文思畅达

苏东坡一生走遍了北宋当时的大半国土，写下了大量的游记。贬黄州之前之后都有佳作。他的游记与他人写景抒情不同，往往以描写、记叙、议论、抒情多种手法错综并用为特点，几种功能结合得水乳交融。有先议论后记叙的，如《超然台记》；有先记叙后议论的，如《凌虚台记》；有记叙在中间，前后为议论的，如《石钟山记》；有议论在中间，前后为记叙的，如《放鹤亭记》等等。

离黄移汝途中写的《石钟山记》是一篇以论说为主的、带有考辨性质的游记。通篇围绕石钟山名称的由来，先写郦道元和李渤对山名由来的看法，摆出要证明的观点和要反驳的靶子；接着用访石钟山的考察见闻，证实并补充了郦道元的观点，推翻了李渤的观点，使形象的景物描写为证明和反驳服务。在此基础上得出了"事不目见耳闻而臆断其有无"是不行的中心论题，交代了写作意图。全文思路清晰，结构严谨，说理透辟，文笔流畅。其中月夜泛舟考察石钟山一段，写得非常生动形象：

至莫夜月明，独与迈乘小舟至绝壁下，大石侧立千仞，如猛兽奇鬼，森然欲搏人。而山上栖鹘，闻人声亦惊起，磔磔云霄间。又有若老人咳且笑于山谷中者，或曰："此鹳鹤也。"余方心动欲还，而大声发于水上，噌吰如钟鼓不绝，舟人大恐。徐而察之，则山下皆石穴罅，不知其浅深，微波入焉，涵澹澎

湃而为此也。舟回至两山间，将入港口，有大石当中流，可坐百人，空中而多窍，与风水相吞吐，有窾坎镗鞳之声，与向之噌吰者相应，如乐作焉。因笑谓迈曰："汝识之乎？噌吰者，周景王之无射也；窾坎镗鞳者，魏庄子之歌钟也。古之人不余欺也。"

事不目见耳闻而臆断其有无，可乎？

这段文字，作者用生动的比喻，形象化的拟人，贴切的象声词，对夜游石钟山的所见所闻作了绘声绘色绘形的描写，使人如临其境，如闻其声。作者赏幽探险、务实求真的情怀也展现无遗。情景交融的描写直接配合议论，堪称叙事、抒情、说理三种功能完美结合的典范。如后人所评，《石钟山记》是"坡公第一首记文"，是"子瞻诸记中特出者"。

◆（四）其他诸类：漫笔成文，独具特色

苏东坡在散文方面的成就，不仅在于高文大册，还在于"小文小说"。明代人袁宏道说："坡公之可爱者，多其小文小说。使尽去之，而独存高文大册，岂复有坡公哉！"（《苏长公合作》引自曾枣庄《苏轼评传》）的确如此，苏东坡笔记、杂感等小品文和书札等成就尤高。那些短小精炼、言简意赅而又有韵有趣、充满性灵的小品文，大多作于贬谪黄州、惠州、儋州时期，主要以杂记、题跋、书简的形式，结合叙事、议论、抒情，信手拈来，随口而出，漫笔成文，突现出一个历经磨难而又旷放豁达、富有生活情趣的主体心灵。苏东坡的"小文小说"，往往以自然的小品写出真率的人品，其恰是作者性格的升华，哲思的体现，充满自然真率之美。《东坡志林》（五卷）、《仇池笔记》（二卷）所收录的都是笔记、杂感、小品、史论一类文字，其中不少是黄州创作的。虽卷帙不多，而内容丰富。名篇还不少，《记承天寺夜游》《游沙湖》就出自《东坡志林》。

此外，苏东坡晚年所作《韩文公庙碑》，对韩愈推崇备至。他说："公之精诚能开衡山之云，而不能回宪宗之惑；能驯鳄鱼之暴，而不能弭皇甫镈（bo）、

李逢吉之谤；能信于南海之民，庙食百世，而不能使其身一日安之于朝廷之上。"这里既是赞韩愈，也是借韩愈以寄慨，因为他自己也"不能使其身一日安之于朝廷之上"。他还称颂韩愈"匹夫而为百世师，一言而为天下法"，虽是过于褒扬之语，但写来气势磅礴，风格雄浑，在所有称颂韩愈的文章中，确实堪称压卷之作。如洪迈所言："刘梦得、李习之、皇甫持正、李汉，皆称颂韩公之文，各极其势。……及东坡之碑一出，而后众说尽废。"（《容斋随笔》卷九）

二、苏东坡黄州散文创作的主要体裁和特点

谪官黄州时，苏东坡阅历更广，学问积累更丰富，对现实的体察也更深入，使他可以在更广阔的境界里驰骋自由的联想和曲折无不尽意的笔力，庄子文章对他影响更其显著。黄州时期也是苏东坡散文创作的丰收期，据统计，各类散文共有360余篇，其中文27篇，小品91篇，书信250封。苏轼黄州散文的成就超过了其他地方，两赋（《赤壁赋》《后赤壁赋》）是宋代文赋的极品，也是历代文赋的代表，均被选进《古文观止》。苏轼黄州的散文创作特色，他自己《文说》已很形象地作了评价，他弟弟苏辙（唐宋八大家之一）更作了定论。苏辙说其兄"既而谪居于黄，杜门深居，驰骋翰墨，其文一变，如川之方至，而辙瞠然不能及矣。后读释氏书，深悟实相，参之孔、老，博辩无碍，浩然不见其涯也"（《东坡先生墓志铭》）。

苏东坡黄州的散文风格，旷达洒脱，且更灵活多变，挥洒自如。与他早期以议论为主体的散文有很大不同。沈德潜评论苏东坡早期的文章"说当时国势处，字字切中，可与贾生治安策比肩"（《唐宋八大家文读本》）。其早期文章是一种切中时弊、辩才纵横的风格。黄州时期，苏东坡的精神世界向内，内视、内省，散文注重于抒情与叙事、写景、说理高度融合，呈现出浓郁的文学性和哲理性。

苏东坡黄州散文创作的题材内容和特点，可以从以下几个方面来概述。

◆（一）散文赋：赤壁二赋，光照古今

苏东坡一生作赋也不少，现存近 30 篇（《苏轼文集》收 27 篇）。他的词赋继承了欧阳修的传统，但更多地融入了古文的疏宕萧散之气，吸收了诗歌的抒情意味，从而青出于蓝而胜于蓝，创作出了《赤壁赋》《后赤壁赋》这样冠盖古今的名篇。

赋是中国文学史上一种介于韵文和散文之间的文体，"赋"的名称最早见于战国后期荀况的赋篇。赋体发展经历几个阶段，形成了不同的类别。经先秦屈原的骚体赋、两汉的辞赋、六朝时期的骈赋、唐代的律赋、宋代的文赋，限制越来越严，内容越来越贫乏。特别是唐宋用以取士的试体赋（律赋），不但讲骈偶，还要讲平仄，限押韵，限字数，束缚很紧，把赋的创作推进了死胡同。晚唐杜牧的《阿房宫赋》，开始冲破这种牢笼。到北宋，苏东坡更不受这种限制，形成了一种以散代骈，句式参差，用典较少，押韵不严的文赋。这可以说解放了赋这种文体，使之出现了新的活力。可见，苏东坡对赋体文学的发展，也作出了自己的贡献。

"赤壁二赋"标志着苏东坡散文创作的高峰，两文创作于北宋神宗元丰五年（1082）苏东坡贬居黄州时期，都被收入《古文观止》。梅大圣教授说："《赤壁赋》是继承欧阳修《秋声赋》艺术传统的文赋。"的确，《赤壁赋》是一种创新的赋，其内容、语言和艺术都超越了以前所有的赋体文，与东坡本人其他的赋也有不同。钟惺云："赤壁二赋，皆赋之变也。此（《赤壁赋》）又变中之至理奇趣，故取此可以该彼"（《三苏文范》卷十六引）。宋代唐庚《唐子西文录》说："余作《南征赋》，或者称之，然仅与曹大家辈争衡耳。惟东坡赤壁二赋，一洗万古，欲仿佛其一语，毕世不可得也。"（王水照选注：《苏轼选集》P387-388）钟惺和唐庚对苏东坡"二赋"的评价，可谓登峰造极。

元丰五年（1082）农历七月十六日，月圆之夜，苏东坡与友人在黄州赤壁之下、长江洄水湾泛舟游览后，写下了"二赋"双璧之《赤壁赋》：

壬戌之秋，七月既望，苏子与客泛舟，游于赤壁之下。清风徐来，水波不兴。举酒属客，诵明月之诗，歌窈窕之章。少焉，月出于东山之上，徘徊于斗牛之间。白露横江，水光接天。纵一苇之所如，凌万顷之茫然。浩浩乎如冯（凭）虚御风，而不知其所止；飘飘乎如遗世独立，羽化而登仙。

于是饮酒乐甚，扣舷而歌之。歌曰："桂棹兮兰桨，击空明兮溯流光。渺渺兮于怀，望美人兮天一方。"客有吹洞箫者，倚歌而和之，其声呜呜然，如怨如慕，如泣如诉。余音袅袅，不绝如缕。舞幽壑之潜蛟，泣孤舟之嫠妇。

苏子愀然，正襟危坐，而问客曰："何为其然也？"客曰："'月明星稀，乌鹊南飞'，此非曹孟德之诗乎？西望夏口，东望武昌。山川相缪，郁乎苍苍。此非孟德之困于周郎者乎？方其破荆州，下江陵，顺流而东也，舳舻千里，旌旗蔽空，酾酒临江，横槊赋诗，固一世之雄也，而今安在哉？况吾与子渔樵于江渚之上，侣鱼虾而友麋鹿。驾一叶之扁舟，举匏樽以相属。寄蜉蝣于天地，渺沧海之一粟。哀吾生之须臾，羡长江之无穷。挟飞仙以遨游，抱明月而长终。知不可乎骤得，托遗响于悲风。"

苏子曰："客亦知夫水与月乎？逝者如斯，而未尝往也。盈虚者如彼，而卒莫消长也。盖将自其变者而观之，则天地曾不能以一瞬；自其不变者而观之，则物于我皆无尽也，而又何羡乎？且夫天地之间，物各有主。苟非吾之所有，虽一毫而莫取。惟江上之清风，与山间之明月。耳得之而为声，目遇之而成色。取之无禁，用之不竭。是造物者之无尽藏也，而吾与子之所共适。"

客喜而笑，洗盏更酌。肴核既尽，杯盘狼籍。相与枕藉乎舟中，不知东方之既白。

如水的月色，宽阔平静的江面，畅快的泛舟，饮酒诵诗，似乎欢乐之至。忽然"客有吹洞箫者"，悠扬忧伤的洞箫声，使苏东坡想到了赤壁之战，想到了一世英雄曹孟德和少年才俊周瑜，他们如今在何处呢？此情此景，苏东坡不免想到自己的遭遇和处境。功业未成反遭诬陷，如今人近半百而被贬僻陋的黄州，如同流放；个人渺小，人生短暂，不禁让人悲从中来。但苏子并未沉溺下去，而是从长江流水与天上明月的现象和规律，联想到人生应有的取舍态度，

然后苦闷消散,及时行乐,这是借老庄的处世哲学超越了人生苦难的表现。

此赋既运用传统赋体,用主客问答的形式,以对话展开叙事和议论,阐明了苏东坡处世的哲理思想。同时又与传统赋有所不同,作者用创新手法和旷达胸怀,将叙事、写景、议论、抒情融为一体;将历史与现实,人生与自然贯通起来。总的来说,此赋境界阔大,思想高妙,仍给人以积极向上的启示。

苏东坡作《赤壁赋》三个月后,即同年的农历十月十五日,再与客人游赤壁,而作《后赤壁赋》(《苏轼文集》):

是岁十月之望,步自雪堂,将归于临皋。二客从予,过黄泥之坂。霜露既降,木叶尽脱,人影在地,仰见明月。顾而乐之,行歌相答。已而叹曰:"有客无酒,有酒无肴,月白风清,如此良夜何?"客曰:"今者薄暮,举网得鱼,巨口细鳞,状如松江之鲈,顾安所得酒乎?"归而谋诸妇。妇曰:"我有斗酒,藏之久矣,以待子不时之须。"于是携酒与鱼,复游于赤壁之下。江流有声,断岸千尺。山高月小,水落石出。曾日月之几何,而江山不可复识矣。予乃摄衣而上,履巉岩,披蒙茸。踞虎豹,登虬龙。攀栖鹘之危巢,俯冯夷之幽宫。盖二客不能从焉。划然长啸,草木震动,山鸣谷应,风起水涌。予亦悄然而悲,肃然而恐,凛乎其不可留也。反(返)而登舟,放乎中流,听其所止而休焉。时夜将半,四顾寂寥,适有孤鹤,横江东来,翅如车轮,玄裳缟衣,戛然长鸣,掠予舟而西也。

须臾客去,予亦就睡,梦一道士,羽衣蹁跹,过临皋之下,揖予而言曰:"赤壁之游乐乎?"问其姓名,俯而不答。"呜呼噫嘻,我知之矣,畴昔之夜,飞鸣而过我者,非子也邪?"道士顾笑,予亦惊寤。开户视之,不见其处。

前次游赤壁是初秋之景,江面宽阔,"清风徐来,水波不兴",景色宜人,让人快意;再次游赤壁却是初冬,景色萧条,"江流有声,断岸千尺。山高月小,水落石出"。虽是月夜,让人肃然。所以,写前篇,临大江而怀古,视通万里,思接千载,境界阔大,哲思持重;写后篇,登巉岩探险,闻风声鹤唳,悄然而悲,肃然而恐。回家就寝后,却因见孤鹤而梦道士。作者运用神幻的描

写,前面景色的肃穆神秘,就是为写梦境而伏笔。虚实相生,变幻莫测。这孤鹤的形象好似作者自我形象的写照,管他现实如何,我自超然物外,超然世外。

林语堂先生评价"赤壁二赋"说:"苏东坡这位天纵大才,所给予这个世界者多,而所取自这个世界者少,他不管身在何处,总是把稍纵即逝的诗的感受,赋予不朽的艺术形式,而使之长留人间,在这方面,他丰裕了我们每个人的生活。""他(居黄州期间)给天下写出了四篇他笔下最精的作品"。其中包括"两篇月夜泛舟的前后《赤壁赋》"。林语堂先生认为赤壁二赋是"描写性散文诗,有固定的节奏与较为宽泛的音韵""苏东坡完全是运用语调和气氛"(《苏东坡传》)达到感染人、打动人的艺术效果。

苏东坡写后赋时,因江水下落,巨石露出水面,赤壁尤在江面之上,岸然高耸。在夜色之下,草木风动,山鸣谷应,让人肃然而恐。神秘的大鸟掠过,虚幻莫测。梦见道士,似不在人间。营造如此气氛,作者就是要"暗示另外一个境界,一个道家的神仙境界,两只仙鹤自然是沿用已久的道家象征。他表示自己不知置身何处,便引起读者迷离恍惚之感"(林语堂《苏东坡传》)。

后赋的梦鹤成仙与前赋在一叶小舟之上,"飘飘乎如遗世独立,羽化而登仙"的感觉,所营造的氛围有些相同,苏东坡的感觉似乎是要超然物外,超然世外。

◆(二)碑传文:人物传神,匠心独运

苏东坡说他"平生不为行状碑传"(《东坡集》卷三十三《陈公弼传》),比起韩愈来,苏东坡一生确实很少作墓志碑传等应酬文字。但就在他寥寥数篇碑传中,也有一些脍炙人口的篇章。其中尤以元丰年间在黄州所作的《方山子传》和元祐七年(1092年)应潮州知州王涤之请而撰写的《韩文公庙碑》为有名。《方山子传》(孔凡礼点校《苏轼文集》):

> 方山子,光、黄间隐人也。少时慕朱家、郭解为人,同里之侠皆宗之。稍壮,折节读书,欲以此驰骋当世,然终不遇。晚乃遁于光、黄间,曰岐亭。庵

第二章 苏东坡在黄州的文学创作

居蔬食，不与世相闻。弃车马，毁冠服，徒步往来山中，人莫识也。见其所著帽，方耸而高，曰："此岂古方山冠之遗象乎？"因谓之方山子。

余谪居于黄，过岐亭，适见焉。曰：呜呼！此吾故人陈慥季常也。何为而在此？方山子亦矍然问余所以至此者。余告之故，俯而不答，仰而笑，呼余宿其家。环堵萧然，而妻子奴婢皆有自得之意。余既耸然异之。

独念方山子少时，使酒好剑，用财如粪土。前十有九年，余在岐下，见方山子从两骑，挟二矢，游西山。鹊起于前，使骑逐而射之，不获。方山子怒马独出，一发得之。因与余马上论用兵及古今成败，自谓一世豪士，今几日耳，精悍之色，犹见于眉间，而岂山中之人哉！

然方山子世有勋阀，当得官，使从事于其间，今已显闻。而其家在洛阳，园宅壮丽与公侯等。河北有田，岁得帛千匹，亦足以富乐。皆弃不取，独来穷山中，此岂无得而然哉？

余闻光、黄间多异人，往往阳狂垢污，不可得而见，方山子傥见之欤？

此传作于元丰四年（1081）十二月。对鲜有替人作传的苏东坡来说，这是一篇特殊的人物传记。这篇传记之所以特殊，首先是因为传主与作者关系的特殊，其次是传主身世经历的特殊，更有作者写作方法与常见传记的写作有很大不同的特殊。作者苏东坡与传主陈季常的关系，渊源较深。苏东坡刚出仕时即与陈季常的父亲是同僚，也因此而与季常相识相知，并了解他不一般的家世，更了解他的抱负和豪侠之气，所以作传时能抓住人物的本性特点来写。在写作上打破了一般传记按时间顺序记其一生行事的写法，采用倒叙、插叙及跳跃的方式，错综交叉地记述传主的行状、与传主的相遇相交，刻画其鲜明的形象和个性特征。但是，作者的客观记叙也遵循着传统的题旨要求，第一段就简括地写出了传主一生的经历变化，交代了"方山子"名称由来。传主少年、壮年、晚年不同生活时期的性格特征和抱负，都在第一段刻画表现出来。这个形象让人有一些神秘感和好奇感，少年的任侠豪气和晚年淡泊名利的隐士形象，被苏东坡寥寥数语形象地表现出来。

文章的主旨是"折节读书，欲以此驰骋当世，然终不遇"。方山子少年的豪气与老年的恬淡，判若两人，其原因就是"不遇"所致。这既是对方山子遭遇的概括和感叹，又可以说作者借他人之酒杯浇自己胸中之块垒。苏东坡在来贬地途中遇到隐居的老朋友陈季常，抚今追昔，百感交集。全文短短四百来字，形象地再现了传主的神情风貌，这个"异人"的形象跃然纸上，关键就在于作者善于捕捉人物生平行事中富有特征的细节。清代学者沈得潜在《唐宋八大家读本》中评价这篇传记："生前作传，故别于寻常传体，通篇只叙其游侠隐沦，而不及世系生平行事，此传说中变调也。写游侠须眉欲动。写隐沦姓字俱沉，自是传神能手。"

苏东坡写人善于抓取特点，抓住本质，以小见大，几笔勾勒，就活现出人物的神态风貌。他在《方山子传》结尾说"余闻光、黄间多异人"。所以，在黄州他还写了《记张憨子》这个异人。

黄州故县张憨子，行止如狂人，见人辄骂云："放火贼！"，稍知书，见纸辄书郑谷《雪》诗。人使力作，终日不辞。时从人乞，予之钱，不受。冬夏一布褐，三十年不易。然近之不觉有垢秽气。其实如此，至于土人所言，则有甚异者，盖不可知也。

这是一篇更具特色的小传，没有人物的生平、家世和事功，只记其特有的言语、行状和衣着，寥寥数十语，活现出一个举止若狂、憨实而有做人原则的形象。

◆（三）杂记杂说（小品文）：短小精悍，言简意赅

苏东坡黄州的小品散文中，《记承天寺夜游》是其代表作。这篇文章虽全文仅八十余字，但意境超然，韵味隽永，为宋代小品文中的妙品，亦被收入《古文观止》。

元丰六年十月十二日，夜，解衣欲睡，月色入户，欣然起行。念无与为乐者，遂至承天寺，寻张怀民。怀民亦未寝，相与步于中庭。庭下如积水空明，水中

第二章　苏东坡在黄州的文学创作

藻荇交横，盖竹柏影也。何夜无月？何处无竹柏？但少闲人如吾两人者耳。

这篇小品文写作时间和缘由交代得很详细，苏东坡贬居黄州第四年的一个冬夜，月色如水，正要解衣就寝却被月色吸引，遂前往承天寺邀同是被贬而来黄州的张怀民赏月，然后就写下了这篇黄州时期最具代表性的小品散文。文章融叙事、写景、抒情于一体，平淡自然，却凝练含蓄，具有诗意美。此文也可以说是一篇结构完整的游记，时间、地点、人物、事件，叙事要素完整；写景、抒情，意境优美，为读者勾画了一幅美妙的月夜图。

全文分三层。前两句为第一层，写月色入户诱人而邀友赏月。叙事简洁流畅，要素俱全，环境和心境都蕴含于文字之中。第三句为第二层，写景，用比喻的手法，描绘出月下美妙的景象。只有十八个字，却写出了月光澄澈、竹影斑驳、夜色清爽、景色宜人的美妙境界。以竹柏影衬托深秋月色，以水中交错的水藻、荇菜比喻投映到庭中地面的竹柏影，月光、月色、树影互相映衬，迷蒙浩渺，突出了景色的幽美肃穆。尽管月夜之景写得出神入化，但如果只停留于写景就缺少深意，其高明之处在于最后的两问一答。这就是文章的第三层，写作者的心情和感受。"闲人"是点睛之笔，意味深长。被贬居于避陋之地，远离朝堂，又"不得签书公事"，张怀民也是被贬的、有名无实的官，能不说是"闲人"吗？"闲人"对夜深人静的闲景，心中况味只有当事人自己体会得到。两人是否有白居易"同是天涯沦落人"之感呢？寥寥数语，不仅再现了深秋月夜的景色，而且寄慨万端，表现了作者贬官黄州时那种强作轻松愉快的苦闷心境。

苏东坡写景善于抓住特点，形象生动，意蕴深厚。黄州的这类散文中，其他的主要还有《记樊山》《临皋闲题》《黄鄂之风》《记酿酒》《记游定惠院》等等。

记樊山

自余所居临皋亭下，乱流而西，汩于樊山，为樊口。或曰燔山，岁旱燔之，起龙至雨；或曰樊氏居之。不知孰是？其上为卢州，孙仲谋汛江遇大风，舵师请所之，仲谋欲往卢州，其仆谷利以刀拟舵师，使泊樊口，遂自樊口凿山通路

归武昌。今犹谓之吴王岘，有洞穴。土紫色，可以磨镜。循山而南，至寒溪寺，上有曲山，山顶即位坛、九曲亭皆孙氏遗迹。西山寺泉水白而甘，名菩萨泉，泉所出石如人垂手也。山下有陶母庙。陶公治武昌，既病登舟，而死于樊口。寻绎故迹，使人凄然！仲谋猎于樊口，得一豹，见老母曰："何不逮其尾？"忽然不见。今山中有圣母庙，予十五年前过之，见彼板仿佛有"得一豹"三字，今亡矣（《东坡志林》）。

此文作于元丰三年（1080）五月中旬，看似简单，平实地记叙樊山及其名胜古迹，但在精妙的记叙中，寓有深意和深情，给人以丰富的信息和情感。作者以行踪为线索，先樊口而后西山，把山名的传说由来及这一带历史上有关的人和事，简明扼要地录于笔下。由樊口联想到孙权和陶侃两位功业不凡的历史人物，便产生了"寻绎故迹，使人凄然"的感慨，深化了文章的主题。写作上既有叙事描写，又有考察和议论，叙议融为一体，落笔自然，收笔利索，开合自如。

临皋闲题

临皋亭下不数十步，便是大江，其半是峨眉雪水，吾饮食沐浴皆取焉，何必归乡哉！江山风月，本无常主，闲者便是主人。闻范子丰新第园池，与此孰胜？所不如者，上无两税及助役钱耳。

此文作于元丰三年（1080）六月，当年五月苏东坡从定惠院迁居临皋亭。来到了长江边上，生活与长江密切相关，不免想到了上游的家乡。但既然共饮一江水，又"何必归乡哉"。这其实是眼下有乡归不得，内心何不伤感，幸得以江水解脱。在江边还享受到无边的风月，"闲者便是主人"，本是贬居闲人的作者，现在倒可以做"江山风月"的主人，心里岂不快乐。超越人生一切的功利与欲望，尽享大自然的乐趣吧。这不正是作者此时要寻求的生活吗？末尾一句可以说是讥讽，也可以说是自我解嘲。

黄鄂之风

近闻黄州小民，贫者生子多不举，初生便于水盆中浸杀之。江南犹甚，闻之不忍。

会故人朱寿昌康叔守鄂州，轼以书遗之，俾立赏罚以变此风。黄之士古耕道，虽椎鲁无它长，然颇诚实，喜为善。乃使率黄人之富者，岁出十千；如愿过此者，亦听。使耕道掌之，多买米布绢絮，使安国寺僧继连书其出入。访问里田野有贫甚不举子者，辄少遗之。若岁活得百十个小儿，亦闲居一乐事也。吾虽贫，亦当出十千。

此文作于元丰五年（1082）二月，篇幅虽短小，记录事实却很详尽，有事实、有人物、有情感，有解决问题的办法，读后很有感染力，让人不禁为之感叹，也为他的善行点赞。苏东坡以往都能做到为官一任、造福一方，被贬到黄州，无权无钱，但他却利用自己的人格和影响，向官府反映，且发动民间人士实施救济，措施有力，方法得当，不知当年他救下黄州多少无辜的小生命。

记酿酒

予虽饮酒不多，然而日欲把盏为乐，殆不可一日无此君。州酿既少，官酤又恶而贵，遂不免闭户自酝。曲既不佳，手诀亦疏谬，不甜而败，则苦硬不可向口，慨然而叹，知穷人之所为，无一成者。然甜酸甘苦，忽然过口，何足追计。取能醉人，则吾酒何以佳为？但客不喜尔。然客之喜怒，亦何与吾事哉！元丰四年十月二十一日书。

这篇小品只记了一段自己酿酒失败的小事，却波澜起伏，层层转折，引人入胜。苏东坡自称酒量不大，却"日欲把盏为乐"，甚至"不可一日无此君"。苏东坡被贬居黄州时，州府控制酿酒，酒的质量差而价钱贵，所以，他只好闭门自酿。然酒曲不佳又无秘诀，酿出的酒无法入口。酿酒失败，作者慨叹："知穷人之所为，无一成者。"将思绪由酿酒之事转到了人生的思考，借题发挥，抒发人生多艰之感慨。

行文至此，似乎事尽意尽，无话可说了，但作者思绪不绝。于是想到酒只不过是过口之物，味道好坏，"何足追计"。只求能醉人，酒好不好有什么关系呢？但客人不喜欢。客人喜怒又与我何干呢？从这段思绪中，我们可以看出，苏东坡面对生活甚至人生的思考和自我排遣的过程，他的心境在自我排解中变得越来越豁达。有什么可纠结的呢，看开了就没有烦恼。

◆（四）书简：信笔抒意，真挚动人

《苏轼文集》中还有大量书信，其中不乏佳作。黄州的《答李端叔书》《与李公择书（十一）》有代表性，其他还有《与朱鄂州书》《与王元直》《答秦太虚书》《答毕仲举书》《与子安兄》《与蔡景繁》等，信笔所书，真挚动人。

答李端叔书

轼顿首再拜：闻足下名久矣。又于相识处，往往见所作诗文，虽不多，亦足以仿佛其为人矣。寻常不通书问，怠慢之罪，独可阔略（原谅），及足下斩（通惭）然在疚（病、灾），亦不能以一字奉慰。舍弟子由至，先蒙惠书，又复懒不即答，顽钝废礼，一至于此。而足下终不弃绝，递中再辱手书，待遇益隆，览之面热汗下也。

足下才高识明，不应轻许与人，得非用黄鲁直、秦太虚辈语，真以为然耶？不肖为人所憎，而二子独喜见誉，如人嗜昌歜（菖蒲根）、羊枣，未易诘其所以然者。以二子为妄则不可，遂欲以移之众口，又大不可也。

轼少年时读书作文，专为应举而已。既及进士第，贪得不已，又举制策，其实何所有。而其科号为直言极谏，故每纷然诵说古今，考论是非，以应其名耳。人苦不自知，既以此得，因以为实能之，故譊譊（争辩声）至今，坐此得罪几死。所谓"齐虏以口舌得官"，真可笑也。然世人遂以轼为欲立异同，则过矣。妄论利害，搀说得失，此正制科人习气。譬之候虫时鸟，自鸣自己，何足为损益？轼每怪时人待轼过重，而足下又复称说如此，愈非其实。

得罪以来，深自闭塞，扁舟草履，放浪山水间，与樵渔杂处；往往为醉人所推骂。辄自喜渐不为人识。平生亲友无一字见及，有书与之亦不答，自幸庶几免矣。足下又复创相推与，甚非所望。木有瘿（瘤子），石有晕（斑纹），

第二章　苏东坡在黄州的文学创作

犀有通（孔），以取妍于人，皆物之病也。谪居无事，默自观省，回视三十年以来所为，多其病者。足下所见皆故我，非今我也；无乃闻其声不考其情，取其华而遗其实乎？抑将又有取于此也？此事非相见不能尽。自得罪后，不敢作文字。此书虽非文，然信笔书意，不觉累幅，亦不须示人。必喻此意。

岁行尽，寒苦。惟万万节哀强食。不次。

李端叔，即李之仪，字端叔，元丰间进士，官原州通判，元祐中为密院编修官。后提举河东常平，终朝请大夫。工诗文，尤工尺牍，很得苏东坡赞赏。此信写于元丰三年（1080）十二月，这也是苏东坡大量书信中的名篇，尤其第四段的开头两句，经常被引用，流传甚广。

在此信中，苏东坡原原本本地向友人叙述了他遭遇文字狱的原因和经过，由于他在号为"直言极谏"科考试中，"诵说古今，考论是非"，尤其"人苦不自知，既以此得，因以为实能之，故譊譊（争辩声）至今"。所以"坐此得罪几死"（"乌台诗案"下狱）。他说自己因说老实话而被捕下狱，所谓"齐虏以口舌得官"。这封信他对朋友说的也是大实话，在其他文字中是断不能写的。

苏东坡信中写到贬谪黄州后，与世隔绝，他过着与过去截然不同的日常，隐去身份融入老百姓之中，成为普通百姓之一。这样也给他提供了一个与黄州百姓接触的机会。"得罪以来，深自闭塞，扁舟草履，放浪山水间，与樵渔杂处"。接触了社会底层的确缓解了他内心的矛盾，增添了生活的信心和战胜磨难的勇气。因遭文字狱而被贬，刚到黄州不久，还心有余悸。所以，信的结尾又说："自得罪后，不敢作文字。此书虽非文，然信笔书意，不觉累幅，亦不须示人。"忧谗畏讥之情流于笔端（梅大圣《苏轼黄州诗文评注》P159）。

此信还有一个重要内容，就是否定"故我"，塑造"今我"。苏东坡在信的开头写他对友人"先蒙惠书，又复懒不即答"，很有些怠慢，而友人"终不弃绝，递中再辱手书，待遇益隆"，所以他"览之面热汗下也"。因此，苏东坡认为友人对他品操的推举是对他谬爱，信中一再劝说对方不必如此。"以二子（黄鲁直、秦太虚）为妄（相信两位对我的谬赞）则不可，遂欲以移众口，又大不可也"；然后进一步说"轼每怪时人待轼过重，而足下复称说如此，愈非其实"；最后的结论是："足下所见皆故我，非今我也；无乃闻其声不考其情，取其华而遗其实乎？"苏东坡初来贬地黄州"闭门思愆"，因"人苦不自知"，经过深刻地自我反省，他沉痛地否定了"故我"，同时在黄州要重新塑造"今我"。回顾"乌台诗案"的经过和结局，不免痛定思痛；诉说待罪黄州的处境和心态，语含深情，真切动人。正如黄庭坚所评："东坡道人书札，字字可珍"（《津逮秘书》一二集《山谷题跋》）。

与李公择书（十一）

某启。示及新诗，皆有远别惘然之意，虽兄之爱我厚，然仆本以铁心石肠待公，何乃尔耶？

吾侪虽老且穷，而道理贯心肝，忠义填骨髓，直须谈笑于死生之际，若见仆困穷便相于邑，则与不学道者大不相远矣。

兄造道深，中必不尔，出于相好之笃而已。然朋友之义，专务规谏，辄以狂言广兄之意尔。仆虽怀坎壈于时，遇事有可尊主泽民者，便忘躯为之，祸福得丧，付与造物。非兄，仆岂发此！

看讫，便火之，不知者以为诟病也。

李公择（1027-1090），名常，字公择，《宋史》有传，是"苏门四学士"之一黄庭坚的舅父，是苏东坡交往密切的朋友，往来书信颇多。苏东坡为之作《李氏山房藏书记》（李氏山房，李公择庐山读书之处）。

此信为元丰三年（1080）二月，苏东坡给李公择的回信。在苏东坡写与朋友的书信中，此信也非常著名。从内容看，有的段落大气磅礴，慷慨激昂。"吾侪虽老且穷，而道理贯心肝，忠义填骨髓，直须谈笑于死生之际""仆虽怀坎壈于时，遇事有可尊主泽民者，便忘躯为之，祸福得丧，付与造物"。这是苏东坡刚到贬地黄州时的书信，只有向真心的朋友，才敢于如此表白。这既是苏东坡信守以"道理"与"忠义"立身行事的做人原则的表白，也是他终生不改

的忠君爱国、救世济民之心的赤诚袒露。最后,让朋友"看讫,便火之",免得"不知者以为讪病也"。苏东坡可以居逆境而泰然处之,初心不改,凛然正气,鼓舞人心;但他的言行仍很谨慎,不敢给多事者留下把柄。

与王元直

黄州真在井底,杳不闻乡国信息,不审比日起居何如?郎娘各安否?

此中凡百粗遣,江边弄水挑菜,便过一日。每见一邸报,须数人下狱得罪。方朝廷综核名实,虽才者犹不堪其任,况仆顽钝如此,其废弃固宜。但有少望,或圣恩许归田里,得款段一仆,与子众丈、杨文宗之流,往来瑞草桥,夜还何村,与君对坐庄门,吃瓜子炒豆,不知当复有此日否?

存道奄忽,使我至今酸辛。其家亦安在?人还,详示数字。余惟万万保爱。

宋神宗元丰三年(1080)九月,妻舅(王闰之的弟弟)从四川派人到黄州看望苏东坡,苏东坡写了这封答谢书信。此时被贬来到黄州才九个月,苏东坡的心情和生活状态都不佳,从信中也可以了解到他当时简陋的生活状况和思念家乡亲人的急迫心情。"此中凡百粗遣,江边弄水挑菜,便过一日"。困顿的生活状况可见一斑。次年二月在故人马正聊帮助下,向州府求得五十亩荒地,从此,躬耕东坡,"身耕妻蚕,聊以卒岁""弄水挑菜",满含辛酸。"不得签书公事"的贬官,现在只能这样艰难度日。

交通闭塞,很久听不到家乡和朝廷的信息,忍受着难熬的寂寞,只能通过难得一见的"邸报"了解朝廷政事。苏东坡此时希望"圣恩许归田里",让他还乡过着与朋友"往来瑞草桥,夜还何村,与君对坐庄门,吃瓜子炒豆"的田园生活。语言纯真朴实,这可以说是作者初到黄州真实心态的纯真剖白。

答秦太虚书(节选)

轼启:五月末,舍弟来,得手书,劳问甚厚。日欲裁谢,因循至今。递中复辱教,感愧益甚。比日履兹初寒,起居何如。

……

初到黄,廪入既绝,人口不少,私甚忧之,但痛自节俭,日用不得过百五十。每月朔，便取四千五百钱，断为三十块，挂屋梁上，平旦，用画叉挑取一块，即藏去叉，仍以大竹筒别贮用不尽者，以待宾客，此贾耘老法也。度囊中尚可支一岁有余，至时别作经画，水到渠成，不须顾虑，以此胸中都无一事。

所居对岸武昌，山水佳绝。有蜀人王生在邑中，往往为风涛所隔，不能即归，则王生能为杀鸡炊黍，至数日不厌。又有潘生者，作酒店樊口，棹小舟径至店下，村酒亦自醇酽。柑桔椑柿极多，大芋长尺余，不减蜀中。外县米斗二十，有水路可致。羊肉如北方，猪牛獐鹿如土，鱼蟹不论钱。岐亭监酒胡定之，载书万卷随行，喜借人看。黄州曹官数人，皆家善庖馔，喜作会。太虚视此数事，吾事岂不既济矣乎！欲与太虚言者无穷，但纸尽耳。展读至此，想见掀髯一笑也。

……

晚岁苦寒，惟万万自重。李端叔一书，托为达之。夜中微被酒，书不成字，不罪不罪！不宣。轼再拜。

此信写于元丰三年(1080)十一月（亦有十二月之说），是给其门生秦观的回信。苏东坡被贬黄州快一年了，"苏门四学士"之一的秦观（字太虚），已不止一次来信问候，这次才一并回复。所以信很长，在此节选了开头、结尾和后两段。

开头和结尾是古人写信的常用格式，但苏东坡信中既有套语也有事项交代。通篇以白描手法叙述家常琐事，亦是作者初到黄州后真实生活和心境的记录。信的第二段简叙几位亲人离世，感叹"异乡衰病，触目凄感，念人命脆弱如此"。接下来一段说："吾侪渐衰，不可复作少年调度，当速用道书方士之言，厚自养炼。"然后叙述其在黄州天庆观的养炼，再后叙述朋友之间所关心的一些事，强调自己"得罪以来，不复作文字，自持颇严"。最后如上文所引，介绍痛自节俭之法。这段文字很有名,引用频率很高。苏东坡说黄州武昌（今鄂州）物资丰富、生活费用低，他生活不用愁，还有书借阅，有人请客吃饭，"太虚视此数事，吾事岂不既济矣乎"！甚至想象太虚"展读至此，想见掀髯一笑也"。

第二章 苏东坡在黄州的文学创作

作者"信笔所至",越写越轻松,越写越乐观。从此可以看出,苏东坡在坎坷的境遇中仍生性豁达,加以历练日深,善于从生活中发现美好和亮点,其胸怀日益旷达磊落。

◆(五)其他杂记:手法灵活,艺术高妙

除上面所举数类散文外,苏东坡黄州时期的散文还有不少,主要的如:《遗爱亭记》《黄州安国寺记》《雪堂记》《记与安节饮》《书临皋亭》《记游松江》《石氏画苑记》《怪石供》《记游定惠院》等等。略举几例以了解其更多样的文风特色。苏东坡黄州的山水记、亭台记等记叙性散文,具有比议论文更为高妙的艺术价值,叙事、抒情、议论相结合,表现手法灵活多变,不为体制成法所拘系。

遗爱亭记代巢元修

何武所至,无赫赫名,去而人思之,此之谓"遗爱"。

夫君子循理而动,理穷而止,应物而作,物去而复,夫何赫赫名之有哉!

东海徐公君猷,以朝散郎为黄州。未尝怒也,而民不犯;未尝察也,而吏不欺;终日无事,啸咏而已。每岁之春,与眉阳子瞻游于安国寺,饮酒于竹间亭,撷亭下之茶,烹而饮之。

公既去郡,寺僧继连请名。子瞻名之曰"遗爱"。

时谷自蜀来,客于子瞻,因子瞻以见公。公命谷记之。谷愚朴,羁旅人也,何足以知公。采道路之言,质之于子瞻,以为之记。

这篇记很有特色,表面写亭,其实写人,而且以设问开篇,直接提出文章要表现的主题:何谓"遗爱"。然后用一段议论文字进一步论述君子为政之道:遵循事理而行动,事理穷尽行动就终止,应对客观事物而作为,事情完毕就回到常态,不须有赫赫之名,也会深得百姓喜爱。再然后文章要颂扬的主角、留下遗爱的黄州父母官徐君猷被隆重请出场。他就是一个奉行顺应自然、清静无为执政理念的黄州知州,从不迁怒百姓,而百姓也不会违背他的意愿;从不苛

责官吏，而官吏也没有欺瞒他。所以他终日无事，就喜欢吟诗作赋而已。寥寥数语，一个不折腾、不扰民，深得百姓拥戴的好官跃然纸上。作者不会忘记文章的题名，所以接着便回忆起与太守的交往，遗爱亭的命名由来。最后一段交待他为何代巢谷作此记，来龙去脉简洁明了。

遗爱亭在黄州城南安国寺，是寺里竹丛之中和尚修建的小亭。苏东坡被贬谪来黄州，安国寺是他常去的地方。黄州太守徐君猷，早就敬佩他的品节，俩人很快成为朋友，经常诗酒相酬。每年春季闲暇之时，他们相约游于安国寺，坐到小亭里，饮酒品茗，甚为惬意。

苏东坡的同乡、私塾同学巢谷为避军祸而走江淮间，元丰五年（1082）九月，来黄州住于雪堂，并作东坡的两个儿子苏迈和苏过的塾师。苏东坡便把巢谷介绍给徐太守，太守嘱巢谷给遗爱亭写一篇记。元丰六年（1083）十一月，徐君猷离开黄州前往湖南就任。苏东坡认为巢谷不善文，又是个漂泊在外的人，对徐太守不很了解，于是代之撰写了这篇《遗爱亭记》。

黄州安国寺记

元丰二年十二月，余自吴兴守得罪，上不忍诛，以为黄州团练副使，使思过而自新焉。其明年二月至黄。舍馆初定，衣食稍给，闭门却扫，收召魂魄，退伏思念，求所以自新之方。反观从来举意动作，皆不中道，非独今之所以得罪者也。欲新其一，恐失其二，触类而求之，有不可胜悔者。于是喟然叹曰："道不足以御气，性不足以胜习。不锄其本，而耘其末，今虽改之，后必复作，盍归诚佛僧，求一洗之？"

得城南精舍曰安国寺，有茂林修竹，陂池亭榭。间一、二日辄往，焚香默坐，深自省察，则物我相忘，身心皆空，求罪垢所以生而不可得。一念清净，染污自落，表里悠然，无所附丽，私窃乐之。旦往而暮还者，五年于此矣。

寺僧曰继连，为僧首七年，当赐号，欲谢去，其徒与父老相率留之。连笑曰："知足不辱，知止不殆。"卒谢去。余是以愧其人。七年，余将有临汝之行。连曰："寺未有记，具石请记之。"余不得辞。

寺立于伪唐保大二年，始名"护国"，嘉祐八年赐今名。堂宇斋阁，连皆易新之，严丽深稳，悦可人意，至者忘归。

岁正月，男女万人会庭中，饮食作乐，且祠瘟神，江淮旧俗也。

四月六日，汝州团练副使眉山苏轼记。

《黄州安国寺记》，苏东坡写明前往安国寺修行的缘由和目的，也写出了安国寺当年的严丽姿态，僧首继连的贡献及其"知足不辱，知止不殆"的高尚品德，以及江淮庙会的风俗。

安国寺为贬谪黄州的苏东坡提供了静休的场所，僧众对他也有特殊的影响。他与僧首继连进行过一次长谈后，心境发生极大变化。间一二日辄往寺里焚香默坐，接受佛家思想洗礼，"归诚佛僧，求一洗之"。继连与他一道参禅论经，在生活上给予关怀。苏东坡每月到安国寺沐浴，继连尽量提供方便，冬天准备充足的薪炭和热水，尽力使之方便和舒适。单从这一方面也可以看出黄州安国寺对苏东坡的影响和意义。从此，苏东坡对自然人生和生存哲学有了更深刻的体验：虽然远离光明的仕途，但也获得平常百姓的欢乐。通过这种内外兼修的洗浴，苏东坡的人生观和处世态度有明显的变化，他可以呈现出一种淡泊坦然，超凡脱俗的生命形态和文化品格。

《雪堂记》可说是苏东坡少有的长文，全文1700余字，比前后《赤壁赋》加起来还多400余字。录其第一段如下：

苏子得废圃于东坡之胁，筑而垣之，作堂焉，号其正曰'雪堂'。堂以大雪中为之，因绘雪於四壁之间，无容隙也。起居偃仰，环顾睥睨，无非雪者。苏子居之，真得其所居者也。苏子隐几而昼瞑，栩栩然若有所适而方兴也。未觉，为物触而寤，其适未厌也，若有失焉。以掌抵目，以足就履，曳于堂下。

文章第二段以后用主客问答的形式阐述做人的问题，客问："子世之散人耶，拘人耶？散人也而天机浅，拘人也而嗜欲深。今似系马而止也，有得乎而有失乎？""苏子心若省而口未尝言。徐思其应，揖而进之堂上"。于是，在雪堂之上苏东坡与客人就"散人"与"拘人"之道进行探讨和辩论，最后"客忻然而笑,唯然而出,苏子随之。客顾而颔之曰:'有若人哉。'"文章的结构形式、写作方法和语言特点,大有庄子的为文之风。

◆(六)杂论:展露思想,见解独到

为避文祸,苏东坡在黄州写作谨慎,不复如过去爱发议论,但也有例外。书信式的政论如《黄州上文潞公书》,是他追求理想人格、理想政治的心灵剖白;人物论如《书韩魏公黄州诗后》,形象生动;画论如《书蒲永升画后》,写作手法上叙论完美结合;墨论如《书怀民所遗墨》,见解独到。

黄州上文潞公书

轼再拜。孟夏渐热,恭惟留守太尉执事台候万福。承以元功,正位兵府,备物典册,首冠三公。虽曾孙之遇,绝口不言;而金滕之书,因事自显;真古今之异事,圣朝之光华也。有自京师来,转示所赐书教一通,行草烂然,使破甑敝帚,复增九鼎之重。

……

到黄州,无所用心,辄复覃思于《易》《论语》,端居深念,若有所得。遂因先子之学,作《易传》九卷。又自以意作《论语说》五卷。穷苦多难,寿命不可期。恐此书一旦复沦没不传,意欲写数本留人间。念新以文字得罪,人必以为凶衰不详之书,莫肯收藏;又自非一代伟人不足托以必传者,莫若献之明公。而《易传》文多,未有力装写。独致《论语说》五卷。公退闲暇,一为读之。就使无取,亦足见其穷不忘道,老而能学也。

……

黄州食物贱,风土稍可安。既未得去,去亦无所归,必老于此。拜见无期,临纸于邑,惟冀以时为国自重。

文潞公,即文彦博(1006-1097),汾州(今山西介休县)人,仁宗天圣五年进士。北宋大臣,庆历末(1048)升为宰相。熙宁初,反对王安石变法,曾退居洛阳。哲宗初年,司马光复相,新法尽废,文彦博再被起用,任平章军

第二章　苏东坡在黄州的文学创作

国事。元祐五年（1090）退职，封潞国公。文潞公比苏轼年长很多，但两人交情素重，故时以所著书为献。

此文写于元丰三年（1080）四月，苏东坡贬居黄州才两个多月，信中向老朋友吐露心声，真诚坦率，无所伪饰。正如他《密州通判厅题名记》所言："与人无亲疏，辄输写藏府，有所不尽，如茹物不下，必吐出乃已。"刚因文字狱获罪而贬来黄州，所以信后说"公一读讫，即烧之而已"。这是作者心有余悸，怕连累友人。信中所坦露的被贬黄州时的"藏府"，可以作为研究苏东坡生活转折时期思想变化的重要资料（梅大圣《苏轼黄州诗文评注》）。

首段既是古人写信的套语，也可看出作者对老友的尊重、赞扬和感念。接下一段，苏东坡急切地表明自己的政治态度及对政治理想的追求："岂非察其无他，而恕其不及，亦如圣天子所以贷而不杀之意乎？伏读洒然，知其不肖之躯，未死之间，犹可以洗濯磨治，复入于道德之场，追申徒而谢子产也。"他遭受了平生未曾有过的巨大打击，并未有退隐的想法，而是珍惜宋神宗赐予他的这个杜门思愆的机会，"洗濯磨治"以期"复入于道德之场"。所以，居黄之初"辄复覃思于《易》《论语》，端居深念，若有所得。遂因先子之学，作《易传》九卷。又自以意作《论语说》五卷"。苏东坡苦心研读，以表明自己"穷不忘道，老而能学"。大有"廉颇老矣，尚能饭否"的意愿。信末还希望老友"惟冀以时为国自重"。这些都表明了苏东坡对追求理想人格、理想政治的初心。

下面还写到湖州被捕赴狱之时的惊恐，不光"平生文字为吾累"，还累及了家人。因此，苏东坡的书籍和文章也被家人烧掉了大半。当时"州郡望风，遣吏发卒，围船搜取，老幼几怖死"。其状极惨，其情可悯，"妇女恚骂"以至烧书，情有可原。

苏东坡此时心有余悸，前途未卜，而"黄州食物贱，风土稍可安。既未得去，去亦无所归"，审时度势，便有"必老于此"的想法。这种"便为齐安民，何必归故丘"的思想，在以后的诗文中多有表露。这大概也是苏东坡遭受冤狱后的一种常有的思想,而且被贬惠州、儋州也同作如是想。从另一方面说,这种既来之则安之的心态,也有助于人生不如意时的排遣和心胸的开阔,不得不说这是应对逆境、调适心态的一种好办法。

三、苏东坡对北宋古文革新运动的贡献

始于中唐韩愈和柳宗元的古文革新运动,反对六朝以来绮丽柔靡的骈偶文,倡导朴素的"明道宗经"的散文。到北宋中叶,文坛风气为之一变。欧阳修倡导于前,苏东坡父子继之于后,大力反对空洞无物、浮艳艰涩的文风,并以大量的文章树立了典范,使古文革新运动取得了实际成绩。欧阳修从韩愈的"文以载道"观点出发,主张文章的内容应该重于形式。他创造了一种委曲婉转、平易流畅的文风。

继欧阳修之后作为北宋文坛领袖的苏东坡,一生都在大力推进欧阳修所倡导的古文革新运动,为肃清"五代文弊"进行了不懈地努力,并以创作成绩实践自己的主张。苏东坡在进士及第致欧阳修和梅尧臣的谢书中,就说不学"求深""务奇"的"时文",要坚持"词语甚朴,无所藻饰"的文风。所以他主张"文贵自然"。他在《南行前集叙》(《苏轼文集》卷十:P323)中说:"夫昔之为文者,非能为之为工,乃不能不为之为工也。山川之有云雾,草木之有华实,充满勃郁,而见于外,夫虽欲无有,其可得耶!自少闻家君之论文,以为古之圣人有所不能自己而作者。故轼与弟辙为文至多,而未赏敢有作文之意。"因此,为文乃"杂然有触于中,而发于咏叹"。苏东坡还在此序中说他们父子的《南行集》是:"将以识一时之事,为他日之所寻绎,且以为得于谈笑之间,而非勉强所为之文也。"这进一步说明他写文章是有话要说,而下笔成文,绝不是勉强为文。这样的文章自然畅达,无虚饰造作成分。

苏东坡在《文说》(《经进东坡文集事略》卷五十七)中形象地描述了自己写文章时的思维状态:

第二章　苏东坡在黄州的文学创作

吾文如万斛泉源，不择地而出，在平地滔滔汩汩，虽一日千里无难。及其与山石曲折，随物赋形而不可知也。所可知者，常行于所当行，常止于不可不止，如是而已矣，其他虽吾亦不能知也。

这段文字意即：我的文思犹如有一万斛水的泉源一样，随处都会涌出来，在平地上如汩汩滔滔的流水，一天流一千里也不难。遇到山石曲折之处，便能随山石高低婉转，地面是什么形状，水就变成什么形状，事前不能知晓。所能知道的，常常是文随思绪而行，文思停止行文就不得不停止，写文章就是如此，其他技巧秘诀什么的我也不知道。

在苏东坡看来，文章是"充满勃郁"于内而不得不表现于外的东西，"充满勃郁"才胸有"万斛泉源"，便会"不择地而出"，所以，这两句话正好互为补充，互为印证。

苏东坡的《文说》本身就是一篇很好的散文。通篇用比，短小精悍，仅仅七十余字，就充分表达出写文章的特点和体会。这是苏东坡对创作的真知灼见，也是苏文如行云流水的特色和风格。文章不能硬写，苏东坡写文章大都是在"不能不为"、灵感来临之际一挥而就，兴尽而止。他说："余性不谨语言，与人无亲疏，辄输写藏府，有所不尽，如茹物不下，必吐出乃已。"（《密州通判厅题名记》《苏轼文集》卷十一：P376)，有了这样的性格，心中有所感触和积蓄，就如骨鲠在喉，不吐不快，发而为文，下笔如泉涌，势不可挡。这样的文章就会直抒胸臆，坦率自然。所谓"不择地而出"，说明他的文章信笔抒意，千变万化，姿态横生，汪洋恣意。

苏东坡为文具有极高的表现力，在他笔下几乎没有不能表现的客观事物或内心情思。而且表现变化自如，如行云流水般畅达。苏文便是以挥洒如意、思绪泉涌的方式达到文章气势雄放的目的。气势雄放而语言平易自然，正是宋文异于唐文的特征之一，也是苏文不同于"唐宋八大家"其他几家的独特性所在。

苏东坡的散文沿着欧阳修及其父亲苏洵的道路继续发展，而达到了宋文的最高成就。他的创作对促进宋文平易自然、流畅婉转主体风格的成熟和定型，起了决定性作用。

苏东坡推崇韩愈和欧阳修对古文的贡献，认为韩愈"文起八代之衰，道济天下之溺"（《潮州韩魏公庙碑》《苏轼文集》卷十七：P508），而欧阳修则"论大道似韩愈，论事似陆贽，记事似司马迁"（《六一居士集叙》《苏轼文集》卷十：P316），从文道两方面来评价韩、欧两位大家之文，也反映了苏东坡的文学思想，即他本人为文也是持文道并重的观点。苏东坡的文道观在北宋具有很大的独特性。

◆（一）苏东坡认为文章具有独立的艺术价值

苏东坡认为文章如"精金美玉，市有定价，非人所能以口舌定贵贱也"。文章本身有其艺术价值，而不仅仅是载道的工具，因此，文章自身的表现功能便是人类精神活动的一种高级形态。"物固有是理，患不知之，知之患不能达之于口与手"（《答虔倅俞括》《苏轼文集》卷五十九：P1793）。因此，他主张文章在于"辞达"。他说"辞至于达。足矣，不可以有加矣"。要做到"辞达"，必须认真观察、研究描写对象，掌握事物的特征，即所谓"求物之妙"。能真切地了解和准确地表达事物，就是辞能达意。"辞至于能达，则文不可胜用矣"。在这方面来说，苏东坡把韩愈、柳宗元以来所提倡的古文作用发挥到了更高的境地，同时形成了他不同于宋代其他散文大家的独特文风。

◆（二）苏东坡的"文以载道" 不限于儒家之道

苏东坡心目中的"道"，泛指事物的规律。例如"日与水居"之人，有"得于水之道"（《日喻》，或名《日喻说》，牛宝彤《三苏文选》）。所以苏东坡主张文章应像客观世界一样，文理自然，姿态横生。他提倡艺术风格的多样性和生动性，反对千篇一律的文风。"文以载道"不只是载儒家之道，任何事物包括自然界都有其自身的规律，都可以是文章表现的思想内容，而表现手法则可以灵活多样，不必生搬硬套。

◆（三）苏东坡认为文章要言之有物

苏东坡在应制科试所进《策论·总叙》（《东坡应诏集》卷一）中说："有意而言，意尽而言止，天下之至言也。""战国之际，其言语文章，虽不能尽通于圣人，而皆卓然近于可用，出于其意之所谓诚然者"。与言之有物、意尽而言止不同的是，"自汉以来，世之儒者忘己以循人"。这样写文章，自然就不免人云亦云。所写之文"其言虽不叛于圣人，而皆泛滥于辞章，不适于用"。其原因就是"言有浮于其意，而意有不尽于其言"。写文章应该有意而言，不作无病之呻吟；"意尽而止"，不需要空洞的虚言；要讲自己相信的话，而不说假话空话。

◆（四）苏东坡主张文以致用

苏东坡引其父亲苏洵赞凫绎先生的话说："先生之诗文，皆有为而作，精悍确苦，言必中当世之过，凿凿乎，如五谷必可以疗饥，断断乎，如药石必可以伐病。"（《凫绎先生诗集叙》《苏轼文集》卷十：P313），这也是苏东坡对于写文章的看法和主张，要"有为而作""言必中当世之过"，要解决实际问题。当年父亲苏洵对苏东坡说："自今以往，文章其日工，而道将散矣。"，因为苏洵看出了"士慕远而忽近，贵华而贱实"的文风现象。在其后二十余年间，苏东坡自己看到"士之为文者，莫不超然出于形器之表，微言高论"，华而不实。他想力挽这种文风，便"益求（凫绎）先生之文""乃录而藏之"。

苏东坡散文创作，崇尚自然，摆脱束缚，强调"出新意于法度之中，寄妙理于豪放之外"。他认为作文应达到"如行云流水，初无定质，但常行于所当行，常止于所不可不止。文理自然，姿态横生"（《答谢民师书》）的艺术境界。他自己曾说"某平生无快意事，惟作文章，意之所到，则笔力曲折，无不尽意。自谓世间乐事，无逾此矣。"（何薳《春渚记事》）。

辞能达意、文贵自然、言之有物、文以致用，这些主张贯穿于苏东坡一生的文章创作，尤其是散文创作。这是他不同于唐宋其他散文大家的独特之处，

也是他对唐宋以来古文革新运动的贡献。苏东坡的文学思想和创作主张影响近千年，他的创作实绩有力地支持了他的散文创作主张。黄州时期的散文创作更能体现苏东坡辞能达意、文贵自然的主张和特色，至今仍有其生命力和文学价值。

苏东坡对北宋古文运动的贡献，不仅在于他针对文坛时弊提出了许多精辟和深刻的见解，更在于他以自己大量的堪称典范的文章实践了自己的主张，使古文革新运动立于不败之地。

第三章 东坡文化在黄州的形成和发展

苏东坡被贬黄州，应该是其人生最悲惨最痛苦的时期，他从监狱走来，仕途沦陷，人生之路首遭巨大坎坷。在僻陋的黄州，任一个不得签书公事的闲职，实为被监管居住，不得越黄州地界一步。举头四顾，前路茫茫。更现实的是，一家人生活无着，生存都成问题。但就是在这里，苏东坡的贬谪人生，活出了自我，活成文学史上令人仰慕的高山。史智鹏先生说："苏轼贬谪黄州，是他的人生经历与思想变化的关键时期，巨大的反差与磨砺，使他的心态经历了孤寂、淡泊、旷达的历程，其心灵得到调节、反思和净化，其人格精神得到升华，从而为他达到文学创作的巅峰奠定了坚实的基础。"（史智鹏《黄州东坡赤壁文化》P83）

苏东坡在黄州留下了许多质量上乘、脍炙人口的诗词文赋，达到了自己文学艺术创作的巅峰，稳坐北宋文坛领袖的宝座。从成就的全面及人生境界来说，他登上了中国古代乃至整个古今文坛之巅。他治愈了自己，还治愈了许许多多的后来人。

有人说"人生缘何不快乐，只因未读苏东坡"。这好像是句轻松的打趣话，却有其推理依据。有谁会像苏东坡那样，一再受到沉重的打击，却一次次自我

疗伤，胸怀坦荡旷达，活出精彩，成就辉煌？尤其是，在黄州他放下读书人和官员的身架，像农夫一样躬耕东坡，自食其力。有了收成，也像农夫一样高兴，"乐事我能数"；大雪之中，想到老百姓可能无薪无米过冬而夜不能寐；善于发现生活中的美好，并能创造美的生活，做美食，酿蜜酒，为黄州留下了许多美味；勤奋读书，笔耕不辍，将自己的所见所闻、所思所感，挥笔写就文学艺术珍品。

这些文化现象，一直被后人津津乐道，今天仍值得我们解读和研究。这就是优秀传统知识分子的优秀品质，是我们传承至今的中华优秀传统文化的代表；这些是苏东坡在黄州创造的，命名为东坡文化。东坡文化诞生于黄州，却不局限于黄州；东坡文化是苏东坡造就形成的，却不局限于苏东坡，因为苏东坡"一门三父子，个个是文豪"（朱德）。东坡文化起源于黄州，又随苏东坡的人生足迹传至大江南北、祖国大地，并逐渐丰满成熟，影响至海外。

正如《东坡文化概论·导论》所言："东坡文化是在苏轼谪居黄州后产生的，黄州成了东坡居士的精神地标，东坡文化成了黄州的文化地标。东坡文化其后在惠州、儋州得以延续发展，而其影响力则是超越时空的。"

第一节　东坡文化的界定

对于何谓东坡文化，目前还没有一个确切的界定，有多种说法，需要作进一步探讨。就目前所论，涉及东坡文化内容的观点很多，定义却难下。不过，关于东坡文化是在怎样的背景下产生的，其文化价值及对诞生地的影响，则可以作出明确地阐述。

要阐明"东坡文化"，首先有必要了解"文化"一词的含义。文化是人类在社会历史发展过程中所创造的物质财富和精神财富的总和。广义的文化，其涵盖面非常广泛，所以又被称为大文化。据《辞海》等辞书解释，大概念的文化归纳为三大部分：一是人类创造的物质财富与精神财富的总和；二是人类生产、生活及社会知识的结晶；三是历代当权者实行文治、教化的总称。也就是说大文化涉及自然、人文、社会科学，即社会物质的和意识形态的方方面面。

狭义的文化，排除人类社会历史生活中关于物质创造活动及其结果的部分，专注于精神创造活动及其结果，又称小文化。1871年，英国文化人类学的奠基人、古典进化论的主要代表人物爱德华·泰勒，在他的人类学著作《原始文化》（商务印书馆，1958年出版）中对文化的定义至今具有重要影响。他认为："文化，或文明，就其广泛的民族学意义上来说，是包括全部的知识、信仰、艺术、道德、法律、风俗以及作为社会成员的人所掌握和接受的任何其他的才能和习惯的复合体。"这个界定，被后来的学者普遍认可并一直沿用下来，成为人们使用最多的最基本的文化概念。

我国近代著名学者梁启超先生说："文化者，人类心能所开释出来有价值的共业也。"哲学家梁漱溟先生，把文化理解为人的生活方式，是一个民族生活的方方面面。他把文化归纳为三个方面：一是精神生活方面，如宗教、哲学、科学、艺术等。二是社会生活方面，如社会组织、伦理、习惯、政治制度及经济关系等。三是物质生活方面，如饮食、起居及种种享用等（《东西文化及其哲学》）。这些不同表达，都是从总体上对文化的概括，没有揭示文化的本质，是一个抽象而广泛的定义。

广义的文化太过宽泛，很难说明具体问题；狭义的文化，较容易界定和说明文化的特质。长期以来，说到某类文化，人们一般是在狭义的意义上理解和表达。美国著名学者亨廷顿在《文化的重要作用》中表明了他的狭义的文化观。他认为，"文化"一词，尽管在不同的学科和背景下有不同的含义，但它常常用来指一个社会知识、音乐、艺术和文学作品。他反对把文化理解为无所不包的东西，文化若是无所不包，就什么也说明不了。因此，他认为，文化特指人们的主观方面，即一个社会中的价值观、态度、信念、取向以及人们普遍持有的见解。笔者认为，即使是狭义的文化观，亨廷顿的表述也不够准确和全面，但从精神和观念的层面来界定文化，应该说抓住了文化的核心，

包含着很大的合理性

以上中外学者对文化的几种观点，还是不能明确文化的本质，不能有效体现文化的创造性和主动性，没有揭示文化与人的密切相关性。到底如何概述东坡文化的内涵，如何给出一个确切的定义呢？本人倾向赞同英国泰勒和美国亨廷顿的观点，但是，还不能用他们的观点来给东坡文化一个确切的定义。毫无疑问，东坡文化应该属于狭义的文化范畴，但其内涵也不是一个简单的概念就能概括全面的。东坡文化虽是一种具体而确切的文化，却有其独特而丰富的内涵。

眉山市三苏文化研究院院长、中国苏轼研究学会秘书长方永江认为："东坡文化内涵，既有致君尧舜、爱国为民的仁爱精神，勇于担当、守正创新的忠敬精神，平衡和谐、美美与共的和合精神等，同时蕴含了国家层面的价值目标、社会层面的价值理念、个人层面的价值规范。"（《东坡文化及其当代价值》团结报，2022-07-11 发布于团结网）

这是形而上的抽象的概述，东坡精神和价值层面上的论述，在此不是我们所要界定的东坡文化内涵。太过抽象而没有任何实际的具体内容，对于没有研究背景的普通群众和学生来说，显然难以理解和掌握。难以达到广泛传播的目的，也不是本书的写作意图。但论述东坡文化，首先必须先要弄清何谓东坡文化。

《东坡文化概论·导论》首先肯定"东坡文化是贬谪文化"。然后以旁观者的视角加以界定："有人认为东坡文化是以苏轼贬谪人生的观念形态为研究对象，具有苏轼鲜明个性特征的有关其哲学思想、精神创造、审美观念及生活方式之总和。"又引谈祖应先生在其《"东坡文化"之肇始、解构及重构》一文中的论述："东坡文化涵盖了苏轼在黄州及其后黄州时期的文学建树，忠君、惠民思想及其实践，自我调适思想及其实践，美学主张和审美情趣，美食文化创造和创新，科技推广与普及，人际关系与处世，养生思想与实践，等等。"还有人认为："凡是与苏轼有关的一切活动及其结晶都属于东坡文化，它是由

苏轼本人和后来的人们共同创造的，包括知识、信仰、艺术、道德、法律、习俗习惯等。"（《东坡文化概论》P3）

黄州地方志研究专家余彦文先生认为：东坡文化具有个人与地域双向和合的特征。包含了六层意思、五种内涵。六层意思即：第一，东坡创作高潮在黄州，黄州激发东坡的创作高潮；第二，黄州风物人文成全了东坡，东坡文化恢弘了黄州人文风物；第三，苏东坡文学艺术精粹肇自东坡，他既坎坷而又辉煌的历史彪炳于黄州；第五，东坡的人品与作品魅力永远感染着一代代文人、学者，无数名家、学者不断讴歌东坡与东坡赤壁；第五，东坡文化促建美好、和谐黄州，美好、和谐黄州辉映、壮大东坡文化；第六，东坡文化发源于900年前的中国黄州东坡（并不只是他在黄州的作品），然其光华辐射面与影响力则无时空之限。其五种内涵：（一）经过东坡思辨而升华的儒、释、道三家的思想精华；（二）通过东坡语言文字载体传达的中古以前的百科知识；（三）糅合东坡的思想、道德、伦理观念及其崇尚与推介的黄州美好风土人情；（四）融合黄州人文的东坡神思及其昭显百代、启迪后学的文学艺术珍品；（五）有关东坡的趣闻、轶事及其利于后世身心健康的知识、学问（余彦文《东坡文化涵盖刍议》）。

东坡文化的核心内容是有迹可循、有据可考的。据余彦文先生统计，苏东坡贬居黄州4年多，留下750多件作品，70多种饮膳方技，10余种养生保健良方。作品分诗、词、文赋、书信、书法、绘画6类形式。其诗208首（据饶学刚《苏东坡在黄州》统计），约占他遗留诗作4000余首的5%，词75首约占全部词作300余首的近1/3，文与小品170多篇、赋3篇、信札280多封。书法有后学荟集的《景苏园帖》之集，画有写梅之品。最为突出和可贵的是每类有代表作进入中华古典文艺宝库，载于中国文学艺术史册，如黄州"二赋"和《记承天寺夜游》均入选《古文观止》，流芳万世。余彦文先生认为，东坡诗以《东坡八首》《定惠院海棠》二首、《红梅三首》为最；词以《念奴娇》（大江东去）、《水龙吟》（似花还似非花）为代表；赋以《赤壁赋》

《后赤壁赋》为冠；文与小品以《记承天寺夜游》《方山子传》为徽章；书札以《与朱鄂州书》（笔者补《黄州上文潞公书》《与李公择书（十一）》）等为流响；书法的代表作有《黄州寒食诗帖》；饮膳有《蜜酒歌》《炖肉歌》《煮鱼法》及"东坡肉""东坡饼""东坡一品鲭""东坡春鸠脍"等美味；养生保健方面有《养生说》《论雨井水》《论修养帖寄子由》《养生难在去欲》《阳丹诀》《阴丹诀》等东坡文献。

东坡文化的内涵和外延是丰富而广泛的。其内涵，不是一个简单的概念就能概述清楚；其外延，也不仅仅是指苏东坡或三苏父子所创作的文学作品和取得的文学成就。东坡文化可以由三大有形和无形的要素组成：一是苏东坡贬居黄州时期创作的文学艺术作品，或因东坡而衍生的文学艺术作品及其有关载体（诗词、楹联、书法、碑刻、建筑等），包括其父亲和弟弟的作品；二是以东坡为主题的城市文化设施建构（公园、纪念性景点、博物馆、休闲场所等）；三是一种文化特征和文化精神，即因贬谪在黄州产生并延伸至苏东坡日后新的人生观、世界观所表现出来的思想境界、胸怀品德、为人处世、成就作为、精神引领等等个人主观性创造而形成的广泛内容。

眉山市党史和地方志编纂中心于2020年6月5日，在"四川省情网"（四川省地方志工作办公室主办）发表一篇题为《中华民族优秀传统文化之东坡文化》的文章，文中说："东坡文化，又称三苏文化，是"三苏"文化成就而衍生形成的具有广博的学科领域、民本的思想基础和广大的传承群体的中华民族优秀传统文化。"然后进一步解释道："'三苏'的文化成就，以苏东坡为代表，因此'三苏文化'又称'东坡文化'。"

这种界定笔者不认同，也不是本书所要阐述的。我们所谓的东坡文化，其核心内容是自黄州东坡耕种、居住、生活、创作、游览、交友等，并因此而产生的有关苏东坡个人的成就、思想、人品、胸怀及其生活态度、处世哲学等等精神财富，统称为东坡文化。但是，东坡文化一旦形成，并不只属于黄州，也不只是苏东坡在黄州的全部生活和创作。

第三章 东坡文化在黄州的形成和发展

东坡文化就是苏轼贬谪黄州，以"东坡居士"为号之后所产生的独特的文化现象，它不同于其他以苏轼或苏轼家族为表征的文化，如"苏轼文化""三苏文化"。饶学刚教授不只一次撰文或于学术研讨会上发表意见，多次强调东坡文化发源地在黄州，苏东坡创作高峰在黄州，他的观点不仅黄冈的研究者认同，全国各地不少苏学研究者也认同。饶教授2010年在黄冈"东坡文化国际论坛"上正式公开向全国及日本、新加坡等国际与会代表提出：东坡文化发源于黄州；2014年还撰文《"惟有东坡居士好，姓名高挂在黄州"——再谈东坡文化的发祥地在黄州》再次论证东坡文化的发祥地在黄州。中国苏轼研究学会副会长、黄冈市东坡文化研究会第一届会长涂普生认为："东坡文化的生发与成熟，是苏轼在谪居黄州期间，由苏轼向东坡居士转变所经历的非常的、深刻的变化所生发和成熟的一种文化"（涂普生《东坡文化特质初识》）。黄冈苏学研究专家，谈祖应先生认为"东坡文化是以苏东坡贬谪人生的观念形态为研究对象，具有苏东坡鲜明个性特征的有关其哲学思想、审美观念及生活方式等之总和。它不是'苏轼文化'的简单复制，更不是'三苏'文化的刻意翻版"（《论东坡文化的特征》）谈先生还从说文解字的层面解释东坡文化是一个偏正短语，"东坡"就限定了"东坡文化"的范畴。"东坡"，一是指东坡这个人，二是指黄州城东（笔者注：北宋黄州府城内东边山坡）数十亩的故营地。此外，他还谈到了"居士"的称谓、建构东坡哲学体系等都始于黄州（注：与黄州安国寺禅修有关）（谈祖应《"东坡文化"之肇始、解构及重构》）。

全国苏学界似乎另有不同的观点，有学者以东坡代指苏轼，认为所谓"东坡文化"，其实质即等同于"苏轼文化"，二者本就是一个有机统一体，不能将其割裂开来。我们并不否认苏轼和苏东坡是一个整体，东坡文化可以包含苏轼整个一生的思想、创作和生活历程，但其起源和内涵则是号为"东坡居士"之后，在黄州形成和发展开来的文化整体，其核心是黄州苏东坡的生活样式、创作成就、思想观念等等方面。可以说没有黄州应该就不存在"东坡文化"，而"苏轼文化"自始至终就会存在。四川眉山石大姚老师认为"两派对于东坡

文化认识之异，在于东坡文化的外延，即对于东坡代指苏轼一生的成就及其文化现象。但两派之间并无本质区别，更多的只是表述上的差别，多系文字而已"（《东坡文化研究综述》）。

其实，不只是文字而已。苏东坡可以指代苏轼，但反过来用"苏轼文化"代替"东坡文化"就不对。东坡文化发源于黄州，强调的是此文化的发祥地，论述的起点不同，内涵的代表性也有差异。离开了黄州大量而高质的文学艺术作品，东坡文化缺少内核；离开了贬谪黄州，苏轼嬗变为苏东坡后，其人生观转变及思想观念的转变和成熟，东坡文化也缺少灵魂。笔者认为，既然大家对苏东坡和东坡文化的敬仰和热爱都是一致的，那么，对东坡文化的发源地也不必纠结，对东坡文化的内涵和外延则应有正确的认知。朱靖华教授认为："东坡文化不仅是某一方面意蕴的纯粹产品，而是多种意蕴的有机整合，它呈现出多角度、多层面、多功能的立体文化系统。"（《苏轼论》京华出版社，1997）朱教授的观点应该只是就东坡文化的整体性而言，并不否认其发源地或内涵等方面。正如饶学刚教授所认为的："至于苏轼贬黄州之前和苏东坡离开黄州之后的居官或贬谪的仕宦文化，贬谪文化，各地以'东坡'命名的物质文化与精神文化，可以视为东坡文化的延续、升华和辉煌，或者统称为广义的'东坡文化'"（《"惟有东坡居士好，姓名高挂在黄州"——再谈东坡文化的发祥地在黄州》）。

《中华民族优秀传统文化之东坡文化》所阐述的几个观点都是以苏东坡为论述对象，诸如下面三个界定，笔者也是认同的。

一、东坡文化具有广博的学科领域

主要是人文社科内的多方面成就。从文学艺术创作来说，苏东坡诗、词、文、书法、绘画样样精通，造诣深厚，都有代表性：诗有"苏黄"之称；词有"苏辛"之谓；文居"唐宋八大家"之列；书法为"北宋四大家"之首；绘画

重神似，开文人画先路。苏东坡这些成就都是众所周知并认可的，本人也是认同的。

二、东坡文化具有民本的思想基础

苏东坡深受良好的家庭教育影响，少年读书时就立下"奋厉有当世志"。他熟读儒家经典，深受儒家思想的影响，形成了以民本思想为核心的政治理想。他也主张改革，并上书神宗皇帝，针对当时北宋社会"财之不丰，兵之不强，吏之不择"等情况，在土地、财经、政治、军事等方面提出了一系列的改革方略。但他从民本思想出发，反对王安石疾风暴雨式的改革，又反对司马光不重实际的尽废新法。所以，他的改革主张没有被重视，而他本人也被一贬再贬。尽管如此，苏东坡也不改其为民初衷，即使在无权无钱的贬所，也力所能及地为民办实事。黄州拯救溺婴、救治疫病，惠州修桥、引水、介绍先进的生产工具，儋州开堂讲学，每一件看似小事，却解决了地方百姓的大问题。在任地方官时，他更是关注民生，关心民众，处处留下德政；他为官一任，造福一方，始终如一。苏东坡可贵的民本思想在黄州没有因无权处理政事而松懈，仍是尽力而为，在此境况下更显难能可贵。

三、东坡文化具有广大的传承群体

苏东坡是北宋继欧阳修之后的文坛领袖，是中国文化史乃至世界文化史上著名的文化巨星。从其才能之全面，平生著述之宏富，作品流播之广远，喜爱读者之众多，研究探索之热烈，对中国及世界人文精神影响之深入和巨大等方面来看，东坡文化近千年来一直闪耀着自己独特而璀璨的光芒。

据眉山市党史和地方志编纂中心统计，"苏轼遗址地涉及11个省：四川、河南、陕西、浙江、山东、江苏、湖北、安徽、河北、广东、海南，18个市

县，其中1个副省级城市杭州，10个地市级城市：眉山、汴京（开封）、徐州、湖州、黄冈（黄州）、颍州（阜阳）、扬州、惠州、儋州、常州，7个县级或者县市级城市凤翔、诸城（密州）、蓬莱（登州）、宜兴、定州、郏县、栾城"。其实在黄冈的团风、浠水、麻城等县市及长江对面的鄂州（宋称武昌）西山等地也留下了苏东坡的遗址遗迹。

近十余年来，遗址地市党委和政府，加大了苏东坡遗迹遗址的保护、开发和利用的力度。眉山三苏祠、黄冈东坡赤壁、海口五公祠、海南儋州东坡书院、郏县三苏祠与墓已成为全国重点文物保护单位。不少地方政府还投巨资恢复苏东坡遗址或重新打造以东坡文化为主题的公园。眉山市投入数亿元扩建、维修三苏祠，打造通惠河东坡文化景区，修建远景楼，打造东坡宋城等；徐州投入数亿元，在云龙湖风景区恢复重建了具有东坡文化特色的遗址遗迹和景点五十多处；诸城投入上千万元，恢复重建超然台；黄冈投入数亿元，打造遗爱湖景区，目前正在规划在黄州老城区建设东坡文化旅游区，准备扩建东坡赤壁景区，恢复修建老城区三条街道。建成以后或创全国同类建设之首，黄州这个东坡文化诞生地将更为名副其实。

从东坡文化在高校的研究和传播来说，目前全国有中国人民大学、武汉大学、复旦大学、四川大学、山东大学、中山大学、海南大学、暨南大学、乐山师范学院、平顶山学院、惠州学院、黄冈师范学院、黄冈职业技术学院等数十所有名或普通的大专院校的教授、专家、学者在从事东坡文化教学和研究工作。

如今有不少省市级城市成立了东坡文化研究会或苏轼学术研究会，苏东坡及东坡文化的热爱者、研究者和传播者不计其数。1980年9月，四川大学牵头成立了中国苏轼研究学会。1982年黄冈举办了第二届苏轼学术研讨会，至今全国各地举办苏轼学术研讨会已达23届。直至2009年12月，苏东坡之名诞生地和东坡文化发源地的黄州，才成立了黄冈市东坡文化研究会，此后，黄州掀起了东坡文化研究的热潮，东坡文化的传承和传播也空前广泛（本书序言中饶学刚教授有较全面的补充概述）。

同时，在全国"以东坡和三苏命名的县市乡镇、机关、学校、企业多达数百个。东坡文化受到人民群众的广泛喜爱，有广大的传承群体，已成为一种文化现象、一种意识形态、一种文化产业"（《中华民族优秀传统文化之东坡文化》）。黄冈市黄州区内以东坡和赤壁命名的学校、街道和餐饮企业、酒店，目前有近10个。黄冈市第二实验小学改名为东坡小学，黄冈唯一的本科院校黄冈师范学院，其文学院改为"苏东坡书院"，黄冈职业技术学院成立了学生社团"东坡文化协会"。黄冈开设多年的"文化大讲堂"，原市长市委书记刘雪荣亲自给全市领导干部讲东坡文化。东坡文化进学校、进企业、进社区活动，在黄州机关、学校和研究会推进。

苏东坡在黄州的经历，及其所关注、思考和反映的问题，涉及广阔的社会人生，对于后世的人们如何面对生活和开创未来，具有多方面的滋养、借鉴和启迪作用。今天结合社会实际情况，传播东坡文化，对于加强中华优秀传统文化的传承和弘扬，培育全民的道德情操，提高群众的文化知识和丰富人民的精神生活，都是极其有益的行动。

说到东坡文化的特质，根据前文深入而广泛地阐述，结合苏东坡一生的成就及其建树，可以总结为几点：1. 具有个人标志性的鲜明的人格魅力：个性乐观、胸怀旷达、修养深厚，有广泛的生活情趣和创造力；2. 具有广博的学科领域，有丰富而全面的文学艺术成就；3. 有悲天悯人的民本思想，有封建时代官员的良知和家国情怀；4. 有广大的仰慕者、研究者，有广泛的传播范围和巨大的影响力。

第二节　东坡文化在黄州形成的原因

苏东坡被贬黄州，仕途受到巨大挑战，人生首次遭受前所未有的挫折，身心受到极其痛苦地磨炼。但是，他秉承中国传统文人"穷则独善其身"的精神，努力自我调适，不仅没有消沉、颓废，反而摆脱身心痛苦，获得了精神解放，

心胸旷达乐观起来，创作获得了巨大的丰收，从此登上北宋文坛及至中国古代文学史的顶峰，形成了处逆境而不馁的人生范式及与贬谪之地共同成全、共同提升的独特的东坡文化。

躬耕东坡，是苏东坡对人生苦难的挣扎和超越，是自我解救的新生之路。他种麦、种茶、酿蜜酒、做美食，进行一场脱胎换骨的改造，产生重燃生命之光的神奇效应，他成了"识字耕田夫"，自号为"东坡居士"。从此，安下心来，想通了人生世事。很自然地觉得"便为齐安民，何必归故丘"。

苏东坡新生了，活得淡然、洒脱、自信。"归去来，谁不遣君归，觉从前皆非今是""我今忘我兼忘世""神仙知在何处？富贵非吾志"（《哨遍·为米折腰》）。劳动不仅创造了苏东坡一家维持生计的物质财富，而且重塑了他"故我，今我""前非""今是"的人生观、世界观。新的观念升华了苏东坡的创作思想，产生一大批高品位的超越时空意义的文学艺术作品。

苏东坡在黄州的生活方式、身心修炼、美食养生、思想机理、创作成就、艺术风格、个性品质、胸怀抱负等等，所有蕴含深厚的人生意味和文化意味形成了影响中华和世界的东坡文化。这一切肇始于黄州，形成于黄州，因此，"东坡文化"不等于"苏氏文化"，也不等于"苏轼文化"。反之，也不能以"苏轼文化"或"三苏文化"代替"东坡文化"。这是东坡文化的特指，既有地域性又不受地域的限制。东坡文化的形成有其地域的因素，东坡文化的内涵却不排斥东坡一生的学识、思想、创作风格、胸怀品德等等的整体性和完美性。

正如饶学刚教授所言："既然东坡地点在黄州，东坡躬耕在黄州，东坡文化始铸于黄州，那么，黄州自然地就成为东坡文化的发祥地。"（饶学刚《"惟有东坡居士好，姓名高挂在黄州"——再谈东坡文化的发祥地在黄州》）东坡文化诞生于黄州，为什么黄州有如此之幸运，承受着苏东坡的成全，使得辉煌灿烂的东坡文化在此形成呢？

苏东坡被贬到了当时僻陋的黄州，使他有机会与黄州结下一段不了的情缘，黄州则因此进入到一个新的文化天地，达到一个更高的文化等级。著名文

化学者余秋雨教授在谈到增加黄冈未来经济社会发展中的文化涵养时说,应做好苏东坡这篇大文章。他在《苏东坡突围》中就说过,苏东坡成全了黄州,黄州也成全了苏东坡。

苏东坡被贬黄州期间,寄情于黄州山水,与当地民众和各阶层人士融为一体,寻找精神寄托;他与山水对话,与自己的心灵对话,升华了自己的人格和情操。苏东坡在黄州完成了人生转折的嬗变,也获得了新生,达到了一生创作的辉煌时期,给黄州留下了一笔巨大的泽被后世的精神财富。

苏东坡晚年自题画像有言:"问汝平生功业,黄州惠州儋州。"不管他所指"功业"内涵为何,但他在黄州确实创下了盖世的"功业",总起来可以四个字概括——东坡文化。其形成原因,大致可从以下几个方面进一步阐述。

一、黄州的地理环境和历史文化给东坡文化形成提供了思想借鉴

黄州虽是僻陋的小州,但南有长江,北有大别山,视野开阔,历史文化沉淀深厚。不是黄州独特的地理环境,历史文化有使人想像的空间,也可能就不会有前后《赤壁赋》和《念奴娇·赤壁怀古》等词赋的诞生;没有兰溪水向西南流去,也就没有"谁道人生无再少,门前流水尚能西,休将白发唱黄鸡"(《浣溪沙·游蕲水清泉寺》)之人生乐观的吟唱。

苏东坡之前为官的杭州、湖州,也有山、有水、有大江和湖泊,却没有"西望夏口,东望武昌"这样的视野;更没有曹操率军南下,"方其破荆州,下江陵,顺流而东也,舳舻千里,旌旗蔽空"以及"故垒西边,人道是三国周郎赤壁……遥想公谨当年,小乔初嫁了,雄姿英发。羽扇纶巾,谈笑间,樯橹灰飞烟灭"这样的历史故事和英雄人物。所以,在杭州任职的苏东坡,虽有吟咏山水风光的《八月十五看潮五绝》《饮湖上,初晴后雨》等名篇,却未有气势磅礴的经典作品问世。当然,为官之时也没有被贬时的人生体验和闲情雅兴;创作思想的成熟、风格的形成,也需要长期的历练和积累。贬到黄州,各种因素

完备，聚焦于东坡一身，岂有不文采横溢，大放光芒。

黄州郡守徐君猷不仅不视东坡为罪臣，还对其尊重和关怀有加，特拨州府东面山坡废弃营地数十亩，任其躬耕其中。这才有了东坡，有了东坡居士的诞生，这是东坡文化产生的必要条件，可以说是首要条件。

东坡躬耕，又使苏东坡与黄州的渔樵杂处，与黄州的老百姓亲密接触，形成莫逆之交。市民、村妇、儿童无一不可与苏东坡成为朋友，他们亲近苏东坡，力所能及地施以援手，帮助苏东坡。苏东坡对帮助过他的人，不论是官员还是老农，都心存感谢，并记之以诗文。

黄州的安国寺、天庆观等佛道场所为苏东坡提供了静修养炼之处。精神之养炼、观念之转变，使苏东坡思绪畅达，儒、释、道融合，具哲理思辨色彩的思想体系建立起来，新的人生观得以形成。有了思想的内核，东坡文化更有古今人生借鉴意义。

二、黄州的生活环境和人生体验，为东坡文化形成提供了有利条件

在黄州，苏东坡的身份与过去大相径庭，在生活和劳动实践中他获得了真知，对人对生活更具真情实感。他的躬耕生活，开荒、种麦、栽茶、种菜、养牛、打井。劳动收获后，他建新屋、酿蜜酒、做美食、交朋友、读书写作。既亲身感受到劳作之艰辛，体会到农夫种田之辛苦，百姓生计之艰难；又享受到了亲手获得劳动成果之喜悦，创作自由之快意。

与过去相比，苏东坡身处民间，生活艰难，但人际关系简单而亲切，没有官场的明争暗斗，身心轻松，为我所属。身心的解放，苏东坡将那如泉涌的才思挥洒成光芒四射的文学艺术作品；安下心来读书，思考对儒家经典的注释和传承，著述《易传》《论语说》等著作；在与友人交往和放浪山水的过程中，思考人与自然与时空宇宙相处相生的人生大问题，思考过去半生仕途所作所为的是非问题。通过创作和著述，苏东坡的哲学思考和新的人生观念寓于其中；

通过全新的生活方式、处世态度和行动实践，苏东坡一贯的思想素养和全新的胸怀性格，得以彰显出来。

对苏东坡在黄州"放浪形骸"的轻快生活，《蒙斋笔谈》有记载："子瞻初谪黄州，布衣芒屩，出入阡陌，多挟弹击江水，与客为娱乐。每数日必一泛江上，听其所往；乘兴或入旁郡界，经宿不返……"。《避暑录话》也说，"子瞻在黄州及岭表，每旦起，不招客相与语，则必出而访客。所与游者，亦不尽择，各随其人高下，谈谐放荡，不复为畛畦。有不能谈者，则强之说鬼；或辞无有，则曰姑妄言之。于是，闻者无不绝倒，皆尽欢而去"（颜中其《苏东坡轶事汇编》岳麓书社，1984年）。苏东坡在岭表的贬居生活，则应是黄州的延伸。

苏东坡在黄州能有如此的生活和心境，能出如此辉煌的文学艺术成就，用余彦文先生的话说，"其外在因素有四端：一地利，二人和，三家安，四朋友真情"（《东坡文化涵盖雏议》P4）。以此看苏东坡居黄的景况，可谓得天独厚。苏东坡离开黄州后，于元丰七年十月二十六日有《书韩魏公诗后》，开头就说："黄州山水清远，土风厚善；其民寡求而不争，其士静而文，朴而不陋。虽闾巷小民，知尊爱贤者，曰：'吾州虽远小，然王元之，韩魏公尝辱居焉。'以夸于四方之人。"(孔凡礼点校《苏轼文集》第68卷P2155）苏东坡感叹黄州人："岂其遵德乐道，独异于他邦也欤？"他以王禹偁和韩琦二人离黄数十年仍被记念的事，赞美黄州民风纯朴，人民敦厚善良，修养深厚，知尊爱贤者，也是他深感居黄人文环境舒适惬意的要素。所以他自称为黄州人，说："谪居于黄五年，治东坡，筑雪堂，盖将老焉，则亦黄人也。"苏东坡贬黄州时，将官居宰相的韩琦57年前因家贫随兄长居黄读书时写的诗收集刻石，"以为黄人无穷之思"。此为其跋文，结尾处苏东坡还幽默地说："而吾二人者亦庶几托此以不忘乎？"只此一端，足见苏东坡对黄州及黄州人极其感念；苏东坡贬居黄州，"地利""人和"都有，这是成其大者最主要的条件。

至于说"家安"与"朋友真情"，更是一向如此。苏东坡一生仕途坎坷，家里亲人先后多人离去，但他生活方面还有许多美好情感的：妻贤子孝，兄弟

和睦；朋友相交，皆亲如手足，可托生死，能同患难。贬居生活虽然十分清苦，然苏东坡的家庭和睦，使艰难的日子也过得非常舒心、温馨、和美而有情趣。《二红饭》记录了苏东坡黄州生活中的一件小事，可以看出苦中有乐。元丰五年夏，东坡收获20余石大麦，舂成麦米煮成饭，"嚼之啧啧有声。小儿女相调，云是嚼虱子"。后"杂小红豆作饭，尤有味，老妻大笑曰：'此新样二红饭也。'"（《仇池笔记》P236）可见儿女妻子对黄州的生活也能甘之如饴，这对落难中的苏东坡是最大的安慰。在手足情上，他与弟弟子由向来感情甚笃。子由仅来黄一次，但兄弟两人唱和、书信不断。度过了最初一段忧谗畏讥、孤寂苦闷的贬居生活后，苏东坡慢慢平静了心绪，解放了思想，与外界朋友的交流也多起来。与黄州的名医、寺僧，书生，如庞安时（常）、继连、潘大临、古耕道、郭兴宗、李委及江对岸武昌的王齐愈、王齐万兄弟，相熟相知。与新老挚友陈季常、黄庭坚、秦少游、张文潜、文与可、王定国等书信往返，诗文唱和，心情越来越好。和谐的人际关系，加之笔耕勤奋，故其弟弟子由说苏东坡到黄州后，"其文一变，如川之方至"。苏东坡居黄期间，特别是元丰五年后，其诗词文赋和书法绘画都达到了新的高度，东坡文化的坚实基础扎根更深厚。

孟子有言"天时不如地利，地利不如人和"。被贬黄州，对苏东坡而言不是好天时，但黄州有地利，为东坡提供了适得其所的环境。苏东坡得到了诗情画境的自然环境和人情和乐的人文环境，在贬谪处境下的生活样式、人生范式，只有在如此轻松舒适的环境下形成。假使环境恶劣，人文浅陋，"风霜刀剑严相逼"，生存环境雪上加霜，就算苏东坡再有才华，思想和学识再深厚，胸怀再旷达，能否达到其各项成就的高峰，也未可知。

三、勤奋而高品质的创作，奠定了东坡文化坚实的基础

苏东坡在黄州是闲职，被监管居住，既是政治的失意，也是创作的幸事。无案牍之劳烦，无公事之牵绊，正可以随性而为，做他平生最快意的写文章之

事。所以，虽因诗惹祸，但苏东坡贬到黄州，不仅创作从未停止，且出品丰富而精彩，诗作也不少。

在来贬地途中，一踏进黄州地界，眼见黄州风物，苏东坡就忍不住要赋诗。到达麻城春风岭，看到寒风中梅花开得精神抖擞，苏东坡便吟诗《梅花二首》。诗人品格性情尽付笔墨之中，梅开"草棘间"似被人遗忘，很容易使被贬来黄州之人联想到自己的身世和境遇，然伤而不悲，"幸有清溪三百曲，不辞相送到黄州"。以梅花慰藉自己孤寂之心，清代著名学者纪晓岚评苏东坡此诗"落字生情，奇幻"。

在麻城万松亭，苏东坡见十年前县令张毅于道旁所植万棵松，大多已被砍伐，少有成材的大树，因感慨而赋诗曰："十年栽种百年规，好德无人助我仪。县令若同仓庾氏，亭松应长子孙枝。天公不救斧斤厄，野火解怜冰雪姿。为问几枝能合抱，殷勤记起角弓诗。"诗人自注："一年之计，树之以谷；十年之计，树之以木；百年之计，树之以德。"可见诗人在当时情境之下，所思所感仍在于社会风气和民生利益。

行至麻城歧亭，被老友陈季常接到家中，见其所蓄《朱陈嫁娶图二首》，想到朱陈村良俗和如今的世风，便赋诗二首。此时的苏东坡所关注的仍是风俗和民生。到黄州后，他写《初到黄州》诗，看到的是"长江绕郭知鱼美，好竹连山觉笋香"的美好，而不是对当时黄州偏僻简陋的失望。

随着居住时间的推移，接触黄州人事、风物的广泛，及其自我调适和修炼的深入，苏东坡对自然、社会、人生的认识有了很大的改变，其思想境界和胸怀品德都得到升华，内在各种美好的潜能源源不断地喷涌出来，和谐地统一于他的创作之中。苏东坡在黄州四年多时间，躬耕、游览、交友、静修，第三次手抄《汉书》，注释儒家经书，还创作了750余篇诗词文赋，可见其勤奋不辍。仅到黄州的第三年（即元丰五年，公元1082年），他的诗、词、文、赋，名篇纷呈。更重要的是标志着东坡创作高峰的文学作品，赤壁"二赋一词"诞生了，标志其书法代表作、被誉为天下第三大行书的《黄州寒食诗帖》也诞生了。

《赤壁赋》对人生的认识，对人与自然、人与万物的关系的透彻理解尤为完善，表明他思想的成熟，新的世界观和人生观的形成。这些创作成为东坡文化的重要组成部分。

"客亦知夫水与月乎？逝者如斯，而未尝往也。盈虚者如彼，而卒莫消长也。盖将自其变者而观之，则天地曾不能以一瞬；自其不变者而观之，则物与我皆无尽也，而又何羡乎？且夫天地之间，物各有主，苟非吾之所有，虽一毫而莫取。惟江上之清风，与山间之明月，耳得之而为声，目遇之而成色；取之无禁，用之不竭。是造物者之无尽藏也，而吾与子之所共适"（《苏东坡黄州名篇赏析》P166）。这哲理的思想火花，是人生智慧的结晶，让古今多少迷茫徬徨之人警醒。自然万物变与不变的道理，对个人如何处世、如何对待生死得失是无声的告诫和警示，如苏东坡之智慧和修养者才能悟得，并准确地表达出来。如此思想境界、精神情怀便是苏东坡创作灵感的源泉，此乃东坡文化的精神内核。

第三节　东坡文化的兴盛

苏东坡之名是经过黄州洗礼之后诞生的，苏东坡的人生成就大气磅礴，气势凌云。他很多的品质在黄州历练而成，或自黄州始养成，在离开黄州后的任职和贬谪生涯中融化、提升、完成整体而完美的个性品质、人生感悟、文化成就。当然，黄州之前的家庭教育、官场历练、文学成就和思想品性等等，是他整个一生的积累，任何时候都不能割裂和否认。但是，作为有东坡特殊内容的文化现象，始形成于黄州。东坡文化形成和发展始于黄州，而完善成熟于苏东坡后期在朝廷及地方为官和被贬的整个人生历程之中。因此，苏东坡诞生之后不只属于黄州，东坡文化也随其人生轨迹而传至所到之处，其声名更不受时空的限制，传遍神州，传到世界很多地方。

2015年，苏东坡家乡的政府官员、中共眉山市委书记李静曾说："苏东坡不仅是千古大文豪，更是从政为民的典范。不论是他为官的卓越事迹，还是诉诸于文字的思想，观点和方法，都为后人提供了有益的借鉴，被历代遵循、传颂和敬仰。""观苏东坡一生，做过皇帝的老师，历任三部尚书，转知八州，贬谪四地（三地），与文人雅士、道士僧侣都有过莫逆，同百姓亦有鱼水之情。（如苏东坡所言）'吾上可陪玉皇大帝，下可陪卑田院乞儿'。他将丰富的人生经历和思考，凝练成字字珠玑的文字，让我们在赞叹酣畅诗词的同时，领略他的人生哲理"。李书记还极称道苏东坡这位"千古第一文人"，说"他的豁达、激情、哀伤、苦郁，每一种心境转变为感悟时，都成为中国人永恒的心灵映射"（方永江《苏轼"立人"》（前言））。这个概述很好，虽然是对人而言，却也是东坡文化应有的内容，而且说的是苏东坡，而不是苏轼。

司马迁在《报任安书》中有言："盖文王拘而演《周易》；仲尼厄而作《春秋》；屈原放逐，乃赋《离骚》；左丘失明，厥有《国语》；孙子膑脚，《兵法》修列；不韦迁蜀，世传《吕览》；韩非囚秦，《说难》《孤愤》。《诗》三百篇，大抵贤人发愤之所为也。"传世之作都倾注了作者的心血和泪水。苏东坡的一些创作可看作如司马迁所言的"发愤之所为"，同样是他心血的结晶。这也是东坡文化在黄州形成的基础。因为文艺作品是文化之载体，是作者创作风格、思想个性、胸怀品德的载体，是后人学习、传承的精神榜样和蓝本。

苏东坡本人在黄州留下了宝贵而丰富的文化遗产，而因他衍生的名人文化也丰富多彩。慕东坡之名而来黄州东坡赤壁的文人学者、社会贤达、甚至高官显贵，数百年来数量众多，留下的精神文化财富不可胜数。他们仰慕东坡，吟咏赤壁，留下了诗文墨宝，为黄州留下丰富的文化精品。而与苏东坡同时代及后代的本籍人士，继潘大临之后，有何景明、王廷陈、梅国桢、朱日濬、顾景星、陈大章、石昆玉、陈诗、陈沆、王葆心等，他们赋诗赤壁，歌颂东坡，也留下一批文化遗产。尔后，陈诗还著《东坡居黄考》，汪筱舫编纂了《黄州赤壁集》，杨守敬支持杨寿昌精选东坡书法刻《景苏园帖》126块，并成为东坡赤壁镇馆之宝。

　　苏东坡离黄后，潘大临、陈季常就雪堂创办"雪堂书院"，开黄州府书院之先。明代中期黄州知府主持修建和改建了东坡书院，黄州府教育、人文从此兴盛，因东坡遗风而兴的黄州文化事业发展壮大。1982年在黄州召开了第二届全国苏轼学术研讨会，黄州成立东坡赤壁诗词学会，数十年来发展会员千余人；诗社创办《东坡赤壁诗词》，办刊40余年，诗友遍布全国及海外华人。黄冈市另建有东坡画院、东坡书法协会。

　　东坡文化的内涵丰富多彩，外延涉及范围广泛，其影响遍及全国各省市和世界一些国家和地区。东坡文化与当前学校教育、社会文明建设和经济社会发展日益融合，发挥着越来越重要的作用。如与旅游事业融合，不仅可以开发和利用其遗址遗迹作为旅游景点；还可以开发大量的东坡文创产品，如诗词字画及各类具有东坡文化特征的物品；东坡美食，已开发研制出数十种，不只是旅游景区可享，平常街市、酒店、饭馆都有客人喜爱的东坡菜品。

　　为加快发展东坡文化，打造黄州城市文化名片，2009年12月，在黄冈市委市政府支持下成立了黄冈市东坡文化研究会，2010年10月召开"东坡文化国际论坛"。自2011-2014年先后召开"东坡遗址遗迹论证研讨会""苏东坡来黄州930周年纪念会""二赋一词创作930周年学术研讨会"和"纪念苏东坡别离黄州940周年学术研讨会"等关于东坡文化研究的学术活动。苏东坡在黄州的创作、故事和美食已出版的书籍有：《苏东坡黄州作品全编》《苏东坡在黄州》《东坡传说故事集》《苏东坡黄州五年间》《苏东坡传奇》《东坡菜与小吃》《东坡咏物食珍》《东坡美食》《苏东坡诗词意境组雕》等，另有东坡诗文研究专集及东坡赤壁研究专著，如《苏轼黄州诗文评注》《苏东坡黄州名篇赏析》《走近三苏》《苏子语典》《黄州东坡赤壁文化》《黄州赤壁》及《赤壁志》等，还有研究论文集《东坡说东坡》《觅迹千年》《千载情怀》《苏公遗爱》《东坡文化研究优秀论文选》《苏东坡的家国情怀》，等等。

　　2016年9月7日上午，以"黄州文峰传千古，翰墨东坡话禅缘"为主题，举行的第七届(黄冈)东坡文化节、黄州东坡禅学研讨会，在黄州安国寺和宝

塔公园景区隆重开幕。省民宗委副主任熊华启、省文联主席熊召政出席并讲话，市委常委、统战部长王立兵致辞。市委常委、宣传部长陈继平，市人大常委会副主任何东英，市政协副主席黄正林和相关部门负责人、友好城市嘉宾代表出席。本次研讨会为期两天，主要目的是深入贯彻落实习近平总书记在全国文艺工作座谈会和全国宗教工作会议上的讲话精神，深入推进黄州地域多元特色文化融合发展，发扬光大东坡文化、禅学文化，增进黄州发展的文化底蕴。借助东坡文化的引领作用，把东坡禅学研讨活动办成富有黄州地方特色的节庆会展品牌（《黄冈日报》2016-9-8）。2017年11月，黄州历史文化学会和安国禅寺联合开办"文峰黄州·苏轼经典高级研修班"，采用集中研学和游学相结合的形式，对苏东坡经典著作深入研读，对苏东坡宦游足迹进行田野考察，对东坡文化进行深入挖掘，研修班主持人谈祖应先生主持编写出版了"黄州·东坡文化研究典藏系列丛书"：《苏东坡与黄州》《苏东坡黄州逍遥游》《苏轼儒学十说》等。

对苏东坡黄州作品及东坡文化有较广泛深入地研究的专家学者，老一批专家主要有丁永淮、梅大圣、饶学刚、涂普生、王琳祥、余彦文、吴洪激、谈祖应、史智鹏等；近十余年来除原有的研究专家外，主要的研究者和传承及传播者，有释崇谛、李林、方星移、陈志平、胡燕、郭杏芳、刘红星、付景芳等等。黄州东坡文化研究，成果初显。黄冈市东坡文化研究会换届以后，会长孙璜清、副秘书长冯扬等，他们除编辑出版会刊《苏东坡文化》，更关注苏东坡遗址遗迹的考察和东坡文化旅游区的建设。黄州的东坡文化研究及文旅融合，遂出现新的局面。

黄州有关东坡文化的物化成果，除东坡赤壁公园的维修和扩建外，为打造东坡文化名片，在黄冈市委市政府组织和支持下，修建了以东坡文化为主题的遗爱湖公园及其苏东坡纪念馆和东坡外滩。在黄冈市"十四五规划"中写进了与东坡文化有关的实体建设与旅游事业发展的相关内容，"东坡文化旅游区"建设项目，已规划完成，正在建设实施过程之中。2013年至2019年，黄冈市

申报的《苏东坡传说故事》《东坡肉》《东坡饼》荣列《中国非物质文化遗产名录》和《湖北省非物质文化遗产名录》；黄州又被国家文化部有关部门和中国餐饮酒业协会评定为"中国黄冈书法之城""中国黄冈中华诗词之市""中国黄冈东坡文化之乡""中国黄冈东坡美食之乡"。至此，黄州东坡文化研究和传播的成果与物化建设目标基本形成。在全国，众多省市纷纷举办有关苏东坡纪念性学术活动和东坡文化研讨活动，东坡文化蓬勃发展起来。

自2000年，苏东坡名列全世界12位"英雄"之一。从此，他就不只是黄州、惠州、儋州和眉山的，也不只是中国的，而是世界的；东坡文化也不只是中国古代优秀传统文化，而是传播世界的中华优秀文化的代表。日本有地方，每年农历七月十六日夜晚，举行泛舟游览活动，以纪念苏东坡当年黄州赤壁泛舟。

四川眉山"东坡文化网"2019年10月8日登载记者郭侨的文章《千载东坡 从本土走向世界》，以介绍东坡文化从起源到发展的过程，向新中国成立70周年献礼。开篇说："东坡文化作为一面大旗，代表着眉山文化发展的整体水平。而东坡文化节则是眉山东坡文化的集中展示。70年发展之路，东坡文化紧随社会的脚步不断向前。从民间到官方，从本土到世界，不断扩大的规模与影响力，让每一届东坡文化节都显得那么掷地有声。""而今日的东坡文化，也以更加自信的面貌迈向世界文化之林"。

眉山是苏轼的出生地，黄州则是苏东坡之名和东坡文化的诞生地，当然，苏东坡的老家同样可以说是东坡文化最初的源头。就东坡文化本身而论，不论是中国还是世界，的确在不断地传承和发展。从传承和传播东坡文化的目标来说，我们的意愿是一致的。

郭侨的文章以"从民间活动到官方庆典""从地区传播迈向国际舞台""从一市主办到多市联办"几个方面介绍了自宋代至今，民间和官方对苏东坡和东坡文化举办了多种形式和规模的纪念和传播活动。特别是2007年眉山市首届东坡文化节和2017年第八届东坡文化节，办得隆重而盛大，影响也是巨大的。在此，不妨作为东坡文化典型活动记录下来。

第三章 东坡文化在黄州的形成和发展

文章说:"2007年,为纪念苏东坡诞辰970周年,11月18日至25日,眉山市举办了首届"中国·眉山东坡国际文化节"。眉山市与中华民族文化促进会、中国苏轼研究学会联合主办的这次文化节,是为了保护、发掘、继承、弘扬人类共有的优秀传统文化。此届"东坡国际文化节",吸引了众多海内外朋友,包括联合国教科文组织专员、海峡两岸的三苏后裔和苏学专家、苏东坡遗址遗迹地城市代表近3000人参加了为期一周、热闹非凡的文化节活动。本届文化节还将弘扬和保护好东坡文化遗产这项伟大使命,白纸黑字地记录了下来。在文化节开始的第二天,参加活动的各界代表400余人,共同发表《东坡国际文化节眉山宣言》,提出"合作发展,和谐共进"是中国·眉山东坡国际文化节的主题。围绕主题,将继承好、保护好、弘扬好东坡文化,坚持在继承中创新,在弘扬中继承,不断赋予其新的内涵,永葆民族性,体现时代性。以后将定期举办形式多样、内容丰富的东坡文化学术研讨活动,不断出新成果,不断增强东坡文化的国际影响力。

此次文化节,四川眉山、眉山青神、湖北黄冈、广东惠州、海南儋州、河南开封、陕西凤翔、浙江杭州、山东诸城、江苏徐州、浙江湖州、安徽阜阳、山东蓬莱、江苏扬州、河北定州、河北栾城、江苏宜兴、江苏常州、河南郏县等19个东坡遗址遗迹地城市形象在眉山集中亮相,还举办了"东坡遗址遗迹地十九城市文旅发展研讨会",发布《东坡文化之旅发展联盟眉山倡议》,进一步推进东坡文化与旅游的融合发展。从此,全国性东坡文化发展态势初步形成。

在黄州,东坡赤壁公园和东坡文化主题公园——遗爱湖公园的修葺和修建,东坡文化已然成为黄州亮丽的城市文化名片,而且黄州与全国各地的东坡文化研究和文化产业的开发逐渐连成一体。

自2010年始,因为苏东坡,湖北黄冈与四川眉山、广东惠州、海南儋州,紧密联系起来,四市结成联盟,相约轮流举办东坡文化节。2017年恰逢苏东坡诞辰980周年,11月23日,由四川省文化厅、眉山市政府共同主办的第八届（眉山）东坡文化节开幕式在眉山举行。此次东坡文化节，也是眉山市与黄冈（黄州）、惠州、儋州四市轮流举办东坡文化节以来第二次在眉山举办。后来山东诸城加入联盟，五市人民政府于 2019 年 11 月 23 日签订友好合作框架协议，相约自 2020 年起轮流举办东坡文化节，努力打造东坡文化品牌，促进五地文化旅游产业跨越式发展。

黄冈因疫情而推迟一年，依约定，第十一届东坡文化节于 2021 年 11 月 28 日在黄州举行。五市领导和嘉宾相聚黄州，29 日上午召开了东坡文化专题研讨会。此次东坡文化节持续至 12 月 1 日结束，五城联盟会旗传给下一届举办城市眉山。2022 年 11 月 18 日，第十二届（眉山）东坡文化节如约举行。在开幕式上，包括联盟城市在内的 18 个东坡遗址遗迹地城市主要嘉宾共同宣读倡议书，倡导以东坡文化为纽带，以传承和弘扬东坡文化为主旨，不断夯实文化根基，坚定文化自信。会上常州市加入联盟，六个城市共同签订友好合作框架协议，仍约定轮流举办东坡文化节，共同传承和弘扬东坡文化。

近十年来，每年腊月十九，苏东坡诞生日，全国不少地方，如黄州、眉山、惠州等地举行"寿苏会"，以此纪念苏东坡寿辰。其他不定期的，有关苏东坡的纪念活动、各种规模的东坡文化论坛，也在东坡曾经行踪所涉之地、甚至未涉足之地举行。2023 年春节，黄冈以黄州遗爱湖公园和东坡赤壁公园为主场举办"东坡庙会"，包括文艺会演、龙灯会、地标美食展，直到春梅绽放，游园赏花。周边游客纷纷前来游玩、购物、赏花。此次活动时间长，影响广泛。这些都是中华优秀传统文化——东坡文化，创造性发展、创新性转化的成功事例。2023 年 2 月，海南海口举行了首届东坡文化高端国际论坛；2023 年 4 月 15 日第 25 届全国苏轼学术研讨会，在四川宜宾举行。东坡文化成为全国苏学界共有的名称，东坡文化作为一种有代表性的中华优秀传统文化在全国兴盛起来。

第四章 东坡文化对黄州文化的影响

要了解东坡文化对黄州文化的影响，首先应该简要了解一下苏东坡来黄州前后，黄州的文化状况和变化。古人说，盛世编史。文化是一个民族的血脉，是一座城市的灵魂。为了全面展现黄州文化事业兴起和发展的总体情况，2018年，黄州区政协文史资料委员会组织编纂了《黄州文化简史》。史智鹏先生为执行主编（总纂），另有20余人参加编写，历时2年余，至2020年底告竣，2021年3月由湖北人民出版社正式出版。这是黄州区政协首次编辑出版的大型系统性文史书籍，力求实事求是、内容严谨，使其成为存史启后的文化精品。据此书记载，黄州的历史文化可追溯至6000年前螺蛳山新石器时代。至战国，是黄州古代文化奠基时期，魏晋南北朝是文化大融合时期，隋唐是文化初兴时期，宋代是第一个文化高峰期，元代是文化发展低谷期，明清是第二个文化高峰期，清末民国是现代文化勃兴期，新中国成立后是社会主义文化繁荣期（《黄州文化简史》绪论）。

与全国一样，20世纪八十年代以来，黄州历史文化进入改革开放的新时代，21世纪随着新时代中国特色社会主义建设的到来，全国人民朝着实现"中国梦"这个伟大目标前进，文化事业进入一个全新的多元化的发展时期，黄州文化事

业也进入蓬勃发展的新时代。

宋代黄州文化出现第一个高峰期,当然绕不过苏东坡和东坡文化这个高峰。北宋苏东坡之号自黄州诞生以来,其人文和文化影响力一直持续发展,本章内容试围绕东坡文化对黄州文化的影响来展开,但展开之前有必要先了解梳理黄州城市文化发展的总体概况。

第一节　黄州文化的兴起和发展

本节标题所说的黄州文化的兴起和发展,黄州指的是现在黄州区管辖范围内的黄州市区,与北宋苏东坡居黄州时期的行政区划的管辖范围肯定不一样,但苏东坡贬居于黄州,当时居住、躬耕、创作等主要活动就在黄州。所以,黄州城市文化发展,此指黄州城区范围内的文化发展进程及概况。

据黄州区人民政府网《黄州概况》及黄州区地理位置介绍:

黄州区隶属于湖北省黄冈市,位于长江中游北岸,湖北省东部,黄冈市西南部,东临巴水(浠子口至巴河口),与浠水县相邻;西南滨长江,与鄂州市相望;西北接团风县(抵罗家沟),东北与团风县回龙山镇、上巴河镇接壤,总面积353.03平方千米。据第七次人口普查数据,截至2020年11月1日零时,黄州区常住人口456862人。黄州距武汉60公里,为湖北省黄冈市委、市政府和黄州区委、区政府两级政府所在地,是黄冈市政治、经济、文化中心。黄州历为"州""府""县"驻地,向有"古名胜地,人文薮泽"之称,具有灿烂的历史文化和丰富的人文、自然资源,区内有东坡赤壁、禹王城、安国寺、青云塔等众多人文景观和文化遗产。

此"黄州概况"是站在当代黄州的角度而言的,从黄州历史文化的兴起和发展来说,黄州历史悠久。战国后期,楚考烈王八年(公元前255年)挥师北上,灭山东境内的邾国,迁其君王、贵族来黄州,始在此筑邾城居住,并设邾县。原邾国的邹鲁文化随之传至此地,鄂东城市文明之根从此生发。秦汉时

第四章　东坡文化对黄州文化的影响

期，黄州被秦始皇和汉武帝先后设为郡国之治所，一度成为湖北第二个政治中心。但这主要是军事和政治意义上的原因，文化上并未有闪亮之发展。此后数百年，历经三国两晋南北朝至隋代统一，政治上分分合合，文化上乏善可陈。

据《黄州文化简史》（绪论），至唐代，黄州文化进入初兴期。唐会昌二年（842）杜牧任黄州刺史，此时此地仍为下等州。其文化状态，东汉初大量移入南郡蛮、巫蛮形成的"五水蛮"，后有大量中原百姓迁入，至隋初基本完成了民族融合。杜牧时，黄州文化已与中原文化融为一体。如其所言"古有夷风，今尽华俗"，这种状况奠定了黄州文化发展的基础。唐初黄州形成了以儒学为主体的文化意识，兼有道教、佛教及城隍信仰的文化格局。唐贞观年间（627-649），黄州建有玄妙观，唐高宗显庆三年（658）僧人惠立在黄州创建"护国禅寺"。据杜牧《祭城隍神祈雨文》可知，当时黄州已有城隍庙。300多年后的宋代，宋真宗大中祥符二年（1009），玄妙观改为天庆观。苏东坡贬黄州后，曾在此闭关修炼49天。

杜牧是唐代最有影响的黄州刺史，他的咏史诗"折戟沉沙铁未销，自将磨洗认前朝。东风不与周郎便，铜雀春深锁二乔"。揭示了黄州深厚的历史底蕴，黄州第一次以"文化黄州"的身份走向全国。与杜牧同时代的诗人诗作还有元结的《西阳城》、赵嘏的《齐安早秋》、方干的《过黄州》。比杜牧早半个世纪的唐代著名诗人李白，也来过黄州，并留下诗作《赤壁歌送别》："二龙争战决雌雄，赤壁楼船扫地空。烈火张天照云海，周瑜于此破曹公。君去沧江望澄碧，鲸鲵唐突留馀迹。——书来报故人，我欲因之壮心魄。"李白此诗就认为赤壁之战在黄州。

如果说外来文人和官员为黄州留下了诗作，促进了黄州文化初兴。那么，黄州本地出的文人官员，使黄州文化发展有了更坚实的基础。从汝南移入的周氏家庭，为黄州文化的跃升注入了新的重要元素。中唐，周墀、周万两位进士及第，打破了隋代开科取士以来进士榜上黄州为零的状态。二周都有诗文传世，且周墀身居宰相之位，是当时政界公认的忠直之臣。他不仅向世人展示了黄州人良好的形象，还为中国儒家文化经典的保护和传承做出了标志性的贡献。身为宰相的周墀，受唐文宗之旨，领衔组织一班人对儒家经典进行整理、审校，而后刻石。因始于唐文宗李昂大和七年（833），成于开成二年（837），故名"开成石经"。经石共114块，计228面，刻经文65万余字，儒家"十三经"，"开成石经"刻了十二经，只剩下《孟子》一部未刻。刻石目的是为了保证儒家经典的准确性和权威性，可说是科举考试时代的"高考教材"。经石立于唐首都长安务本坊国子监太学，至今仍在西安碑林，保存完好，是研究中国儒家经书的重要文献。

不论是李白、杜牧等外来诗人，还是本地科举及第走上仕途的周氏高官，他们对黄州文化的兴起和发展都作出了重要的贡献。但是，直至宋代，黄州文化才出现第一个高潮，可以说，黄州文化的兴盛在宋代、尤其是苏东坡贬此居住之后。

据《黄州文化简史》（绪论）：宋代黄州有"两大高地"，以二程（程颐、程颢）"理学"和苏东坡《易传》《论语说》"情本论"为代表的中国哲学高地；以王禹偁、苏东坡、张耒、黄庭坚、潘大临、潘大观、何斯举为代表的中国文学高地。"三大亮点"：其一，南宋黄州诞生了一位战略家吴伸。其二，音乐成就。苏东坡在黄州，根据民歌著有《鸡鸣歌》。据研究"鸡鸣歌"应是"哦呵腔"和"二黄"最原始的音乐源头。据饶学刚教授考证，"鸡鸣歌"还是英山、罗田、团风等地的高腔山歌。而与苏东坡同时代的进士李委，是黄州有记载的第一个作曲家、演奏家。其三，开创了教育事业全面发展的新局面。黄州儒学学宫始建于北宋初年，设在黄州文宣王庙内，年久失修，后王禹偁重修文庙，重开州学。庆历二年（1044）黄州第一次设置正式教育官员——教授，官方办学，训导生徒。苏东坡在黄州的朋友潘鲠在东坡来黄州的前一年（1079）中进士，之前一直在黄州居乡教授生徒，常至百余人，此为黄州有记载的第一所私学。元丰七年，苏东坡离开黄州，将雪堂委托潘大临、陈季常开办学堂，教授生徒，办起黄州第一座民办书院——东坡书院。南宋宝祐六年（1258）黄州知州李节,始建第一所官办书院——河东书院,名列全国22所著名书院之一。

文化的最大意义是社会教化和群众娱乐,也是国家精神文明进程所必需的,其内核需要意识形态及其理论体系的支撑。民国以前,中国主体思想意识是儒家的,但与之前相比,宋代有很大的发展,产生了儒学理论体系。在儒家思想发展成理论体系的过程中,黄州有两位本土思想家及其理论,在全国影响较大,这就是"二程"的"理学"。二程理学将传统儒学由伦理学升华为哲学,构建了一个新的理论体系。

出生于黄州的程颢、程颐(二程)在对孔孟儒学继承的基础上,创造性地提出了"天理说",创立"理学"。理学认为儒学的仁义礼智信,属于天理的范畴,未有天地之先就存在。天地生人,天理转化为人性,人性善,是天理,而天理不可违。荀子就有"不逆天理,不逆物情"之说。二程的天理论认为,天地由理气构成,人性具有"天地之性""气质之性",天地之性全善;而气质之性则有善与不善之分,因为气有轻浊之分,轻者为善,浊者为恶。"天理说"解决了孟子提出"人性善"却未能回答为什么有的人性恶的问题,也解决了孔子提出人道是对天道的仿效,却未能回答不仿效会如何的问题。二程将天理赋予了丰富的哲学内涵,为中国人建立道德哲学,确立道义自觉。宋代的文人士大夫以二程为代表,着眼于为天地立心、为生民立命,为人们确立伦理道德。他们为封建社会的道德重建作出了重要贡献。

二程所创的理学,使儒学成为一门具有本体论支撑的、自洽的理论体系,使儒学从政治和学术两个方面奠定了封建王朝主流意识形态地位。二程的"气质之性"学说,得到了宋代另一位理学家朱熹的赞同,朱熹还将程颐的"性即理"观点发扬成"程朱理学"。他们的哲学从此影响了中国的历史,南宋理宗时,程朱理学被确立为官方意识形态,纳入科举考试内容。二程在对"理"的论述上有差别,程颢与程颐的"性即理"不同,主张"心即理",程颢的观点被陆九渊、王阳明发扬为"陆王心学"。"程朱理学"和"陆王心学"两大学派一直贯穿于明清社会和思想界。

北宋被贬黄州的苏东坡在儒学方面也有他的见解和理论阐述，苏东坡的儒学观点，主要寓于他在黄州注释的儒家经典《易传》和《论语说》等著作及其他书信和文章中。苏东坡的儒学观与二程的理学观是对立的，他曾与程颐展开过辩论；南宋时朱熹严厉批评苏东坡的儒学观，因为苏东坡针对"天理说"提出"人情说"。二程认为天理是价值主体，苏东坡认为人是价值的主体；二程认为儒家道德规范是天理，是客观存在的，不可更改，苏东坡认为儒家道德规范以"人情"为本，是为了满足人的合理的情感需要而产生的。随着时代的变迁，人们的情感、生活方式会发生变化，道德规范也应随之改变。虽然苏东坡的观点是发展的观点，更符合社会现实和自然变化规律。但自南宋至元明清，在以程朱理学为官方意识形态的大背景下，苏东坡的儒学观却被忽视。苏东坡的哲学思想和对儒家思想的阐述还值得深入研究，他的《易传》《书传》《论语说》是他本人非常看重的，从海南返内地，过海遇险，他最担心的是他倾注一生心血的三部著作。我们对东坡文化的研究，其文学艺术作品蕴含了苏东坡的文学思想及才情和感情，而注释儒家经典的著作，却更能了解苏东坡的儒家思想核心和理论主张。

从文学创作来说，继中唐开始的"古文革新运动"，宋代得到更有力地推进，并完善。苏东坡是继欧阳修之后的北宋文坛领袖，他扛起了这面大旗，力主文章革新，并以丰富的创作成果实践了他的主张。在黄州的创作更能体现东坡文章的特色，内容上不作无病之呻吟，形式上文风朴实自然。从文学创作和作品质量来说，北宋时期的黄州，文峰隆起。苏东坡本人创作的高峰在此，他的后继者"苏门四学士"，都来过黄州，并留下了文化珍宝。文学史家章培恒认为"如果没有苏轼，宋代文学将会平淡很多"。那么是不是可以说，如果没有苏东坡，黄州文化会失去许多耀眼的光芒。

众所周知，苏东坡本人堪称文学艺术创作的全才，在诗、词、文、赋和书画各方面，成就突出，很有代表性，与同时代或其前后辈的诗人、词人、文人、书法家都有并称，如"苏黄""欧苏""苏辛""苏黄米蔡"等，绘画也有"文

苏"（文与可）之称。苏东坡在黄州贬居四年多，创作诗文作品750余篇，平均每两天有一篇作品，还不算他三抄《汉书》，著述《易传》和《论语说》。苏东坡确实是高产的作家，而且他还广交朋友，畅游山水，不得不说他的确是一位才华横溢的作家。正如余秋雨先生所形容的，苏东坡那些光辉灿烂的文学作品，尤其是"两赋一词"，犹如一道天光照射到黄州，黄州的文学闪亮登上了全国文坛之巅，黄州的文化从此进入一个新的等级，黄州古城也跻身于南宋以来的文化之州。

苏东坡去世后，苏门四学士中的黄庭坚、张耒在文坛上影响最大，特别是以黄庭坚为领袖的"江西诗派"在文坛崛起，影响直至南宋陆游等四大中兴诗人之前。"江西诗派"三大重镇：豫章、黄州、汴京，该诗派25位代表人物中，黄州有三位：潘大观、潘大临、何斯举。黄庭坚是苏东坡的门人，诗歌创作上与其并称，二潘是苏东坡在黄州的朋友，他们的诗歌与苏东坡肯定有传承关系。不仅如此，宋代黄州，名宦相继，文章道德，双辉交映。与苏东坡贬黄同时期或前后，有文名有政声的，不是一两位，徐君猷被苏东坡称为"遗爱守"，通判孟震被苏辙敬为"君子"。宋代的黄州，人文荟萃，文化逐渐兴盛。

元代，蒙古族官僚贵族操权，既不重视科举考试，还实行民族歧视政策，汉人仕进之路狭窄而地位低下，黄州文化进入低谷期。明代重建儒家文化正统地位，重视办学，恢复科举选士；清代也继续以儒家文化为正统，延续了科举取士的政策。明清时代，黄州人口持续增长，经济、文化和教育事业也有很大发展。明清两朝进士及第，黄冈县就有200余人，名宦、名人和名家也不少。明代有"黄冈三杰"：抗倭烈士奚世亮，名士王廷栋，小说名家王同轨。同时还有"七大名宦"，一位丞相，六位尚书。其中学问、事业、政绩显赫的有：吏部尚书詹同，户部尚书王廷瞻，吏部尚书吴琳。清代黄州，文有"四杰"：状元刘子壮，顺帝帝师曹本荣，"诗圣"杜濬（杜茶邨），"草圣"探花程明超。刘子壮学识渊博，著有《屺思堂集》传世；曹本荣与人合著《易经通注》，被奉为圭臬；杜濬诗名较高，然科举不顺，隐居南京，崇尚名节，其文

学成就主要在诗学和戏剧评论上,他可说是黄州较有名的本土诗人。程明超于光绪二十八年(1902)经两湖书院选送到日本东京弘文书院,1905年考入日本京都帝国大学法律专业,同年加入同盟会,与李书城创办杂志《湖北学生界》,积极宣传革命。1911年参加了武昌首义,1912年任南京临时总统府秘书。1920年重修黄州赤壁时,程明超草书"二赋",刻石嵌于二赋堂西墙上。

尽管明清时代,黄州进入第二个高峰期,但清代的文字狱严厉,控制了汉族知识分子的思想,基本上也没有什么文化创新。晚清至民国时期,黄州进入一个现代文化爆发期。

晚清,为反抗外族侵略和本国的封建统治,一些开明大臣和社会有识之士纷纷起来主张变革或寻求各种救国之方。不论是君主立宪变法还是反帝反封建的革命,都需要具备近代思想的人才,创办新学堂和出国留学潮应运而生。洋务运动时期,张之洞在湖北兴办教育,训练新军,尽管主观上是帮助清王朝维护封建统治,但客观上却为革命运动兴起培养了新生力量。1890年张之洞在武昌创办有全国影响的新式书院:"两湖书院"。黄州籍人才,先后被张之洞聘用的有"四大教习":黄州经古书院院长周锡恩被聘为文学教习,姚晋圻被聘为史学教习,黄州府教授(主持了苏东坡书法碑刻)杨守敬被聘为地理教习,凌玉田被聘为文学教习。张之洞还特设"楚学祠",祀楚师儒。入祠儒人从湖北、湖南两省,上自周秦下至当时的清代,共选出67位,黄州曹本荣、杜濬两位名儒入选。

苏东坡来黄州之前之后,黄州都办了书院,至清末民初,书院培养出来的人才,与时共进,为国所用。更主要的是有教育和人才的准备,在时代大潮下,黄州的革命运动和文化事业也迎来了新的发展机遇和挑战。知识阶层关注国家命运和社会发展,因所受教育和思想境界的不同,主张和行为也不同,表现出来就是派别不同。清末,时局变化极大,黄州出去的知识分子,也迅速分化为两大派:其一为革命派,主张要改变社会现实就要进行革命,如熊十力、李四光、李西屏、吴昆、刘子通等;其二为立宪派,主张君主立宪,如汤化龙、夏寿康等。1903年熊十力加入武昌新军，同时有数十名黄州知识分子加入，他们要用先进的思想将新军改造为革命的武装力量。1904年黄州府中学堂创办，堂长常教导学生要"学好本领，为国献身"。同年夏，留日学生程明超、华惠康回到家乡，在黄州考棚街创办"光黄学社讲习所"，向学生们宣传革命思想。黄州府中学堂一大批接受了革命思想的学生，或投入武昌新军，或考入武昌各类学校，继续传播革命思想和主张。1906年，熊十力在武昌联络军学两界黄冈籍人士，成立"黄冈军学界讲习所"，首倡将革命思想与武装力量相结合，影响较大。辛亥革命中影响较大的黄州人有李四光、熊十力、吴昆、刘子通等，他们被称为"黄冈四杰"（《黄州文化简史》绪论）。

黄州府中学堂有一些学生，如宛思演、詹大悲等来到汉口先后创办《商务报》《大江白话报》《大江报》，宣传革命道理。1911年7月，《大江报》发表黄侃所写《大乱者救中国之妙药也》的时评文章，一时震动武汉，民心、军心为之唤醒，甚至认为是武昌首义之导火索。1911年10月10日，武昌首义成功，原立宪派的汤化龙、夏寿康等立即站出来支持革命。辛亥革命虽然推翻了封建王朝，但革命果实又落入军阀之手。黄州籍的知识分子清醒地认识到旧民主主义革命的局限性和落后性，有些人投身到新民主主义革命之中，有的成为红色革命的中坚力量，有的成为学者和科学家。如有"世界地质力学之父"之称的李四光，新儒家学派奠基人、著名哲学家熊十力，著名逻辑学家、思想家殷海光，马克思主义经济学家马哲民，《资本论》三卷全译者之一、著名经济学家王亚南等，他们走上了一条科学研究、思想文化研究之路。

新中国成立以来，黄州与全国一样，文化事业进入一个崭新的繁荣发展时期，从黄州走出去的各类领军人物不少。据《黄州文化简史》记载，文化科学领域都有杰出的人物代表，科技名家有四位中科院院士，除李四光本人，还有其女李林，另有王亚南、霍裕平。高教领军人物：王亚南为新中国厦门大学首任校长。马哲民教授，1950年任武汉大学法学院院长，1953年调任中南财经学院院长。胡雪为华中师范学院中文系教授、外国文学研究系主任。王洛林

曾任厦门大学副校长、教授,中国社科院副院长、党组副书记。张文澡曾任中南民族学院副院长、党委副书记。成金华为教授,博导,2007年任中国地质大学(武汉)副校长。社会科学领域,有两大哲学家:熊十力、殷海光。1970年《大不列颠百科全书》称道"熊十力与冯友兰为中国当代哲学之杰出人物"。三大经济学家:王亚南、马哲民、王洛林。两大史学家:著名地学史家刘盛佳,宋史专家陈胜利。

在相关大学和科研机构共同努力下,整理出版了一批黄州著名人物的学术文献和革命文献。主要有:《李四光全集》(湖北人民出版社,1996年),《熊十力全集》(湖北教育出版社,1990年),《王亚南文集》(福建教育出版社,1987年),《雪梅集——胡雪著译选》(华中师范大学文学院教授文库,2012年),马哲民《经济史、社会经济概论》(中南财经政法大学经典文库,2018年),《殷海光文集》(湖北人民出版社,2001年),《陈潭秋文集》(人民出版社,1997年),《林育南文集》(人民出版社,2014年),《李西屏文集》(湖北人民出版社,2010年)等等。

在文学创作领域,主要有:著名文学家、编辑大家秦兆阳,他曾先后任《人民文学》执行副主编、《当代》杂志主编。著名作家刘醒龙,现任湖北省作协副主席、省文联主席等,有多部长篇小说获奖,有小说拍成电影电视剧,获"五个一工程奖"。

地方戏曲、音乐方面,展现了黄州新时代独特的成就。一是从历史文化和社会现实取材,用黄梅戏将一批文化和科技名家推上戏曲舞台,如李时珍、李四光、毕昇、苏东坡、余三胜等,塑造了他们爱国爱民、热爱科学和艺术的高贵品质,追求真理、追求正义、追求创新的美好形象。这一系列形象的塑造,也是传统戏曲艺术的创新,改变了过去黄梅戏以旦角为主,以男女爱情故事为主体风格的传统,转为旦角、生角并重,而偏重生角的表现形式。选取厚重的历史题材,其风格由婉约向豪放开拓,扩大了黄梅戏的表现空间,被中国文化报评论为别开生面的"鄂派黄梅"。

音乐方面,自1999年至2019年,每三年举办一届"鄂东民歌大奖赛",已举办7届,共创作新民歌120余首。黄州区选送的歌曲《宋词黄州》(许小开作词,胡耀武作曲)荣获湖北省第15届"楚天群星奖"、第10届中国艺术节"优秀演出奖"。湖北省委宣传部2010年9月开展的"湖北名歌大家唱"评选活动,黄冈有9首歌曲入围"百首湖北名歌",其中《叫一声我的哥》《八月桂花遍地开》《再见了大别山》等3首被称为"我最爱的湖北名歌"。黄州走出的艺术人才,主要有:湖北省音乐家协会副主席王原平、湖北省汉剧团团长张彬、湖北省地方戏曲艺术剧院副院长詹春尧等。王原平(1955—),出生于黄州,毕业于武汉音乐学院。历任湖北电影制片厂厂长,湖北文联副主席、湖北音乐家协会副主席。被誉为"音乐王子""获奖专业户"。歌曲《山路十八弯》《三峡 我的家乡》《三峡的孩子爱三峡》《我从三峡来》《峡江情歌》获全国精神文明建设"五个一工程奖",歌曲《大别山情怀》《山里的女人喊太阳》获文化部新作奖。歌舞诗《家住长江边》《楚水巴山》获"文化音乐创作奖"。

其他艺术方面,有"中国剪辑大师"之称的傅正义,被影视界誉为"中国第一把剪刀",成为中国影视史上第一位"金鸡""飞天"双奖得主。有专著《影视剪辑编辑艺术》。2011年获第23届金鸡奖"终身成就奖"。

书画艺术领域,1987年9月,"中国首届艺术节"上,黄州8幅农民画入选"中国现代民间绘画作品展",并被中国美术馆收藏。由著名书画家、工艺美术家、原黄冈县文化馆美术创作辅导干部谢伯齐,经过10年培育民间美术创作群体,出了一大批进入湖北省展的成果。1988年,文化部授予黄冈县为"中国现代民间绘画之乡",2000年,由国际文化出版社出版《黄州现代民间绘画集》。团风农民画家华贻和画的《家园》在联合国总部展出,黄州农民画家卢华的剪纸作品《友谊长存》被联合国教科文组织收藏。

文化设施建设领域,近年来,随着黄州文化主题公园——遗爱湖公园的建设,黄州城市面貌焕然一新,公园周边的文化设施建设都已布局完成。新建有

黄梅戏大剧院、黄冈市群艺馆、黄冈艺校、黄冈民俗博物馆、苏东坡纪念馆、遗爱湖美术馆、遗爱湖图书城等；离遗爱湖稍远的有黄冈市体育中心，黄冈市博物馆，大别山地质博物馆等；还有对已有设施修葺和扩大建设的有李四光纪念馆、东坡赤壁碑廊等。

新闻出版领域，有《黄冈日报》《鄂东晚报》《楚天都市报·黄冈周刊》，黄冈广播电视中心及其他融媒体。文学期刊有《东坡赤壁诗词》《东坡文艺》《赤壁》《问鼎》《黄州文艺》等，学术期刊有《黄冈师范学院学报》《黄冈职业技术学院学报》等。

黄州文化的兴起和发展经历了漫长而曲折的过程，本地走出了著名的文化人物，诞生了影响全国的文化成果。但纵观黄州文化的影响力，尤其是优秀传统文化方面，都难以超越苏东坡和东坡文化。当代著名女作家迟子建游览赤壁之后，题词"大江东去，黄冈犹在"。南宋以来，慕东坡之名来游赤壁的文人学者无数，留下的文化遗产也很丰厚。当代一批学者和作家游览东坡赤壁后，又留下了新的名篇佳作，如余秋雨的《苏东坡突围》、熊召政的《遗爱湖记》、刘醒龙的《赤壁风骨》等。近年来黄州文化事业兴盛，本地的诗人、作家、书法家、画家和东坡文化专家，各自创作出丰富多彩的诗词书画名作。文化事业的发展往往一脉相承，必须继往开来，创新出彩。黄州文化不仅有灿烂辉煌的昨天，繁荣昌盛的今天，更会有与时俱进，开拓创新的明天。我们要抓住今天，传承昨天，开创明天，优秀传统文化永远是我们弘扬的主题。

注：以上文史资料均出自《黄州文化简史·绪论》。

第二节　东坡文化对黄州文化的影响

"黄州文化的兴起和发展概况"一节已明确，北宋以前，盛唐李白、中晚唐杜牧等诗人和文人官员给黄州文化注入些许亮色；本地具全国性影响的文人官员周氏兄弟，其文化成就"开成石碑"立于唐都长安，对黄州的影响并不直接；黄州本土产生的具全国性影响的高质量文化成果尚少。在苏东坡以前，宋初王禹偁既任过黄州刺史，诗文也有名，政绩被人称道，他写黄州的诗文对黄州文化闻名于世应该有所影响。但是，直至苏轼谪居黄州，以苏东坡名世以后，黄州文化才出现了第一个发展高潮。黄州本土文化也在南宋以后逐渐兴起，至明清尤其是民国初才有较大发展，黄州与全国文化名城始可等量齐观。因有影响的黄州名人和文化人，在外地发展居多，所以，北宋以来，对黄州文化贡献最大、影响面最广的传统文化还是东坡文化。

数百年来，不少文人学者对苏东坡其人及其在黄州的生活、创作、游历、交友、思想及世界观和人生观的转变等等方面展开了广泛地研究。20世纪后期、尤其是本世纪以来，苏学专家将苏轼躬耕黄州东坡、自号东坡居士及其相关的一切文化现象概括为东坡文化，并进行研究，其内涵和外延不断深入和宽广，使东坡文化逐渐成为影响广泛而研究不断深入的一门显学。黄州因在苏东坡人生和创作中的特殊地位，而成为东坡文化诞生的源头，吸引了大批苏东坡的热爱者和东坡文化的研究者；相关研究成果日益丰厚，文化影响力逐渐从书房和文本走向经济社会和现实生活之中。

至于说东坡文化的形成和发展对黄州文化有些什么影响，则应从客观和主观两个方面来研究和阐述。从客观上说，东坡文化是历史遗存的宝贵的中华文化遗产，是优秀传统文化的一部分；而其中最辉煌灿烂的部分是在黄州创造和遗存的，与黄州文化融为一体，东坡文化的高度也衬托着黄州文化的高度。从主观因素来说，近年来东坡文化越来越受到重视，得到很好的弘扬，则是与整个国家的政治和文化事业政策及发展状况有关。国家对传统文化的重视和倡导，推动了文化事业新的发展高潮，呈现出多元而广阔的前景。当然，二者是紧密相关的，客观的文化成果是基础，主观的人文环境是文化兴盛的平台和广阔的空间。

东坡文化对黄州文化的影响，具体可从以下几个方面简要阐述。

一、东坡文化对黄州文化等级和品位提升的影响

苏东坡被贬黄州期间,躬耕东坡,寄情于黄州山水,与当地百姓融为一体,身心得到了休养,精神得到了慰藉。他与黄州的山水对话,与自己的心灵对话,开阔了心胸,获得了新生,升华了人格。他在黄州完成了人生转折的嬗变,形成了新的人生观和世界观;他转变了创作风格,达到了一生创作的辉煌时期,哲学思想和胸怀品格也得到了升华,给黄州留下了一笔巨大的泽被后世的精神财富。苏东坡在黄州的生活范式、创作成就、思想境界和人格品性等等文化现象,历经淘洗沉淀,逐渐形成了一种独具东坡特色的文化。黄州文化也因苏东坡和东坡文化的诞生,而达到了一个新的美学等级,黄州的文化品位也得到极大地提升,黄州作为文化名城的地位得以确立。

苏东坡在黄州不仅留下了丰富的高品质的文学艺术作品,更留下了无限的文化精神和社会影响力。正是因为有苏东坡,才使得黄州赤壁成为东坡赤壁,赤壁文化成为黄州最具代表性的文化。东坡赤壁是全国重点文物保护单位、国家4A级旅游景区、省级风景名胜区。

黄州东坡赤壁,位于黄州古城西北山崖边,因临江岩石陡峭如壁,颜色呈赭红色,而被称为赤壁或赤壁矶;又因状如长鼻伸入江中,而称之为赤鼻矶。数百年前的长江环绕黄州赤壁西南山边而过,江水激荡岩石,浪花飞溅,气象万千。后因江水改道,长江南移数公里,现已看不到"乱石穿空,惊涛拍岸,卷起千堆雪"的壮观景象,但如今的东坡赤壁仍可见赭红崖石及江水冲刷的痕迹。赤壁背依玉几山、龙王山、聚宝山,虽是小山,海拔也不过百米,然连绵一体,错落起伏,林木茂密,不失为古城黄州难得的绿色屏障。当年贬居黄州的苏东坡,在赤壁之下的长江上泛舟,看北岸"山川相缪,郁乎苍苍",颇感巍峨雄壮;今天黄州老城区人民,每天晨练,最佳去处还是赤壁山。

据王琳祥先生研究东坡赤壁的历史沿革,"东晋末年,龙骧将军蒯恩为纪念三国赤壁之战,始建横江馆于赤壁山南。后代有增建,其中尤以唐人刘禹之

修筑的四望亭和唐人修筑的月波楼最为著名。北宋初年,黄州刺史王禹偁增建竹楼、睡足堂、会远亭、庆瑞堂、如画亭、无愠斋等于赤壁,并重修月波楼、涵晖楼等。北宋宰相韩琦幼年随兄读书于黄州,曾作诗说'临江三四楼,次第压城首',可见当时赤壁之上的建筑物已经相当可观了"(王琳祥《黄州赤壁》)。位于最高处的栖霞楼,是宋代黄州四大名楼之一,因其背山面江,日落时晚霞映照楼身,如霞归栖而得名,自古有"江淮绝胜"之誉。苏东坡贬居黄州期间多次游览赤壁及其上的楼堂胜迹,并写了著名的"二赋一词"。苏东坡在躬耕地建雪堂,张怀民又于赤壁增建快哉亭。黄州赤壁的楼堂建筑在北宋已颇具规模,苏东坡离黄后便成为举世瞩目的苏东坡纪念地和黄州人文景观胜地。

只可惜,从南宋至清中后期,赤壁多次毁于战火。南宋嘉定二年(1209),金兵攻打黄州,赤壁之上的古建筑全部被焚毁。明代重修了月波楼、涵晖楼、栖霞楼、竹楼,还增建了羡江楼、问鹤亭、酹江亭、共适轩等与苏东坡诗文有关的楼阁。明末崇祯十六年(1643年),明守城官军为防张献忠起义军,将赤壁之上的建筑付之一炬(《黄州赤壁》P13)。清康熙初年,黄州知府于成龙重建赤壁屋宇,榜曰"二赋堂"。康熙末年,黄州知府郭朝祚为纪念苏东坡,将赤壁名之为"东坡赤壁"。从此这里天下闻名,文人墨客及社会政要和名流络绎而至。

清代曾多次修葺赤壁,至咸丰初年颇具规模。咸丰二年至十一年(1852~1861),清军同太平军在黄州交战五次,赤壁之上的建筑又被焚毁殆尽。这期间,曾国藩、胡林翼、李鸿章等朝廷和地方大员到黄州会商军事大计,他们游览了东坡赤壁,当时二赋堂已在战火中化成了瓦砾。直至同治七年(1868),社会名流、黄冈人刘维桢捐资并主持重修赤壁,新建门楼仍榜曰"东坡赤壁",门头后面还题有"赤壁之游乐乎"。刘维桢请时任湖广总督兼湖北巡抚的李鸿章题写二赋堂匾额。此时离当年曾、胡、李三位游览赤壁已过去十年,李鸿章也成为一方要员、封疆大吏。李鸿章感喟不已,欣然命笔,题写了匾额并写跋语。如今我们在东坡赤壁看到的二赋堂,就是李鸿章题写的匾额。堂中还有民

国大总统徐世昌的对联,堂前廊柱上有民国革命家黄兴的楹联。这些都是因为苏东坡才留下的,都是黄州有形无价的文化遗产。

东坡赤壁景区现有二赋堂、留仙阁、放龟亭、睡仙亭、坡仙亭、问鹤亭、酹江亭、碑阁、栖霞楼、月波楼等景观建筑,这些建筑供游览者景仰东坡,人们赞不绝口。而文人墨客更感兴趣的是历代名人留下的书画碑刻,尤其是苏东坡本人的书画碑刻,令慕名而来者赞赏有加。东坡赤壁碑阁和坡仙亭内陈列有苏东坡书画碑刻,书法碑刻主要在碑阁。其中苏东坡手书的《黄州寒食诗二首》被誉为"天下第三行书",与王羲之《兰亭序》、颜真卿的《祭侄稿》媲美。而苏东坡手书的《赤壁赋》,得到历代书法鉴赏家极高的评价。明代著名书法家董其昌认为苏东坡笔力"欲透纸背",是"坡公之《兰亭》"。清人朱日濬认为苏东坡手书的《赤壁赋》,"上下五百年,纵横一万里,罕有俦配者"。苏东坡擅长行书和楷书,但他的草书《念奴娇·赤壁怀古》却流传极广,现嵌于坡仙亭内,极具欣赏性,颇得参观者喜爱。坡仙亭内还有两幅东坡石刻画:《月梅图》和《寿星图》,这是我们今天可见的极具东坡特色的画作,其中《寿星图》原件曾被南宋高宗赵构珍藏(王琳祥《黄州赤壁》P15)。

黄州赤壁自东晋末年始建横江馆,迄今已有一千七百多年的历史,将东坡冠于赤壁之前,命名为"东坡赤壁"也有三百余年的历史。数百年来,黄州东坡赤壁始终是人们景仰苏东坡的重要地方,是黄州少有的闻名于世的人文景观。

清末至民国及国民党统治时期,黄州与全国各地一样,陷入战乱和贫困,文化事业上也没多大起色。新中国成立之初,百废待兴,国家虽很重视文化事业,但国民经济的恢复和发展是首要任务;上世纪六七十年代社会环境不能专注于文化事业,尤其是传统文化没有相应的发展政策,所以黄州也与全国一样,文化基本处于沉寂和停滞状态。

上世纪八十年代以后,情况大为改观,黄州文化随着国家文化事业的蓬勃发展而快速发展起来。1982年,黄州举办第二届全国苏轼学术研讨会以后,

苏东坡在黄州的文学创作、艺术成就和人生经历被广泛地挖掘和研究；本世纪以来，苏东坡研究高潮迭起，"东坡文化"之名被学术界提出并认同，随即在全国迅速传播开来，被广泛地接受、传播和研究。

余秋雨先生说"黄州成全了苏东坡，苏东坡成全了黄州""黄州应做好苏东坡这篇大文章"。的确，苏东坡的到来使黄州脱胎于偏僻一隅，传之于广远，极大地提高了黄州的知名度，提升了黄州的文化品质和品位。几乎从苏东坡贬居黄州时期起，与之同时代及其后数百年来，无数文人墨客，因慕东坡之名而到东坡雪堂和东坡赤壁等地参观瞻仰，怀念苏东坡。吟咏东坡赤壁历史文化遗存的诗词作品越来越多，黄州文化积淀越来越深厚，影响不断扩大。如今，东坡文化与黄冈旅游融合，有关文创产品和物化建设正蓬勃兴起，东坡文化变得可视可感，对黄州文化的影响将会更加明显。

二、东坡文化对黄州旅游业发展的影响

人类社会，实现发展的动力实际上存在于文化之中，文化是发展的摇篮。黄冈市政府把2010年"东坡文化国际论坛"的中心议题定为：东坡文化在黄州的发展和影响，以及把黄州建成东坡文化名城的构想。这是对研究东坡文化现实意义的重视，也是挖掘黄州优秀传统文化资源，实现黄冈经济转型发展的重大举措。

2011年2月，湖北"大别山革命老区经济社会发展试验区"成立，提出了实现"红色的大别山、发展的大别山、绿色的大别山、富裕的大别山"的总体目标。试验区内8个县市，除孝感市的大悟和孝昌两县外，其他县市均在黄冈市境内，按照四个大别山的总体思路，大力发展旅游业成为自此后黄冈市经济社会发展的主要任务之一。当今，旅游作为最广泛、最大众化的交流方式，必然是展示文化、传播文化、推动文化建设和发展的重要载体。

随着人们生活水平不断提高，休闲时间越来越多，旅游者素质和需求也

不断提高，其对旅游中了解历史知识、复活书本知识、体验古人情感的旅游追求也更加迫切，所以，与古典文化的融合是旅游发展的一种必然。各地域文化的差异又往往是一个地方的文化特色，这个特色别的地方很难复制和模仿，可以打造成一个地方或一个城市独有的文化品牌，形成自己的独特优势。

黄冈各类文化资源丰富，但在本土文化和外来文化中，除红色文化外，唯有东坡文化最负盛名，可说是家喻户晓名扬世界。有些旅游者可能不知道黄冈是革命老区，在共和国创建过程中出了数百位将军，也可能不知道毕昇、李时珍、李四光、黄侃、熊十力、闻一多、胡风等等许多古今名人，但很多人知道苏东坡。因此，东坡文化在今天黄冈的旅游文化中有着天然的影响力和号召力。

对于东坡文化产业，更有广泛的发展前景，因为在黄州有关东坡文化适于旅游开发的方面，如吃、住、行、游、购等产品，还远远没有得到充分地开发。从餐饮美食方面来说，与苏东坡有关的：东坡肉、东坡饼、东坡蜜酒、东坡菜羹、东坡二红饭、东坡桃花茶等等，据素有研究的东坡美食专家余彦文先生统计，黄州东坡美食有 70 余种，自成东坡菜系，可以开东坡特色餐饮酒店。从居住方面说，可仿造东坡雪堂、南堂，还可开发有关民宿项目。从行游活动看，有骑马、行船等活动，还可以是扁舟草履、竹杖芒鞋或月夜水上游船赏月等体验式活动。从游览景点方面，苏东坡在黄州居住和游历过的主要地方，遗址遗迹需要保护利用，景点还有待开发，还有黄州周边东坡先生当年涉足之地，都可以延伸开发利用。从购物来说，有关东坡的旅游商品潜在的发展空间很大，如有关书籍、字画及其文创产品，有丰富的资源可以开发。

国际旅游发展的经验显示，旅游业的收益越来越不只靠人数的增加，而是依赖于多元文化含量的旅游产品和特色旅游服务，旅游与文化结合程度越高，旅游文化因素越多，旅游经济就越发达。东坡文化资源是黄州有待开发的旅游文化资源富矿，如果能得到有效开发，不仅可为更多人提供文化享受，还可以推进当地旅游业和旅游经济的发展。

三、东坡文化对黄冈教育文化的影响

上世纪九十年代中期,黄州市内几所中专学校的语文教师在一起开展教研活动时,有位老师提出:黄州的学校应该多挖掘和学习苏东坡的诗文,弘扬东坡精神。这个提议当时并未得到重视,甚至很多人不以为然,自然更没得到落实。可是本世纪十余年的时间,东坡文化已然成为黄州城市文化名片,研究和宣传活动如火如荼,文旅融合走上了新的快速发展模式,东坡文化旅游区正在规划建设之中。东坡文化既是中华优秀传统文化的代表,又是黄州地域文化、名人文化,其影响力可涉及文化建设的方方面面。

文化的兴盛是国家政策和社会风尚的体现。经过40多年的改革开放,物质极为丰富,财富大大增加,人们发现其实物质的财富是较为容易积累的;当局为政者也意识到精神的需求是人们更高层次的需求,文化的发展对社会的长治久安更为重要。于是,国家出台政策,号召全国各族人民大力发展文化事业,增强文化软实力。习总书记曾在多个场合的重要讲话中强调:要有文化自信,教育就是要立德树人。

要发挥地方文化特色的影响力,首先要让本地民众产生认同感、亲近感和自豪感,因此,必须对民众进行宣传教育,在有关媒体和平台开办有关文化讲坛,培养本地文化土壤。文化教育工作最好从娃娃抓起,从各级学生抓起。苏东坡的诗文很多是文化精品,人教版中小学《语文》收入苏东坡作品10多篇。其人格魅力和胸怀气度为近千年来中国知识分子的精神导师,苏东坡的诗词文赋及其胸怀品格是培养学生文化素养的好素材;同时帮助学生提高对中华优秀传统文化的热爱和接受,是提升学生文化素质的好方法。在大中小学还可以定期举办与苏东坡相关的文化活动,如东坡诗词诵读、赤壁游览和泛舟活动,等等多种形式的活动,既可以加强学生文化素质教育,又可以弘扬传统优秀文化。黄冈市东坡文化研究会首届会长涂普生研究员说:"黄冈市东坡文化研究的兴起和发展,其最大影响力,还体现在进一步唤醒了黄冈市干部群众的文化自觉

和文化自信"。2012年9月,黄冈市黄州区第二实验小学更名为东坡小学;之后,黄冈师范学院,其文学院改为苏东坡书院,并编写出版了教材《东坡文化概论》(湖南师范大学出版社版);黄冈职业技术学院成立了学生东坡文化协会,为"双高建设"(高职院校高质量建设)而成立了"东坡文化传承中心"。黄冈为东坡文化的传承和弘扬,建设了不同类型的教育基地。

作为教书育人的学校,作为为社会培养技能型应用人才的高职院校,黄冈职业技术学院在校园文化建设中,在学生人文素养和文化素养的培养中,东坡文化和东坡精神是宝贵的学习资源。学校教师以东坡文化与学生素质培养为选题的研究课题已有多项,作为学术交流和研究成果展示平台的《黄冈职业技术学院学报》,其"鄂东文化研究"专栏,多年来发表了一百余篇东坡文化研究成果的文章,作者既有全国各地已负盛名的专家学者,也有对东坡文化热爱的后学者。学校和期刊是文化传承的重要阵地和载体,理所当然应该承担起职责。在校园文化建设中引进东坡文化,既可以增加校园文化氛围,提高学生文化素质,又可以借助毕业生分散全国各地而扩大传播范围。

第三节 东坡文化传承和弘扬的当代意义

东坡文化已经是黄州亮丽的城市文化名片。以东坡文化为主题的城中大型开放式公园——遗爱湖公园已建设完成;黄冈市"十四五"规划正在筹备建设东坡文化旅游区,文化古城的面貌将会焕然一新;2023年春节兴起的东坡庙会,已成为黄冈市独有的文化品牌。黄州东坡文化的传承和弘扬工作,不仅在各级各类学校中开展起来,在各级干部的学习中开展起来,如今在城市文化建设和各类群众文化活动中也广泛地开展起来。东坡庙会、戏曲展演、游园赏花、地标产品展销、东坡美食节等等活动,不断开展,推向市场。东坡文化在黄州的传承路径和手段,越来越多样化,越来越形象立体化。

第四章　东坡文化对黄州文化的影响

一、值得不断学习和传承的东坡文化的核心内容

东坡文化，可学习的内容十分广泛。单从黄州来说，内容就十分丰富。贬臣身份的苏轼，在黄州躬耕东坡，嬗变为苏东坡，其生活经历和心路历程，逆境重生的人生感悟和思想情怀，辉煌灿烂的文学艺术成就，都是东坡文化重要的学习内容。其影响震古烁今，方方面面都值得今天的青年学生学习、研究、传承和发扬。概述起来，可以归纳为几个精神层面：即，自我调适，踔厉奋进的自强精神；直面困境，热爱生活的现实精神；忠于朝廷，关注社稷民生的入世精神；勤奋读书，勤于笔耕的创造精神；广交朋友，与人为善的人文精神。不管怎么说总是挂一漏万，总难以准确地概括出东坡文化的精髓。

有人总结出喜欢苏东坡的诸多理由：喜欢苏东坡，因为他才华横溢，他重情重义，幽默风趣，乐观豁达，古道热肠，而且他是为民办事的好官（贺震《喜欢苏轼的N个理由》）。还可以列出很多很多喜欢苏东坡的理由。这些喜爱的理由，就是人们持续关注其人，追溯了解与其有关的一切，进而研究和学习其全部精神内涵的热情和动力。对优秀的文化成果和精神品质的热爱和学习，就是文化传承和弘扬的过程；传统的优秀的人物和事迹，受到当代人们的热爱和追求，就是古为今用，就是传统文化的当代意义。

二、传承和弘扬东坡文化的方法及当代意义

对东坡文化的传承和弘扬及其当代意义，可从以下几个方面简要概述。

其一，一代代人的传承和弘扬，是我们对待优秀传统文化最好的态度、最重要的作为。任何优秀的传统文化如果没有人的接续传承，都只能沉寂于历史的长河，淹没于浩瀚的典籍之中。正如苏东坡自己感叹的"大哉人乎"！苏东坡在海南了得《书传》，并修订了始著于黄州及其后的《易传》和《论语说》。元符三年（1100）四月，他在儋州为其三部书写了跋文《题所作书易传论语说》，

文中说："孔壁、汲冢竹简科斗，皆漆书也。终于蠹坏。景钟、石鼓益坚，古人为不朽之计亦至矣。然其妙意所以不坠者，特以人传之耳……"

"特以人传之"是自有文明以来，各种文化得以传承和弘扬的关键所在，东坡文化也不例外。苏东坡的优秀作品，近千年来经一代代人的注释、印刷、诵读、研究和传播，流传至今；他光辉的品德和旷达的胸怀，皆表现在他丰富而灿烂的各类作品之中，蕴含于他不平凡的生平经历之中；时序更迭，需要有人不断地研究和传播；有了经久不息地传承和弘扬，才有今天我们所看到的东坡文化熠熠闪耀的光辉。

其二，国家重视传承优秀传统文化的方针政策，是文化繁荣发展的指针。习近平总书记非常重视中华优秀传统文化，经常在不同场合的重要讲话中，强调要继承和发展中华传统文化。国家英明的政策和对文化的重视，尤其是对传统优秀文化的重视，是推动文化事业发展的重要力量。在整个社会文化繁荣发展的大背景下，东坡文化才有好的发展环境和土壤。我们应该用好政策，借助环境，不负新时代，为文化事业的繁荣作出应有的贡献。

其三，当地政府的重视、研究团体的成立是文化事业发展的动力和推手。地方政府的主要官员执行国家的方针政策肯定是一致的，但如何执行则与人的见识水平和胸怀抱负的不同而不同，各有千秋。地方官员在国家经济社会发展的大形式和主体要求下，普遍重视地方发展特色，重视经济发展形式，因发展"绿色经济"倡导，而对优秀传统文化格外重视。十余年来黄冈市委市政府的主要领导人都有对文化的理解和情怀，力争做好东坡文化这篇大文章，客观上，成就了东坡文化发源地的黄州，成就了黄州东坡文化研究和发展的创新。

黄冈市东坡文化研究会的成立，直接组织和推动了黄州东坡文化的研究和传播活动。各种研讨会、论证会，邀请国内外学者和研究者齐聚黄州，既宣传了东坡文化，同时也宣传了黄州。让更多的人认识到黄州对苏东坡的意义，也认识了黄州对东坡文化的重视和弘扬。这些活动扩大了东坡文化的影响，也扩大了地方文化和经济社会的影响。

其四，优秀传统文化的研究要与当前社会现实结合起来。"古为今用"本是党和国家对待传统文化的方针。习总书记还指出，要认真汲取中华优秀传统文化的思想精华和道德精髓，加强对中华优秀传统文化的挖掘和阐发，使中华民族最基本的文化基因与当代文化相适应，与现代社会相协调。在新时代经济社会日益繁荣发展的今天，要学习的是传统文化中的思想精华，为我所用，为新时代社会发展和国家繁荣所用。

对东坡文化的学习和研究，既有对苏东坡优秀文艺作品的研读、研讨和赏析，更要研究其人品、思想、行为对当代人的人文启迪和人生意义。任何类型的优秀文化对现实社会、经济建设和人们的生活态度都有或多或少的启示和影响，东坡文化可借鉴和吸取的成分会更深厚一些。

其五，做好东坡文化的研究和传播工作，要有明确的指导思想。对中华优秀传统文化的极其重视和广泛传播，近十余年来是最为重要的时期，可以说是最好的时期。新的历史时期如何继承和弘扬中华优秀传统文化，是我们必须要思考的问题，同时还要找到解决的途径。要以党和国家的方针政策为指引，以科学的态度对待传统文化，取其精华，去其糟粕，并对优秀传统文化进行创造性转化和创新性发展。

第五章 东坡文化在黄州创造性转化与创新性发展

　　文化事业的发展和影响是一个长期的过程，青年人对传统文化的接受也是一个潜移默化的过程。2017年3月，在全国两会上，关于弘扬中华优秀传统文化的议题再次成为热点。全国政协委员、著名作家冯骥才在谈到传统文化如何与现代生活相融合时，说："学习文化的最好方式是体验。要不断地用新方式，用年轻人喜欢的方式激起他们对优秀传统文化的热爱，这个过程一定是潜移默化的、渐进的。文化的事情要慢慢做，要踏实做。"2021年冯先生在接受新华网记者胡妍妍采访时又说："中华优秀传统文化的创造性转化、创新性发展是时代的进步，必将带来整个社会文明的提升"（2021-11-24，中国日报网）。冯骥才的这些观点值得我们借鉴，是我们研究和弘扬东坡文化要努力的方向。东坡文化的传承活动可以用年轻人喜欢的体验方式，将书本知识变得可视可感。但是，对文化的创造性转化与创新性发展，是一个长期的、渐进的过程，绝非一日之功。

　　黄州赤壁因苏东坡而改名为东坡赤壁，并因此而闻名天下。东坡赤壁和东坡文化对黄州文化影响巨大，在中国伟大复兴的新征程中，黄州更有新的作为，以东坡文化为主题的物化成果，创造性地转化和创新性地发展，擦亮了黄州城市文化这张名片。

2010年湖北省人民政府举办中国黄冈大别山旅游节，邀请全国苏东坡宦游城市的市长在黄州参加市长峰会；同时在黄州举办"东坡文化国际论坛"，邀请国内外专家学者与会，进行学术研讨，共商建设东坡文化名城之大计。其实，早在2006年黄冈市委市政府就启动了遗爱湖公园早期工程的建设。黄州城区原来并没有一个湖叫遗爱湖，市委市政府采纳黄冈师范学院教授、苏东坡研究专家饶学刚的建议，将黄州城区东南部的东湖、西湖、菱角湖三个湖合并命名为遗爱湖，这个命名源于苏东坡。

北宋元丰六年（1083），贬谪黄州的苏东坡应安国寺大和尚继连之请，为纪念即将离任的黄州太守徐君猷，将安国寺内的竹间亭名之为"遗爱亭"，并代其同乡好友巢元修作《遗爱亭记》。文章的主旨是歌颂徐太守的功德，"去而人思之，此之谓遗爱"。徐太守要调到湖南任职，苏东坡说他给黄州老百姓"留下仁政"，是一个"遗爱守"。徐太守在黄州任职期间，"未尝怒也，而民不犯；未尝察也，而吏不欺"。黄州在徐太守治理下，老百姓安居乐业，他也深得百姓拥戴。苏东坡赞美徐太守是一个"遗爱"官，在今天看来，苏东坡在黄州的文学艺术成就、个性人格、胸怀品德和仁爱行为，留下了无尽的精神财富，"去而人思之"，正是苏东坡留给黄州人民的"遗爱"。

遗爱湖公园水面大体是杭州西湖的一半，而岸线蜿蜒曲折，长度是西湖的两倍。根据规划，公园要建设一环、两片、五区、十二景。一环，指环湖一周观光游览主线路；两片，指东湖片区和西湖片区；五区，即东坡文化休闲区、文化商业休闲区、原生态自然保护区、竹园生态休闲区、市民户外运动休闲区；十二景，分别是遗爱清风、临皋春晓、东坡问稼、一蓑烟雨、琴岛望月、红梅傲雪、幽兰芳径、江柳摇村、水韵禾香、大洲竹影、平湖归雁、霜叶松风（刘雪荣《东坡逸事说遗爱》，《黄冈日报》2018-06-15）。五区内专门有一个东坡文化休闲区，而十二景区的名称，则是集苏东坡诗词文赋之佳句，采遗爱湖形态和景物之灵秀，融汇组合而成。十二景区的名称里有春夏秋冬、松竹梅

兰、风花雪月，包含了中国文化的传统元素，集中形象地展示了东坡文化。这里"集苏东坡诗词赋之佳句""采遗爱湖形景物之灵气"，不仅是黄州市民的好公园，也是外来者值得一游的好去处，人称此地为黄州城区最美丽的大客厅。"当小树长成森林的时候，当文化浸润到遗爱湖的每一个角落的时候，遗爱湖一定能成为黄冈的无价之宝，成为黄冈人的精神家园。"市委书记刘雪荣描述的遗爱湖公园的美好愿景，今天已经成了现实。

遗爱湖公园的设计和建造，极具东坡文化内涵，黄州城市文化和城市品位立即得以提升。城市环境的改变和品质的提升还吸引了文化公司——北京眉州东坡万景投资有限公司前来投资，在遗爱湖畔建造起以东坡文化为主题的街区——东坡外滩。这里集休闲娱乐、餐饮购物和旅游于一体，实现了一站式旅游服务功能。东坡文化在黄州的物化成果也初具规模，这张城市文化名片初步打造成型。用史智鹏先生的话说："黄冈市作为东坡文化的一方重镇，通过建设以东坡文化为主题的遗爱湖公园风景区，积极探索把东坡文化从抽象化、思辨化的学术研究升华为具象化、实体化的文化作为，成功走出一条让东坡文化产生当代红利，结出丰硕成果的路子。"（史智鹏《遗爱湖景区：黄州东坡文化的当代红利》）

围绕东坡赤壁及其所在的老城区，正规划建设的"东坡文化旅游区"，将形成黄州老城区一景区三街区的大框架，再现黄州明清古城规模，黄州文化名城将在此复兴。城市更新升级以后，不仅黄州城区更加美丽，更加宜居，黄州的东坡文化展示将更加形象，更加立体。黄州市民及前来黄州旅游的人们，将会体验到、感受到东坡文化的现实魅力。

东坡文化创造性转化和创新性发展，对黄州的旅游业及黄州城市面貌将会有极大地促进和优化。在这个过程中尤其要做好几件大事：第一，东坡遗址遗迹的保护和利用，找到东坡文化与旅游融合的契合点；第二，东坡文创产品和东坡美食的开发，让来黄州旅游的人有美食可享用，还有美丽的东坡文化产品可以带走；第三，东坡文化进校园，让黄州的学生从小了解苏东坡，热爱苏东坡，并成为东坡文化自觉的传承者和传播者。

第五章 东坡文化在黄州创造性转化与创新性发展

苏东坡在黄州贬居时期，其生活和生产活动的遗址遗迹是苏东坡热爱者和研究者们最想看到的地方，是东坡旅游区的核心景点。因此，对遗址遗迹的确立和保护及对体验项目的修建，是旅游区建设中首先应考虑的问题。东坡文创产品和东坡美食的开发，是东坡文化创造性转化和创新性发展的具体体现，是旅游业必不可少的内容。东坡文化与学校教育相结合，是为了让更多的青少年了解苏东坡及东坡文化，了解苏东坡在黄州的经历，了解东坡文化在黄州的形成和发展，了解东坡文化是中华优秀传统文化的重要组成部分，自觉地承担起传承和弘扬的责任。"立德树人"是党中央培养社会主义事业接班人的方针和目标，"文化自信"是中华民族自立于世界民族之林的信心和立场，东坡文化的传承是新时代黄州文化建设的重要目标之一。

第一节　东坡文化与黄州旅游的融合

在全球化与信息化的背景下，随着消费与体验经济时代的到来，旅游业蓬勃发展。随着社会人文意识的增强、个人文化素质的提高和整体知识水平的提升，旅游行为不再局限于风光观赏，而是转向追求深层体验的文化旅游。传统的阳光海滩等风光旅游正面临以健康、运动和文化为主题的旅游项目的挑战。

文化是一个城市的灵魂，它因城市的发展而更加富有魅力。同时，它又以自己的方式为城市的发展注入动力、增添光彩。苏轼被贬黄州，躬耕东坡，自号"东坡居士"，在由苏轼向苏东坡转变的过程中，生发并逐渐形成了一种文化，那就是东坡文化。或称其为贬谪文化，是一种处逆境而逆袭成就人生精彩的文化。黄州于东坡，东坡有幸，实现人生的成功突围，造就其文学和艺术的最高境界，成就一代文豪；东坡于黄州，黄州亦有幸，东坡将黄州声名远播，名扬四海。今天，古城黄州，正大力推进大别山旅游经济带建设，"用文化引领旅游经济发展"一时成为热门话题。这意味着，大力张扬东坡文化，同时推进黄州旅游业新发展的时代已然来临。东坡文化如何与黄州旅游融合发展，赫然成为城市更新升级和经济新型发展的重要课题。

一、黄州东坡文化与旅游融合的丰富元素

苏东坡在黄州留存于世的数量可观而内容上乘的诗词文赋，仍是现代人丰富而美好的精神食粮，大可开发利用。苏东坡居黄时期，虽生活艰难，思想苦闷，但他一一化解，而且创作勤奋，成果丰硕。4年又2个月时间，他作诗200多首，作词超100首，文与小品170多篇，赋3篇，信札280多封。诗以题咏东坡、海棠、梅花、牡丹等为代表，词以《念奴娇·赤壁怀古》为代表，赋以赤壁二赋为代表，文以《记承天寺夜游》为代表，书札以《与朱鄂州书》《与李公择书》（十一）为代表，书法以《黄州寒食诗帖》为代表。这些优秀的文学艺术作品，既代表了苏东坡黄州创作的最高成就，又是千百年来脍炙人口的佳作。苏东坡在黄州留存于世的书画作品，经后人收集镌刻，遗存丰富。书法有《景苏园帖》六卷，画有老梅作品。这些既可以作为体验的项目，又可以变成可以带走的物品，是文化旅游的加分项。

苏东坡在黄州创制并传承至今的美食，据学者研究有数十种，今天被广泛开发研制出来的有30余种，可以自成一个菜系。在全国流传的以东坡为名的美食也有多种，东坡肉、东坡肘子，早成为四川、杭州、徐州及山东餐饮美食。

喜好美酒美食的苏东坡，在黄州艰苦的生活条件下，充分发挥他热爱生活，善于就地取材，化腐朽为神奇的智慧，发明制作了很多有特色的食物，除东坡肉外，还有东坡饼、东坡羹、东坡鱼、东坡蜜酒等。在黄州的苏东坡，生活是贫困的，但当时黄州猪多肉贱，而富人不肯吃，穷人又不会煮，苏东坡琢磨出一种既好吃又简单的做猪肉的方法。有《猪肉颂》为凭："净洗铛，少著水，柴头罨烟焰不起。待他自熟莫催他，火候足时他自美。"这就是黄州东坡肉的做法。有肉还需有酒，苏东坡虽然酒量不大，但不可一日无此君。当时的宋朝是禁止私人酿酒的，这对苏东坡不是好事，但也难不倒他。元丰五年（1082）

五月,苏东坡得到了老朋友巢谷的蜜酒方,于是便尝试自制蜜酒。不管结果如何,他本人是高兴的。他在《蜜酒歌》中称赞道:"真珠为浆玉为醴,甘露微浊醍醐清。"如此美味甘露,让嗜酒的人口馋不已。东坡蜜酒已被黄冈市浠水县一家酒厂注册为其品牌。旅游不仅要游,饱尝眼福,还要吃,享受口福,东坡美食美酒开发出来,还是今天人们可以享用的。

苏东坡在黄州能活出精彩的人生,与他洒脱的性格、旷达的胸怀不无关系。他还非常注重养生,他留存于世的养生之道也很受人推崇。苏东坡的养生之功主要有:内丹术,包括静功、斋居;外丹术,包括食丹、俭膳、药疗。在日常饮食方面注重健康,还有药膳加持。苏东坡的养生法,主要有:用茶漱口,既去油腻又不伤胃,还清洁口腔,保护牙齿;节饮食,符合现代医学的"食不宜过饱,七八分为宜"和"食不宜过于肥腻"的说法,有利于健康;养老法,"软蒸饭,烂煮肉。温美汤,厚毡褥。少饮酒,惺惺宿。缓缓行,双拳曲。虚其心,实其腹。丧其耳,忘其目。久久行,金丹熟"。这一套方法尤其适合身体较弱和上了年纪的人。苏东坡养生法,可以选择性地开发康养体验项目。

苏东坡在黄州遗迹遗址的开发和保护利用。苏东坡在黄州虽是监管居住,不得擅自离开,但他喜与朋友郊游,在黄州居住四年多的时间,他的足迹踏遍了黄州鄂州大江南北的很多地方。黄州城区内他生活和游览的遗迹遗址主要有定惠院、安国寺、临皋亭、承天寺、快哉亭、涵晖楼、栖霞楼、竹楼、赤壁、东坡及东坡南堂、雪堂等等。周边县市的有麻城歧亭、浠水巴河、麻桥、兰溪、清泉寺,黄梅的五祖寺,大冶的磁湖和西塞山,鄂州的西山、樊山、车湖等。这些都可以开发为以东坡文化为IP的旅游景点,尤其是东坡、定惠院、临皋亭、雪堂、安国寺等遗迹遗址是外地学者最想看到的,也应该是慕东坡之名来黄州旅游者想看到的地方。九百余年沧海桑田的变化,今天的黄州早已不是苏东坡当年看到的样子,长江已经南移了不知多少千米。但不管是不是能够在原址恢复东坡遗址遗迹,只要在大致的范围内有标志、有建筑、有活动项目,也就可

以满足一下人们的敬仰之心以及体验的快乐。

苏东坡在黄州生活的一种人生态度和精神治愈，更能满足今天人们精神焦虑的解脱。谪居黄州的苏东坡是如何度过人生的最低谷呢？东坡用他的行为告诉我们，那就是坚毅执著的人生信念、乐观旷达的生活态度、热爱生活的美好品质、勤奋读书和创作的长期坚守。他初到黄州时，与儿子迈随僧蔬食，勉强度日，也并不以之为苦。但家人来后，一家二十几人，生活十分困难，痛自节俭，仍然难以为继。在朋友的帮助下，得到州府废弃的营地数十亩，他便从头学起，率领家人躬耕其上，自食其力。苏东坡用积极热情的态度投入到日常琐事之中，从最简单的生活中发现诗意，从而收获快乐。他总是笑对苦难，比如生病治病他也从中找到笑谈。他到沙湖相田得臂疾，经人介绍到浠水名医庞安常处诊治。安常耳聋，见面后只能以纸写字交流。苏东坡就调侃道："余以手为口，君以眼为耳，皆一时异人也。"（《游沙湖》）病好以后，两人同游兰溪，见溪水西流，极大地激发了苏东坡处逆境而不气馁的勇气，一定要奋发向上。于是他写道："谁道人生无再少？门前流水尚能西。休将白发唱黄鸡。"（《浣溪沙》）生活处处有美好，正是东坡黄州精神的写照。

苏东坡活成了中国知识分子的典范，活成了普通老百姓的楷模，可以给今天的人们以巨大的安慰和鼓舞，是今天旅游加精神治愈的最高境界。

二、东坡文化与黄州旅游融合发展的意义

与黄州文旅融合发展，是更好地保护和传承东坡文化的有力举措。习近平总书记指出："我们一定要重视历史文化的保护和传承，保护好中华民族精神生生不息的根脉。"东坡文化是中华民族优秀传统文化经典的重要组成部分。习近平总书记2022年6月8日在四川眉山考察三苏祠时指出："中华民族有着五千多年的文明史，我们要敬仰中华优秀传统文化，坚定文化自信。"

为此,他还殷切地询问了东坡文化研究传承的情况。同时,湖北省第十二次党代会已提出要争创长江国家文化公园示范区,挖掘三国文化等资源,建设一批特色街区、主题公园和精品线路。《黄冈日报》2022年1月9日报道,政府工作报告中提出:"推进东坡文化旅游区建设……深入推进全域旅游示范区创建。"2022年黄冈市将继续挖掘东坡文化内涵,讲好东坡故事,认真落实市两会精神,以打造东坡文化旅游区为目标,抢抓机遇,进一步保护传承好东坡赤壁遗址遗迹。以一景区(东坡赤壁风景区)四街区(汉川门街区、文庙街区、宝塔街区、沙街街区)为运营方式,集策划、规划、设计、建设、经营为一体,积极建设东坡文化旅游区,助力黄冈创建国家历史文化名城。显然,把东坡文化融入黄州的旅游,是贯彻落实习近平总书记有关重要指示和省市会议精神的具体行动。

东坡文化与黄州旅游融合发展,是促进黄冈市绿色经济发展的有力举措。文化旅游,因其关联性高、涉及面广、辐射带动性强,已成为当今经济社会发展中最具有活力的新兴产业。文化旅游一业突破,便可引领多业融合发展。

东坡文化是黄冈最接地气的文化。如"东坡美食"是鄂菜的重要组成部分,既有高雅的文化内涵,又有浓厚的黄冈地方特色。宋朝以来,黄冈名厨根据苏东坡文章的记载,利用鄂东食材,创制成色、香、味、形俱佳的56类79种东坡美食。目前,黄冈东坡美食传承人张彬先生已在自己的酒店开发出31种东坡美食,大受消费者欢迎。同时,还可以开发东坡文化创意产品,以此助力东坡文化旅游经济发展。

旅游业可持续的资源主要是地脉和文脉。黄冈地脉有大别山世界地质公园;文脉有历史古迹、东坡文化、红色文化、名人文化、医养文化、禅宗文化、乡村文化和教育文化等旅游资源。同时,旅游经济是富民经济。文旅融合,可增加黄冈市民参与服务旅游业中的经济收入,巩固乡村脱贫成果,为共同富裕作贡献。

东坡文化与黄州旅游融合发展,是打造独特旅游品牌的有力举措。旅游产业讲求旅游资源的独特性，特色是旅游目的地吸引力、竞争力和生命力之所在。黄冈将东坡文化融入旅游，是在武汉城市圈乃至中国中部地区最具独特性、唯一性和特色的旅游品牌。

东坡文化旅游品牌，对内可与黄冈全域各种旅游相互依存、优势互补；对外可与武汉城市圈乃至中国中部地区错位发展，避免同质竞争。既可丰富区域旅游特色，也可搭建优秀历史文化的"旅游联盟"，实现区域内项目互动、功能互补、产业互联，借"市"发展，搭"机"出海。同时，苏东坡还有描写三国故事的文章39篇，世人称他为"三国迷"，其文化也可与"三国文化"紧密融合。苏东坡也有赞美长江的诗文14篇，世人称他是长江形象的代言人，在黄冈建立的东坡文化旅游区将是国家长江文化公园的重要景区。

三、东坡文化与黄州旅游进一步融合的现实机遇

（一）东坡文化是黄州的旅游名片。苏东坡是世界文化名人品牌，对游客有很强的吸引力。2000年，法国《世界报》组织评选千年间世界级杰出人物，苏东坡是唯一入选的中国人。同时，在《习近平用典》一书中习近平引用典故最多的也源于苏东坡的诗文。国际国内游客对苏东坡这样世界级大文豪兴趣更浓，苏东坡自带 IP，具有先天的号召力。

黄州是东坡文化的发祥地，东坡文化是发展黄州旅游业不可多得的宝藏。苏东坡在黄州创作的流传千古的诗词文赋和书画作品，为黄州旅游业增加了厚重的文化底蕴和可供挖掘的资源。苏东坡在黄州崇尚自然，纵情山水，为我们今日旅游亲近自然作出了榜样；他在黄州写的诗句"长江绕郭知鱼美，好竹连山觉笋香"，是黄州旅游业最好的广告词；他在黄州留下的遗址遗迹，是游客心向往之、一睹为快的旅游景点；他在黄州留下的故事和传说，极大地丰富了黄州旅游的文化内涵；黄州开发出来的数十道东坡菜品和点心，依然是人们追捧的美味佳肴。苏东坡留给黄州人民丰富的文化资源已经成为黄州对外交流和

旅游的靓丽名片。

（二）黄州东坡文化旅游方兴未艾。近年来，黄冈市委市政府不断加大了东坡文化产业的开发力度，突出"双强双兴"发展重点，加快强工兴城，强农兴文步伐的奋斗目标。通过提升品牌价值，增加文化含量，积极推动文化产业和旅游业融合发展，努力把文化旅游业培育成黄冈经济发展的支柱产业。在"以文兴市"的战略中，"培育一个特色品牌，建设一座主题公园，打造一系列合作交流平台，创作一批精品力作，汇聚一批优秀人才"是黄冈政府繁荣发展"东坡文化"的大思路、大手笔。

东坡赤壁及苏东坡居黄州遗址遗迹极具旅游开发价值。除黄州苏东坡当年居住生活的遗址遗迹外，他还游遍了当时黄州周边名胜。如今武穴也寻觅到他的孙子苏符的足迹，英山县也注册了苏东坡当年游览蕲州曾到天峰麓采茶的"团黄"茶叶品牌，黄冈大地处处流传着苏东坡的故事。苏东坡文化在黄冈极其闪亮，极具吸引力。苏东坡在黄冈的遗址遗迹尤其是黄州东坡赤壁，过去数百年就吸引了古今官宦政要、文人墨客，今天的开发、保护和建设，将会吸引更多游客前来打卡。

（三）黄冈及周边旅游环境为东坡文化旅游提供了良好机遇。黄冈是名人大市，"惟楚有材，吾黄独居其半"。黄冈英山有宋代活字印刷术发明人毕昇，蕲春有明代医药双圣李时珍，浠水有爱国诗人闻一多，黄冈有现代地质科学巨人李四光，这一大批科学文化巨匠，都建有纪念馆和旅游景点；黄州还有董必武、陈潭秋、包惠僧三位中共一大代表和红安数百位开国将帅，已建成红色文化教育基地；黄冈罗田、英山大别山天堂寨已是世界地质公园；黄冈有二百里黄金水道的大长江，现临国际客货联运的鄂州花湖大机场，处武汉城市圈之中。黄冈水陆交通四通八达，旅游景点已布局成型，旅游业大发展的时代指日可待。已有的东坡赤壁和遗爱湖公园，可以成为鄂东旅游网络的东坡文化地标。

四、东坡文化与黄州旅游进一步融合面临的现实挑战

湖北各地区旅游竞争激烈。湖北分地区的旅游创收中，黄冈的排名偏后。如何加快黄冈旅游业的快速发展，如何将黄冈现有的丰富的东坡文化及其他名人文化和红色文化等旅游资源转化为经济优势，是当前急需解决的问题。在当前旅游业快速热化的时候，竞争优势显得尤为关键，其他各地区的旅游发展对黄冈地区的文化旅游是个极大的挑战。

国内同类文化旅游产业也竞争激烈。黄冈旅游业的支撑点，还有待开发的应该是文化旅游，而首屈一指的要数东坡文化。黄冈旅游猛打东坡文化这张名片，挖掘东坡文化资源，力图将以东坡为核心的文化资源转化为特色经济优势。前面已有四川眉山举办"东坡国际文化节"，并且冠以"东坡文化"是眉山市独有的"文化名片"的口号。在《传承东坡文化之我见》中，作者李茂成认为，东坡文化是民族文化的重要组成部分，也是眉山市文化的重要资源，并认为眉山市应该将东坡文化加以打造，使其成为眉山市文化旅游发展的主力，使其更好地促进四川眉山市的经济文化旅游的繁荣发展。这会与黄冈的旅游与文化的融合发展产生冲突吗？虽说东坡文化是中华优秀传统文化的一部分，全国人民一样享有，但这是在黄州发源的，是黄冈人民宝贵的精神文化遗产，也是黄冈的文化特色，今天四川眉山打着东坡文化的旗号来发展其文化及旅游事业，好似给黄冈带来了冲击与竞争，但其实不是。黄冈早与眉山、惠州、儋州及山东诸城签订了"五市同盟"，相约轮流举行东坡文化节，共享旅游资源，共同推动旅游业的更大发展。如果说有挑战，那便是目前尚未全面开发和建设，没有早日投入运营。同时也要加大宣传力度，利用各种媒体，特别是融媒体打好宣传牌。从这方面说，自2023年春节已大为改观。黄州东坡庙会已成为文旅融合的品牌样板。

黄冈东坡文化及其旅游资源丰富，也相继推出"黄冈东坡文化节""黄冈大别山文化旅游节"，但是黄冈文化旅游的优势还没有得到很突出的发挥。黄冈的东坡文化及特色文化旅游需要加大建设力度，做好顶层设计和规划，大力发展文化旅游特色。同时也要加大宣传力度，利用各种媒体，特别是融媒体打好宣传牌。

当今世界，经济结构正在经历深刻变化，旅游业也进入一个大调整大发展的时期，旅游与文化呈现出深度融合、共生共进的发展趋势。黄冈旅游品牌与东坡文化品牌有机融合，越来越成为旅游业发展的新动力；旅游消费与文化消费有机融合，越来越成为拓宽旅游市场的重要引擎；旅游创新与文化创新有机融合，越来越成为推动产业升级、提升竞争力的战略支点；旅游产业与文化产业有机融合，越来越成为提升经济效益、创造社会价值的重要源泉。可以说，旅游与文化的深度融合，是实现旅游经济的必然要求和长远路径。

五、东坡文化与黄州旅游进一步融合发展的路径选择

（一）深入挖掘东坡文化资源，开发特色旅游景点

苏东坡作为一位多才多艺的文学家，谪居黄州期间又是其创作高峰期，不仅留下了数百篇脍炙人口的诗词文赋，还留下了不少令人称奇的书画作品，而且还有不少传说故事。苏东坡在黄州并不是苦守一隅，他的生活丰富多彩，他本人既爱游览，又勤于写作，所以他的诗文记录了他的游踪和心情。

苏东坡在黄州，游览确实陶冶了他的情操，排除了不少忧愁苦闷，频繁游览山川激发了他的创作热情，且佳作不断涌现。元丰四年，苏东坡在答陈师仲主簿的信中说："山水穷绝处，往往有轼题字。"他认为"天地与人一理也"，寄情于山水，山水也会回馈情愫于人；人又可以通过山水景物来寄寓自己的种种人生感悟和哲理。

苏东坡频游武昌（今鄂州）西山、樊山、九曲亭、车湖、刘郎洑，在那里留下了令人难忘的记忆和美好诗文；五访麻城歧亭，加深了与故友陈季常的友情，写下了著名的《歧亭五首》《方山子传》；十二次游览赤壁诸胜，触景生

情，创作了千古绝唱《赤壁赋》《后赤壁赋》和《念奴娇·赤壁怀古》。元丰五年是苏东坡频繁游览、创作大丰收的一年。三月七日，沙湖（据考证为今黄州区东南、城铁东站与南湖方向的道仁湖）相田，途中遇雨，作《定风波·莫听穿林打叶声》》。在风雨中"吟啸且徐行"，并感言"竹杖芒鞋轻胜马，谁怕？一蓑烟雨任平生"。对困难如此安之若素，正是苏东坡贬谪生活调适后出现的新的生活态度。沙湖相田得臂疾，潘昌言县尉等迎接送至蕲水麻桥名医庞安（常）时家中，居留数日。疾愈后与庞同游清泉寺，作《浣溪沙·山下兰芽短浸溪》，反用白居易的诗意，警醒并鼓励自己"休将白发唱黄鸡"，这是苏东坡遭受政治打击后对人生态度的积极思考。我国的河流因地势原因大多东流，但这不是绝对的，也有溪水西流。人生时光流逝虽然不可逆转，但也不必悲伤、不必消沉。苏东坡夜过蕲水酒家，饮醉，策马至溪桥，见清朗的月光下乱山葱茏，纯净美丽的自然之景，使其恍然感觉如仙境。于是解鞍曲肱而酣睡，醒后便提笔书《西江月·照野弥弥浅浪》于绿杨桥柱上。

苏东坡不仅才华横溢，还富有生活情趣，留下了不少创作趣谈。《渑水燕谈录》说："子瞻文章议论，独当出世，风格高迈，真谪仙人也。至于书画，亦皆精绝。故其简笔才落手，即为人藏去。有得真迹者，重于珠玉。子瞻虽才行高世，而遇人温厚，有片善可取者，辄与之倾尽城府，论辩唱酬，间以谈谑。以是尤为士大夫所爱。"《冷斋夜话》说，王安石居钟山，有客自黄州来，公曰："东坡今日有何妙对？"对曰："东坡宿于临皋亭，醉梦中而起，作《宝相藏记》千余言，才点定一两字而已。有墨本，适留舟中。"公遣健步往取而至，时月出东方，林影在地，公展读于风檐，喜见须眉，曰："子瞻人中龙也！然有一字未稳。"客请愿闻之，公曰："'日胜日负'，不若'日胜日贫'耳。"东坡闻之，抚掌大笑，以公为知音。

苏东坡、黄庭坚、米芾、蔡襄共称北宋书法四大家。米芾在《画史》中说：苏子瞻作墨竹，从地一直起至顶。问何不逐节分？苏答曰："竹生时何尝逐节生？"运思清拔，出（超过）于文与可（与苏同时代的画家文与可，亦为亲戚，善于画竹，

第五章 东坡文化在黄州创造性转化与创新性发展

有"成竹在胸"的典故)。又说:"子瞻作枯木,枝干虬屈无端,石皴硬亦怪怪奇奇无端,如其胸中盘郁也。"米芾自湖南过黄州,初见东坡,酒酣曰:"君贴此纸壁上。"东坡即起当场在纸上作两枝竹、一枯树、一怪石。这幅画后被驸马都尉王诜(字晋卿)借去未还。苏东坡画画有他的特色,对象多为老梅、长竹、枯树和怪石。苏东坡的书法在当时代就非常有名,最有名的就是在黄州创作的《寒食帖》。贬居黄州时有慕名求书者,东坡也乐意写。《春渚纪闻》说:"东坡在黄日,每有燕集,醉墨淋漓,不惜与人。""至于营妓供诗,扇题带画,亦时有之"。

这些传说趣谈,仍是引人入胜的东坡故事,可以多加搜罗,编撰成册,作为可带走的成品,给游客增添雅趣谈资和旅途乐趣。此外,苏东坡在黄州的诗文作品和名言名句,也可编辑或摘录,制作成口袋书。让游客来黄州不仅有好玩好吃的,还有可以带走的文雅礼品。

◆(二)追寻苏东坡当年游踪,选择性地开发新的关联性景点

尽管苏东坡初到黄州时,自称"幽人无事不出门",在给朋友李端叔的信中也说"得罪以来,深自闭塞",但同时又说"扁舟草履,放浪山水间"。正如沈祖棻在《宋词赏析》中所说,他(苏轼)的思想感情存在着深刻的矛盾,他有忧谗畏讥之心,也有愤世嫉俗之意。其实,他更有开朗洒脱之情怀,发现美欣赏美之情趣。不然,怎会一到黄州就吟出"长江绕郭知鱼美,好竹连山觉笋香"的赞歌?

事实上,苏东坡也不是一位闭锁沉闷的文人。他既有他那个时代优秀文人不以一己之忧为忧的情怀,又有历代文人喜接近自然的特性,闭锁是暂时的,出游才是常态,游览使他那悸动的心灵得到抚慰。在黄州贬居的四年多时间里,他游遍了方圆数十里、数百里内的城镇和村庄,足迹遍及黄州鄂州长江南北的主要景点,蜗居不是他的性格。《蒙斋笔谈》载:"苏子瞻初谪黄州,布衣芒屩,出入阡陌,多挟弹击江水,与客为娱乐。每数日必泛舟江上,听其所往;乘

兴或入旁郡界，经宿不返，为守者极病之。"据苏东坡研究专家饶学刚教授研究：在贬居黄州期间，东坡游览了麻城歧亭、春风岭，武昌（今鄂州）的西山、樊山、江心岛、车湖、刘郎洑，黄冈的丫头山、女王（禹王）城、禅智寺、新生洲、欧阳院、阳逻、团风和沙湖，蕲水（今浠水）的伍洲、巴河、麻桥、兰溪、清泉寺和绿杨桥，罗田的乌马潭，大冶的桃花寺、磁湖和西塞山，蕲春的天峰麓，黄梅的五祖寺，黄陂的黄城等鄂东大地，足迹遍布大江南北。就是黄州城西的四望亭、乾明寺、如画亭、高寒楼，城东南的朝天门、春草亭、南坡、柯山、啸轩、任公亭，城南的承天寺、快哉亭、庆瑞堂、洗墨池、暗井、一枝堂，城西南的涵晖楼（无尽藏楼）、栖霞楼，城西北的竹楼、赤壁、君子泉、玉几山、龙王山、聚宝山、两耳山等寺观、园林、山丘、溪谷、桥梁、民家，也处处留下了东坡足迹和游踪，都可以成为我们今天追寻他、仰慕他的新景。

元丰三年（1080）二月，苏东坡一到黄州，寓居小寺庙定惠院，条件艰苦，幸而"间一二日辄往"安国寺，"焚香默坐，深自省察"。达到了"物我相忘，身心皆空"的境界，"收召魂魄，退伏想念，求之所以自新之方"；"且往而暮还者，五年于此矣"。这安国寺如今还是黄州城中大寺，近几年在住持崇谛师主持下，建设规模大增，新建筑也很堂皇可观，旁边又有宝塔，旅游景点已具备。

元丰三年（1080）五月苏东坡家眷来黄后，定惠院无法安住，只得迁居临皋亭。这里条件稍好，更临长江，苏东坡对这里的自然风光，尤其对长江和生活环境发出了由衷的赞美，似乎找到了新的归宿和心灵的安慰。他说："临皋亭不数十步，便是大江，其半峨眉雪水，吾饮食沐浴皆取焉，何必归乡哉！江山风月，本无常主，闲者便是主人。"临皋亭当年在江边，现在离江可有一段距离，这个遗迹也可以保留，让人瞻仰。

对于隔江相望的武昌（今鄂州市），苏东坡更是情有独钟，往返频繁。他说："所居临大江，望武昌诸山咫尺，时复叶舟纵游其间，风雨雪月，阴晴早暮，态状千万。"而苏辙《栾城集·九曲亭记》记载："子瞻迁于齐安，齐安无名山，

第五章　东坡文化在黄州创造性转化与创新性发展

而江之南武昌诸山中，有浮图精舍。西曰西山，东曰寒溪。将适西山，行于松柏之间，羊肠九曲，而获少平。有废亭焉，其遗址甚狭不足以席众客。子瞻与客入山，相与营之，亭成，而西山之胜始具。"可见，他不只游览西山，还为之营建了景观。放浪山水，苏东坡感到"淡泊自持，变便佳健"，感受"风物之美，足以终老"之快乐。"江山久居益可乐"，忙碌的现代人能抽一二日闲暇忘情于山水，吸取优秀传统文化的滋养，也会有益人身心健康，有利于社会的和谐发展。

在苏东坡当年游历过的地方，可开发新景点或增添新的体验式项目。如黄州城区内的定惠院、安国寺、临皋亭、朝天门、承天寺、快哉亭、涵晖楼、栖霞楼、竹楼、赤壁、龙王山、东坡雪堂等，有的是现存下来的，有的需要确定地点修建；周边县市如麻城歧亭，浠水麻桥、兰溪、清泉寺和绿杨桥，罗田的乌马潭、鏊字石，蕲春的天峰麓，黄梅的五祖寺，团风禅智寺，红安桃花洞，武穴仙姑山，大冶的桃花寺、磁湖、西塞山和银山铁壁，黄陂的黄城，鄂州的西山、樊山、江心岛、车湖、刘郎洑等，大部分地方需要确定并建设。这些可利用的景点，有的在黄冈市辖区内，有的则在市外，需要联合开发。如果得到了适当有效的开发，那么，鄂东整个东坡文化旅游事业的兴盛便很可观。

◆（三）从苏东坡当年交友活动中，挖掘有趣的人文故事

《避暑录话》说："子瞻在黄州及岭表，每旦起，不招客相与语，则必出而访客；所与游者，亦不尽择，各随其人高下，谈谐放荡，不复为畛畦。有不能谈者，则强之说鬼。或辞无有，则曰姑妄言之。于是，闻者无不绝倒，皆尽欢而后去。设一日无客，则歉然若有疾。"可见，苏东坡是一个非常有趣的人，不喜独处，喜欢结交朋友，而且不端身架，如他所言："上可陪玉皇大帝，下可陪卑田院乞儿。"不论对方身份地位，他都能找到交往的乐趣，同时也带给别人乐趣。他处逆境而不消沉，大概也与他这种性格有关。

饶学刚教授认为,贬居黄州期间,东坡结交的朋友仍过百人(《苏东坡在黄州》)。除书信谈心外,来往密切的则有:太守陈君式、徐君猷和继任杨君素,难友王定国、滕达道和张怀民,同庚马正卿,好友陈季常、王齐愈和王齐万,鄂州太守朱寿昌,进士潘丙和古耕道,诗人潘大临,名医庞安常,药师郭兴宗,黄州通判孟亨之和继任张公规,淮南西路提刑李公择,名僧继连和参寥,绵竹道士杨世昌,庐山道人崔成老,禅师海印,书法家米芾。还有黄冈少府张舜臣、县令何颉、周孝孙、郑元舆,武昌主簿吴亮、麻城主簿李台卿、歧亭监酒税胡定之,蕲水县令李婴、县尉潘昌言等人。可以说,上与地方官吏,下与流民乞丐,大凡和尚、道士、农夫、樵民、渔翁、商贾、郎中、秀才、老妪和儿童,他都与之往来结交,并产生了共同的语言和情感,结下了深厚的友谊,甚至还留下了不少美丽的传说和有趣的故事。

《西清诗话》载:"东坡谪黄冈,与陈季常(住麻城歧亭,号龙邱居士)游,季常自以为饱禅学,而妻柳氏颇悍忌,客至或诟骂未已,声达于外,季常畏之。故东坡因诗戏之曰:'谁似龙邱居士贤,谈空说有夜不眠。忽闻河东狮子吼,拄杖落手心茫然。'"虽有研究者认为外行人将"狮子吼"理解错了,但人们还是相信这是真实的故事,因为很有人情味、很吸引人,并早有人据此编写了电视剧。

《苕溪渔隐丛话》载:"元丰五年十二月十九日,东坡生日,置酒赤壁矶下,踞高峰,俯鹊巢。酒酣,笛声起于江上。客有郭、石二生,颇知音,谓坡曰:'笛声有新意,非俗工也。'使人问之,则进士李委,闻坡生日,作新曲《鹤南飞》以献。(李委又)'快作数弄,嘹然有穿云裂石之声'。正当坐客为新曲陶醉之际,李委从衣袖中抽出一张纸对东坡说:'吾无求于公,得一绝句足矣。'坡笑而从之。诗曰:'山头孤鹤向南飞,载我南游到九嶷。下界何人也吹笛,可怜时复犯龟兹。'"(《苏东坡轶事汇编》)文人雅士相聚,普通事也能玩出雅趣,现代经济社会物质生活丰富,信息资源爆炸,娱乐方式多样,可就是缺少些这样质朴的人情交往和情趣从容。这样的小故事若是挖掘出来,应该是受欢迎而大有价值的。

《竹坡诗话》载:"东坡在黄州时,尝赴何秀才会,食油果甚酥,因问主人,此名为何?主人对以无名。东坡又问为甚酥?坐客皆曰:'是可以为名矣!'又,潘长官以东坡不能饮,每为设醴。坡笑曰:'此必错着水也!'他日忽思油果,作小诗求之,云:'野饮花前百事无,腰间唯系一葫芦。已倾潘子错着水,更觅君家为甚酥。'"这"为甚酥"就是流传至今的"东坡饼",如再配上这有趣的故事,它就不只是一种普通小吃,而是内涵丰富的东坡饮食文化了。在吃饭不愁的今天,文化更能引起游客的兴趣和情趣(《浅议黄冈旅游资源中的东坡文化开发》)。

◆(四)开发东坡文化产品,丰富文化旅游

开发与苏东坡有关的诗词信札、艺文题跋、苏体书法绘画雕塑等,可以满足广大游客的文艺爱好。当然要有创意,一定要做法别致,引人入胜。

文化产业是一个大概念,需要许多元素来填满,美食是文化旅游中最叫人回味无穷的特色之一。喜酒会食的苏东坡在黄州期间自己发明创造的美食佳酿就特别多。在游客面前呈现出来,使之有得品尝,自然是旅游过程中必不可少的。

在文化旅游方面,还可以推出东坡乐坊文艺演出,以东坡古诗词朗诵、舞蹈、乐曲等表演形式演绎东坡文化;开展东坡古诗词字画拓片体验活动和东坡文化研学旅行活动;同时推出东坡书签、明信片、研学学习笔记本、东坡像钥匙扣等特色商品;此外,以开发东坡旅游项目为抓手,结合美丽乡村建设,加大黄州旅游产业开发,促进劳动就业,让群众分享旅游开发的红利。

◆(五)修复、修葺和标识东坡黄州遗址遗迹

组织专业人员尽快确认确定东坡在黄州的遗址遗迹,做好修复、修葺和标识东坡遗址遗迹的工作,让黄冈处处洋溢着东坡的气息,提升黄州文化古城的氛围和品位。如果修复、修葺和标识东坡黄州遗址遗迹有难度,可以借鉴深圳

"世界之窗"的做法，按照文献记载恢复东坡在黄州的遗址，把这些遗址按照一定比例缩小集中修建，形成东坡遗址园，把该园打造成黄州又一璀璨耀眼的亮点。

◆（六）开辟东坡文化旅游线路，丰富文化旅游形式

通过规划运作，将黄州与周边县市与苏东坡有关的遗址遗迹进行统一设计、建设、运营和管理，共同研究确定苏东坡的游踪线路和在黄州旅游的路线图；开辟东坡文化走廊，开展"东坡文化体验之旅"活动项目，提高游客流量，延长游客停留时间。从目前情况来看，景区还需要完善"吃、住、行"的配套基础设施和商业服务项目，有必要创建完整的旅游服务体系。

游览顺序可按照其游迹类别，也可按照其诗文线索。景点展示要将介绍性与趣味性相配合。以配置宣传苏东坡字画的大巴接送游客，游客在游览过程中以书画娱目，以诗文助兴，使游览更具有文化性。

开展东坡足迹寻踪、东坡养生体验、东坡书画艺术交流、东坡文化论坛等丰富多彩的活动，结合文化、科技、体育等相关产业开发文化旅游、健康养生、避暑休闲等旅游新形式，促进区域旅游业发展，形成特色旅游目的地。文化与旅游的融合，既赋予旅游以情感寄托，也会给文化以鲜活的传播形式，同时给黄冈各县旅游事业注入新的灵魂，带来新的机遇和希望。

◆（七）营造浓厚氛围，弘扬东坡文化，传承东坡精神

苏东坡在黄州的故事及其文学成就、胸怀品德、生活情趣等等，首先让黄州本地人、尤其是普通市民有所了解，乐于接受，并成为自觉的宣传者和传承者。所以，首先要做的是宣传，做好东坡文化的传播工作。从中小学生的教育和学习开始，大学生本来就应该成为重要的传播群体，市民只能用形象立体的、物化的成果来引导，使其能接受。针对不同的群体要有不同的宣传内容和方式，如开设东坡文化选修课及专题研究，社区里开辟东坡物品展览，中小学开设课

外学习小组等等。要让黄州人从小就知道苏东坡,随时都能脱口而出"大江东去,浪淘尽",产生一种与大文豪同居一城的自豪感。让人们从东坡作品中感悟他的人格魅力,继承他的黄州精神。

为了扩大宣传力度,"互联网+"模式是目前最受欢迎的营销策略。发动东坡文化爱好者制作关于东坡故事的短视频,利用抖音等平台,传播东坡文化,弘扬东坡精神。

为了进一步弘扬东坡文化、传承东坡精神,要大力发挥我们的优势,推动文化进社区、进学校。联合黄冈市有关机构,共建东坡文化实践基地,实现文化共建、资源共享。高校学生自觉地开展志愿活动,定期进社区、进企业,用演讲、戏曲等形式进行宣传,进一步普及东坡文化,扩大东坡文化的受众范围。

今天,在黄州,弘扬东坡文化不仅仅是一句口号,而且成为一种实实在在的行动。从赤鼻矶古韵悠然的东坡赤壁,到遗爱湖畔现代园林景色与东坡文化相生相融的遗爱湖公园,再到东坡外滩,东坡文化已成为黄州城市的精神风骨。正在建设的东坡文化旅游区,将使古城黄州焕发出东坡文化新的光彩。

第二节 东坡文创产品和黄州东坡美食

苏东坡生性自由洒脱,贬居黄州时期,因生活窘迫,他率家人开荒种地,并充分发挥自己对于美食的热爱和创新性,创制了东坡肉、东坡饼等美食,并用诗文记录下来,成为大宋第一带货主播。如今的黄州美食大厨——国家注册烹饪技能大师、黄冈职业技术学院商学院张彬老师与胡友志等大师合作,在东坡美食的基础上,对东坡菜进行改良,研制出一系列新东坡美食菜品,成为古城黄州美食的一张靓丽名片。也正是基于此,2016年中国餐饮酒业协会授予黄冈市"中国黄冈东坡美食之乡"的美誉。

苏东坡离开黄州返回朝廷任职后,仍不时发挥他过人的想象和创造性,用他那双善于发现美的眼睛和善于发明创造的双手，制作出个性化的生活用品，因其名气大，他的用品就不经意流行开来。元祐元年（1086）苏东坡又发挥自己的聪敏才智打造了属于自己的专属文创产品——"子瞻帽"，这种个性单品，引领了大宋服饰潮流。

940余年的今天，苏东坡和东坡文化诞生地的黄州，正规划建设东坡文化旅游区，黄州将会作为东坡文化名城亮相于世，黄州的文旅融合将会进入一个繁荣的新时代，对于东坡文创产品和东坡美食菜品的开发迫在眉睫。

一、东坡文创产品

讲到东坡文创产品，应先从什么是文创产品说起。文创产品即"文化创意产品"，指依靠创意人的智慧、技能和天赋，借助于现代科技手段对文化资源、文化用品进行创造与提升，通过知识产权的开发和运用，而产出的高附加值产品，如中国百佳文化创意产品。好的文创产品需要具备三个特点：审美、功能、内涵。苏东坡和东坡文化是自带 IP 的良好的文旅资源，大可作为文创产品的依托。

（一）东坡专属文创产品——帽子

奴隶社会时期，帽子一开始只是在官僚统治阶层普遍使用，不过那时人们戴帽子不是为了御寒，而是为了标志，象征着统治权力和尊贵地位。这时的帽子应该叫"冠"和"冕"，只有帝王和文武大臣可以戴，皇帝戴的帽子叫"冕"，士大夫戴的帽子叫"冠"，标示其地位和权力的大小，形成一种官僚秩序，就是所谓的中国古代冠冕制度。《释名》提到："二十成人，士冠，庶人巾"，可见只有士以上的人才可以戴帽子，其他平民百姓都没有戴帽子的权利。

春秋战国时期，像孔子、孟子这样的大学者也不能戴帽子，而是用"帕头"

裹头。他们教育学生要树立"轩冕之志",轩是车子,冕是帽子,意思就是当官走仕途,可见当时坐车子和戴帽子是官员标志性的特权。

说到官帽就不能不说乌纱帽。乌纱帽原是民间常见的一种便帽,官员头戴乌纱帽起源于东晋,但作为官服的一个组成部分却始于隋朝,兴盛于唐朝,到宋朝时加上了双翅。乌纱帽按照官阶在材质和式样上是有区别的。据说宋太祖赵匡胤登基后为防止议事时朝臣交头接耳,下诏书改变"乌纱帽"的样式:在"乌纱帽"的两边各加一个翅,这样只要脑袋一动,软翅就忽悠忽悠颤动,皇上居高临下,看得清清楚楚。由于帽翅有一尺多长,走起路来便会上下颤动。所以,为了保护帽翅以免碰掉帽子,官员们都养成了小心翼翼走路的习惯。宋陆游《探梅》诗云:"但判插破乌纱帽,莫记吹落黄金船。"

帽子的材质也是逐渐进化的。原始时期人们用兽皮、树叶做成,到了封建社会人们用的头巾为丝麻。到了唐代,帽子有了很大进步,据新旧《唐书》《唐会要》记载,那时候头上戴的叫"巾子",是用硬布做的。宋代仍然沿用。由于这种硬布帽子套在头上既不舒服,也不方便,天才的苏子瞻创造出了新的帽子,引起了一场帽子的时尚革命。宋朝元祐元年(1086年),在开封,一种"高筒短檐帽"——子瞻帽问世。这种帽子用黑色的乌纱做成,帽身很高,帽檐短。中间是空的,比头巾透气。一时间,子瞻帽红遍大街小巷,众人纷纷效仿,有文献记录为证。"士大夫近年仿东坡桶高檐短帽,名曰子瞻样"(李廌《师友谈记》)。"人人皆戴子瞻帽,君实新来转一官"(洪迈《夷坚志》)。戴子瞻帽好像没有身份限制,上到王公贵族,下到平民百姓,几乎无人不戴"子瞻帽"。

贬至惠州,苏东坡又发明了竹笠升级版——"东坡帽",这是在斗笠沿处加上一圈几寸长的黑布或蓝布,其优点是能把脸遮上,防止把脸晒着,这款帽子当地百姓下地干活必备。贬至海南,他又就地取材,发明一种叫"椰子壳"

的帽子，又受到当地百姓的一致追捧。

这两款帽子都不是苏东坡在黄州研制的创新产品，但这两款帽子都是苏东坡在经历了黄州四年多贬谪生活后的创意，深刻地诠释了苏东坡积极乐观、勇于创新的人生态度。

◆（二）三苏祠文创产品对黄州的启示

苏东坡的发明创造精神，给我们今天开发设计文创产品以很大的启示和借鉴。近年来，随着习近平总书记强调新时代要传承和弘扬中华优秀传统文化的指示，全国各地学习和弘扬传统文化热潮蓬勃兴起；东坡文化的研究越来越深入，文旅融合的态势正在扩大，文创产品大有市场，前景看好。

目前有不少城市结合自己的地域特色开发出一系列的东坡文创产品，值得一提的是四川眉山的三苏祠。眉山市大力推进"文化+""旅游+""文旅+"，把"吃、住、行、游、购、娱"和"商、学、闲、情、奇"相结合，创新文旅新业态，开发推出一系列文化底蕴深厚、富有地方特色的文创产品和旅游新商品。

2019年，在眉山旅博会期间，三苏祠文创产品吸引国内外游客前来购买，也受到网红主播们的追捧。这都源于三苏祠文创产品种类多并且极具特色，近期就有两种文创产品获奖：东坡诗词魔方、东坡飘雪茶。魔方可以培养人的动手和动脑能力，并且极大程度上训练人的记忆力、判断力以及空间想象力。三苏祠的魔方与一般的魔方不一样,掌趣东坡——东坡诗词魔方除了这几点功能，它还有助于提高人们对东坡诗词的记忆，比一般的魔方更具有挑战性。"东坡飘雪"是三苏祠倾力打造的首款文创茶，体现松雪落空岩，岩空落雪松。茶叶冲泡后，上面茉莉花像雪花，下面的绿茶像松针。从一推出就备受人们的喜爱，登上央视二套财经频道的"东坡飘雪"，最近又上了四川卫视，可见名气很大。

（据眉山三苏祠博物馆信息整理、图片由眉山市文广旅局提供）

据悉，三苏祠借文旅融合之势，积极探索和开发各类文创产品，让东坡文化得到最好的呈现，此次推出的"东坡飘雪"得到了社会各界的鼎力支持，得到了峨眉雪芽的倾力合作，得到了专家学者的文化赋予，使"东坡飘雪"更有内涵。

这是三苏祠继2018年先后推出首届东坡国际半程马拉松文创、东坡廉政文化套装、东坡"潇湘竹石图"系列文创之后的又一鼎力之作。

四川眉山是苏东坡的出生地，黄州是东坡文化的高地，黄州人有责任和义务更有信心做好东坡文化文创产品的开发工作。目前黄冈市正在整合东坡贬谪黄州期间的文化活动，积极探索东坡文创产品的设计与研发。2022年黄冈市启动东坡文化旅游区规划建设工作，东坡文创产品的开发也应提上议事日程。相信在未来的时光里，东坡文创产品一定会与黄州的东坡文化相得益彰，让东坡文化在黄州的大地上发光出彩。

◆（三）黄州东坡文创产品的开发设计

目前黄冈市已经在组建东坡文化文创产品研发团队，将东坡文化与黄州文旅产业相融合，与东坡诗词、书画、美食、养生等文化类型结合，计划设计出具有东坡文化特色的文创产品。

只有寓意深厚、设计感强的文创产品才能给消费者带来切身体验，并受到消费者青睐。所以文化创意产品的开发者首先得深入调查研究，了解东坡文化的深刻内涵和思想寓意，领悟东坡文创产品核心知识产权和符号的地域性含义；研究东坡文化的构成内涵，找到恰当、巧妙的契合点，与现代实物产品相融合，使东坡文化走进现代人的生活；寻找东坡文化相关产品之间所隐含的相似性，把一个物件的某种属性迁移到另一个物件上；将东坡文化品牌实物时尚化、现代化，对相关图形图案进行提炼概括，打散重构重塑，创新性地设计出外观新颖、内涵丰富的文旅产品。

东坡文化品牌标志设计。文化品牌标志(LOGO)主要是由图案、字母、文字、符号等组合起来构成的一种具有标志性、辨别象征的视觉元素。东坡文化品牌LOGO设计一方面须有独特的个性，容易被公众认识与记忆，留下深刻印象；另一方面要具有原创的意念与造型，具有时代特点。比如设计模式有图案＋文字组合和字母＋文字组合或图形＋字母＋文字组合，其标识色一般不超过3种。表达方式简洁明了，不仅对东坡文化品牌进行描述与强调，隐喻文化特点与理念，还体现文化品牌的传播特性，识别度高。

东坡文创产品设计。在东坡文创产品的设计实践中，首先使用头脑风暴法，充分发散思维，联想一切自己感兴趣或者有意思的东坡文化元素；其次根据头脑风暴的结果，探寻其中的分类，去掉不可实现或者不可行的创意点，挑选有价值有意义的设计点。然后将设计理念或者创新点运用到合适的载体上，比如本子、笔、书签、书籍、贺卡、明信片、书架等文具用品；扇子、梳子、水杯、雨伞、餐具、手表等生活用品；触控笔、电子表、音响、鼠标、播放器、手机等电子产品；钥匙扣、纪念币、纪念章、书签、画册等时尚纪念品；玩具、T恤衫、篮球、足球、羽毛球及球拍等文娱产品。将东坡文化特征概括与提炼，删除烦琐复杂、非本质的部分，保存和完善具有典型思想的部分，通过变异与修饰、打散与重构、借形与创新等，赋予新应用。最后进行情境设计，深化细节，制作出效果图。

◆（四）黄州东坡文创产品的开发具有多种途径

黄冈市已经开发并且正在使用的东坡文创产品，主要是东坡赤壁风景区的门票及一些日用品和文化用品和文化用品，其次是黄州安国寺的雨伞。因为安国寺主持崇谛法师也是一位坡粉,他让人在黑色雨伞上印上了东坡《定风波》中"也无风雨也无晴"的词句。下雨天,撑上这样一把伞走在雨中,也是别有一番味道。

综观东坡文创产品,在开发上仍存在着挖掘不深、种类不多、设计不新、影响不大等诸多不足。面对这样的现状,有必要开展相应的研究,对优势文化资源进行深度有效地挖掘与开发。未来东坡文创产品的开发,可在以下六个方面展开。

其一,开办东坡美食餐馆及餐具。黄冈职业技术学院张彬大师作为东坡饼制作技艺代表性唯一传承人,多年来一直致力于东坡美食的研发。他的东坡美食馆已经计划开发东坡文创产品,设计具有东坡文化底蕴的杯盘碗碟等美食餐具,让人在品尝美食的同时得到文化的滋养。

其二,黄州市区及一些县市的各类学校,在校园设施和用品上赋予更多的东坡文化元素。苏东坡不仅是大文豪、美食家,还是一位教育家。特别是黄冈市东坡小学,学校计划在校园卡上印刷东坡文化元素,让东坡文化深入到各个年龄层次的学生心中。还可以在校服上印刷东坡文化元素,让东坡小学的校服独具本校的个性特色。

其三,黄冈市一些医疗机构也可以赋予东坡文化色彩。苏东坡先生是一位同情民生疾苦的慈善家。贬谪黄州期间,在鄂州、黄州两地人多溺死女婴的情况下,他组建"救婴会",力所能及地拯救了无数女婴。黄州时疫流行,他将向巢谷苦求的圣散子药方,无私奉献出来,"散之,所活不可胜数"(《圣散子叙》)。他种麦东坡之上,恰逢大雪盈尺,乃丰收之兆,可是他忧虑雪中的百姓,想到"舍外无薪米者,亦耿耿不寐"(《书雪》)。他这种高尚宽厚的仁爱情怀,即使苏东坡身处厄境,也尽力地为黄州人办好事。这也正是近千年之后,黄州人对他仍有无穷之思的原因。因此,可以将东坡文化元素印制在医院的就诊卡

上，提示人们不忘东坡爱民恤民的精神。

其四，黄州市区各类政府机关也可以反映东坡德政和廉政文化。元丰五年（公元1082年）七月，苏东坡贬谪黄州的第三年，写下"且夫天地之间，物各有主，苟非吾之所有，虽一毫而莫取"（《赤壁赋》）。这是苏东坡一生所坚持的廉洁操守。同年在黄州写的《满庭芳·蜗角虚名》，引用《庄子》中的"蜗角虚名、蝇头微利"寓言故事，形象嘲讽了官场热衷于虚幻微小功名利禄的逢场游戏，深叹人世间名利场的角逐如同梦幻一般，没有什么值得追求的。元丰六年（1083），东坡被贬黄州第四年，徐君猷太守调任湖南。为了颂扬徐守之功德，苏东坡应安国寺僧继连之请，将寺内竹间亭命名为"遗爱亭"，并作《遗爱亭记》。"何武所至，无赫赫名，去而人思之，此之谓遗爱"。从苏东坡本人来说，在黄州似无显赫功名，但他离开黄州，至今九百余年仍大有口碑，他给黄州人民的遗爱永远流传。这种"遗爱精神"超越了时空，与今天党和国家倡导的人民至上、践行社会主义核心价值观有异曲同工之妙；他廉洁自律的精神，仍是今天地方官员们的榜样。黄冈市各级党政机关，可以在工作场所和工作设施上赋予东坡元素。

其五，开发东坡桃花茶。宋神宗元丰四年(1081)，苏东坡一家的生活到了难以为继的地步，好友马正卿热心地向黄州府请求，得到了府治东边一块五十余亩的废弃营地，给苏东坡一家开荒耕种。苏东坡不使一寸地荒废，他对不同地段进行详细规划，根据高低肥瘠分别种了稻子、麦子、果树、竹子，还想再种上几株茶树。元丰五年（公元1082年）五月，苏东坡扁舟草履，一路漫游到大冶大茗山。在山上，东坡偶感风寒，便向和尚讨杯茶吃。和尚给了他一杯桃花茶。苏东坡便问和尚乞要一棵茶树移栽到自己耕种的东坡。这段经历被东坡写在长诗《问大冶长老乞桃花茶栽东坡》里。大冶桃花茶与东坡渊源深厚，而东坡本人又喜饮茶，何不借鉴三苏祠的做法，将桃花茶与东坡文化结合，研发出一款新茶？这种茶自带东坡诗意。

其六，成立剪纸工作室，将东坡故事和诗词作为剪纸艺术题材。黄冈市有多位剪纸大师，如湖北黄冈民间剪纸艺人、黄冈市非遗传承人宋武、卢华等都是非常杰出的代表。可以精选东坡黄州故事、东坡黄州诗词，做成富有东坡文化内涵的剪纸作品，如窗花、挂历，等等。现在黄州市上的剪纸艺术都来自外地，题材也比较狭窄，如果从东坡文化选题材应该更丰富，会受欢迎。还有其他类型的工艺品，也需要大力开发。

旅游地要有吸引力，应该全方位满足人们的需求，必须让慕名来黄州旅游的人们，不仅玩好、吃好、住好，还有可带走的东西，让黄州的东坡文化之旅既不缺乏物质的享用，更有精神的享受和回味。

二、东坡美食

苏东坡谪居黄州四年多，从一代文豪变成了一介识字农夫，同时经过他的智慧和创新，成为了一名超级美食家。黄州岁月是苦难的历程，也是东坡自新的历程，还是东坡美食开创的新时期。自从二十一岁中进士到二十六岁步入官场，到六十六岁病逝于常州。苏东坡一生仕途长达四十年，历经十八州，历任八州太守，大贬三地，足迹踏遍北宋大半国土，使他有机会吃遍四方。而且他笔头勤奋，和同僚亲友之间除了共享美食，还写有不少诗文记录。在他宦海沉浮40年间，他写下了许多美食诗，今天有人还专门编撰了一部美食著作《宋宴》（徐鲤、郑亚雄、卢冉著，新星出版社）。

（一）苏东坡的美食诗

被贬来黄州时，尽管苏东坡官场经历才20年，但这是首贬之地，他由官

员变成了被监管居住的、"不得签书公事"的闲人。而且生活贫困,为了改善家人的生活,满足他自己对美食小小的渴求,苏东坡便充分发挥了他的创造性和创新性,在当时有限的生活条件下,自己创制了很多美食。他一生也品尝了许多美食,还留下了许多美食诗文和趣事。现从《宋宴》(P159)中选四首来尝尝东坡笔下的美食,欣赏他的美食故事。

  其一 初到黄州
   自笑平生为口忙,老来事业转荒唐。
   长江绕郭知鱼美,好竹连山觉笋香。
   逐客不妨员外置,诗人例作水曹郎。
   只惭无补丝毫事,尚费官家压酒囊。

  本诗以自嘲口吻开头,此前诗人一直官职也不高,只做过杭州通判,密州、徐州、湖州三州知州,而到湖州仅数月便下御史台狱。年轻时的政治抱负,此时却成泡影,只能为口腹生计而奔忙。"老来",诗人当时方四十五岁,这个年龄在古人已算中年以后了。苏东坡作于密州的《江城子》词中便有"老夫聊发少年狂",俨然自称老夫了。"事业转荒唐"指"乌台诗案"事,屈沉下僚尚可忍耐,无端的牢狱之灾使他深感仕途险恶,不得不检点自己过去为人处世的张扬。"荒唐"二字是对过去的自嘲与否定,却含有几分牢骚。面对逆境,苏东坡将何以处之。他的生活情趣和乐观本性应该是改不了的,生活中的美好他最能感觉得到。"长江绕郭知鱼美,好竹连山觉笋香。"就是他本性的流露,也是对未知生活的期望。

  初到黄州,正月刚过,初春气息渐浓。苏东坡由黄州三面为长江环绕而想到会有鲜美的鱼吃,因黄州多竹而犹如闻到竹笋的香味,把视觉形象立即转化为味觉嗅觉形象,表现出诗人对未来生活的憧憬。紧扣"初到"题意,亦表露了诗人善于自得其乐、随缘自适的人生态度。苏东坡这种"能从黄连中嚼出甜味来"的精神,最是令人钦敬。这种豁达、乐观的精神,使他在黄州五年的仕途低谷时期,生活上自食其力,自创美食;创作上达到炉火纯青的境界,《赤

第五章 东坡文化在黄州创造性转化与创新性发展

壁赋》《后赤壁赋》《念奴娇·赤壁怀古》等著名作品光照千秋。苏东坡成了古代文学家中身处逆境而大有作为的典范，尤其是把逆境活出精彩的榜样。苏东坡如鲁迅所言"敢于直面惨淡的人生"，他的高尚思想境界成为后人之表率。据研究统计，以东坡命名的美食也在我国各大菜系之外，自成一个系列。

后四句为作者自嘲，颈联写以祸为福的宽慰心态，用典自况。"为口忙"而至此，可以说是人生的大不幸了，诗人却以苦为乐，以祸为福，在扫兴的"员外置"前加了一个"不妨"，在倒霉的"水曹郎"前加了一个"例作"，安之若素，自我调侃。其心胸开阔、个性旷达的特征便跃然纸上。尾联写无功受禄的愧怍，质朴自然。身为"员外"，却没能为国家出力办事，而又要白白花费国家的财物，实在是惭愧。"压酒囊"就是俸禄，虽然钱不多，可对于一个"无补丝毫事"的人来说，还要费这薪资，诗人便感到惭愧。

诗人虽自嘲不幸，却又以超旷的胸襟对待，后世诗作唯有鲁迅的"运交华盖"与其相比。但苏东坡对美好生活的向往，对美食的称赞是一以贯之，并在黄州付诸实践，留下了美食。

其二 猪肉颂

净洗铛，少著水，柴头罨烟焰不起。
待他自熟莫催他，火候足时他自美。
黄州好猪肉，价贱如泥土。
富者不肯吃，贫者不解煮。
早晨起来打两碗，饱得自家君莫管。

诗起句"净洗铛"，虽然是说做好烹饪的准备工作，其实这正是做事或修养身心时虔诚、认真态度的体现。煮肉如此，做一切事情，均须如此。读者可以从这小心翼翼的"净洗铛"中，窥见苏东坡平时修养身心之严谨、真诚。"少著水，柴头罨烟焰不起"。水放得不多不少，火要不大不小，这样煨炖，才能将肉烹得又烂又有滋味。苏东坡告诉我们，具体实践中，每个环节都要做得稳妥、仔细，来不得半点马虎。透过这一丝不苟的准备与实际操作，可以看到，

不只是烹调本身，而是对待人生、修炼自身的一种兢兢业业的精神。

"待他自熟莫催他，火候足时他自美"。煮猪肉，只要方法得当，缓缓煨炖，到了时候，它自然滋味醇厚，美不可言。这两句，说的是煮肉，但当联想到人生的时候，不是正好发现，它切中了那种急功近利的社会人生弊端吗？人生的成熟感悟，是需要时间的。好大喜功，心浮气躁，得到的可能有一时"战果"，其实也会埋下失败结局之因。

"黄州好猪肉，价贱如泥土。富者不肯吃，贫者不解煮"。人生的精彩往往体现在平淡的日常生活之中。以现代人的观点，像猪肉这司空见惯的食物，人们并不觉得里边有什么奥秘可寻；像炖煮猪肉这样的家常之事，也容易忽略探讨其精益求精的可能性。苏东坡的感叹，除了人们对待猪肉的态度之外，另有一种可供联想的可惜之意——人们在面对生活中种种事物时，或不屑于，或不愿意去深究事物的多种可能，不愿打破长期以来的固有的观念。读者应该从他的叹息中，理解猪肉之事以外的深意，真善美就在每日每时的生活当中。发现美好的事物，创造美好的生活，乃是我们大有潜力可挖的人生使命与快乐。联想到苏东坡在以上所举《答毕仲举书》里把吃猪肉比为修养身心的象征，将那虚无缥缈的（佛学）"龙肉"之类的玄谈加以摒弃的哲理思考，或许能更深层地理解"黄州好猪肉"这四句诗歌的另一番味道。

"早晨起来打两碗，饱得自家君莫管"。"两碗"，不但写出了胃口的满足，更写出了心灵的惬意。作者仿佛早就料到了他人的议论与惊诧，他风趣地说，我吃猪肉，腹满心惬，如鱼饮水，冷暖自知，外界对我的褒贬，尽可置之度外。宋代以羊肉为正宗，有身份有地位的人不屑于吃猪肉。苏东坡却不受时俗限制，因地制宜，自创美食，还改善了自己和家人的生活，管别人如何看如何说，我自受益。因此，苏东坡这一"饱得自家君莫管"之平淡结尾，其实是展现了他自己不同流俗的思想，蕴涵了深刻的人生感悟。值得说明的是，在《猪肉颂》中，苏东坡并没有对他的"猪肉观"的人生思考做任何诠释，而全在简短的说明性叙事之中，有意无意透露着他的身心修养和生活智慧。

诗题《猪肉颂》三字，看似滑稽，实际是在幽默中蕴涵了严肃的主题。作者的颂，当然包括了在味觉方面的享受，对自身的烹调创新方面的自得。而了解苏东坡当时艰难处境的人，就会在诗人享受味觉美味后面，隐约看到一个不屈的灵魂。一个在为人处世方面，永远追求更高远深刻情味的，将日常生活与理性思考达到"知行合一"的理性哲人。尤其是作者将烹调艺术与人生超越的理想有机结合为一体，教导人们做出美味食品，打破了既有的陈规，扩大了生活的内涵。他写的既是猪肉本身，又寓意着生活的哲理。

其三　戏作鮰鱼一绝

粉红石首仍无骨，雪白河豚不药人。

寄语天公与河伯，何妨乞与水精鳞。

《戏作鮰鱼一绝》不是黄州所作，但也是史上有名的鮰鱼宋诗。由于读者不了解当时的写作风格、诗人的写作背景和物产地风土人情，常有三种误解：一种误解针对诗题，认为诗题"戏作"就是戏言之作，不可当真；二种误解针对诗言，认为诗言"石首"不提鮰鱼，文不对题；三种误解针对诗意，认为诗意表达"粉红石首"比"雪白河豚"好看、仍无骨、不药人，一共说了三点，一绝何在？为了正确理解这首鮰鱼宋诗，有必要作一简要说明。

当时的北宋盛行迷藏之作。迷藏是一种游戏，指双方蒙目相捉或者明目寻找躲藏者，也称捉迷藏。作者把所言之意藏起来让读者去寻找，就是适用游戏规则的迷藏之作。迷藏之作有两种表现形式：一种"诗言迷藏"，如黄庭坚的《次韵文潜同游王舍人园》诗；另一种"诗题戏作"，如苏东坡《戏作鮰鱼一绝》。苏诗采用了"一迷二藏"的写作手法。一迷于言，如诗言"石首"不提鮰鱼，让人迷惑不解。二藏于意，如诗意表达"粉红石首"比"雪白河豚"好看、仍无骨、不药人，一共说了三点，却把"好吃"之点藏了起来，所藏之点就是诗题所言"鮰鱼一绝"。

此诗作于北宋熙宁四年（1071），苏东坡时任京官，上书言新法的弊端，令宰相王安石愤怒，王让御史谢景温在皇帝面前弹劾苏东坡，苏东坡势不力敌请求出京任职。他先回了一趟四川老家眉山，然后携家眷赴任杭州通判。他们自岷江乘船顺流而下，入长江，途经石首县城，吃了久负盛名的长江鮰鱼，听了前所未闻的石首民谣，苏东坡即兴赋诗《戏作鮰鱼一绝》。此诗迷藏之处其实被石首民谣所言，只是鲜为人知，却被诗人采信于诗。石首有民谣："鮰鱼石首有，名字叫石首。白天歇石洞，伸头像石首。鮰鱼石首有，名字叫石首。味比河豚美，骨比河豚无。"

诗人赴任杭州通判虽是自请外任，终是仕途不顺，途经石首县城没有惊动当地官府，石首县志也没有苏东坡一行的记录。但是苏东坡一生猎奇各地名物，自不放过眼前久负盛名的长江鮰鱼，尤其对石首民谣自会刨根问底。不然，诗人就不是个性鲜明、才华出众、猎奇好胜、富有情趣、热爱生活的苏东坡。

石首之地处江汉平原和洞庭湖平原的结合部，因石首之地有山挡水，抵挡长江水系直达洞庭湖区。这里首当其冲的"挡水山"就叫"石首山"。地理志有石首县名源于石首山的记载，但无石首山源于何故的起始记录。苏东坡亲历其境，当有自我之见。长江流经石首九曲回肠，处处回流险湾，长江鮰鱼就是长江馈赠给石首的礼物。石首渔民与长江鮰鱼世代为伴，观察到长江鮰鱼"白天歇石洞，晚上戏回流"，并且歇息石洞露出头就像"石之首"，故以"石首"谐称鮰鱼。这道美食也就自有其深意，虽不出自黄州，却也是一水相随的长江美味。

其四 撷菜

秋来霜露满东园，芦菔生儿芥有孙。

我与何曾同一饱，不知何苦食鸡豚。

苏东坡战胜苦难有两大法宝：一是苦中作乐，以苦为乐。它不仅能使人自身开朗愉快，而且能促进人身心健康，减少疾病。苏东坡在惠州贬所，向王参军借了不足半亩的一块地种菜，足够父子俩一年到头吃不完。有时夜里喝酒，就采摘些菜煮了解酒。作者得意地宣称：这蔬菜清香，一点也不逊色于鸡豚肥美，反而更加饱含天地间钟灵毓秀之气呢！二是性格幽默，善于说笑。任何事物在他笔下，总能找出非同寻常的话语加以描摹和夸张，表现出十足的喜感。例如此诗，萝卜有了儿子，芥菜有了孙子，蔬菜被说成都有和乐幸福的大家庭了。生活中有着这样的小菜园，作为主人，有多惬意。

◆（二）苏东坡的美食"菜单"

黄州苏学专家史智鹏先生曾列举东坡黄州饮食，包括荤菜、素菜、小吃、饭粥等，其中有具体菜名的美食就有59种之多。人们不得不承认，苏东坡是善于烹饪美食的烹饪鉴赏家，在他的诗文中不乏赞咏美食、酒茶的佳作，他还著有脍炙人口的《老饕赋》，并因此以"老饕"自喻。他曾经把天下美食汇于一席，开列出一份精美的"菜单"，将天下奇珍异馔编入其中。其中"老饕席"是苏东坡设计的食谱，菜式只有六样，但对质地与制作工艺却要求甚高。

1. 肥而不腻的东坡肉。东坡肉是一道极具影响、深受大众喜爱的传统名菜。黄冈职业技术学院国家技能大师张彬，曾获得中国烹饪大师、全国"五一"劳动奖章、湖北省技术能手等荣誉，他还荣获湖北非物质文化遗产第三代传人和东坡美食文化研发大师称号。他制作的东坡肉既美味又有改良，斩获无数大奖。他同时还是东坡饼制作技艺代表性传承人。

黄州东坡肉选材大别山地区的黑土猪肉，肥瘦相间，不像市面上猪肉瘦多肥少，难以烹出软烂糯口之感。将生肉先放入锅中蒸40分钟，捞出，在案上摊冷，并用竹签刺孔脱油，再切成长宽高约2厘米的肉块。接下来要放入锅中烧制90分钟，期间加入各种调料。与其他地方做法不一样的是，荤瘦搭配。肉烧好后，放入竹笋、西兰花，再蒸半个小时，目的是把油脂蒸出来。现代人普遍追求健康，不敢吃太油腻的食品，这样能让整盘东坡肉肥而不腻，瘦而不柴。

2. 入口即化的杏酪蒸羊羔。与原料为猪肉的东坡肉相比，以羊肉为主料的东坡羊羔亦是美味至极。将蒸好的羊羔浇上杏酪，羊羔软烂只能用匙不能用筷子。杏酪，即杏仁磨成的浆，是宋元时期的一种特色调味品。

3. 外酥里嫩的东坡脯。脯在古代最初是指牛、羊、猪肉加工的肉条（片）

干，这里的东坡脯则是煎炸鱼条。据《事林广记》记载，东坡脯的做法是：将鱼洗净处理后取肉，切成寸条，用盐和醋腌制一会，放在粗纸上将鱼条渗出的水吸尽，将香料和绿豆淀粉拌匀，放入鱼条，裹匀粉衣后，用手将粉衣轻轻拍实，再抹上芝麻油，炸熟即可。

4.津津有味的东坡煮鱼。据《苏轼文集》卷五十一《与钱穆父十八二首》和卷七十三《煮鱼法》记载，东坡煮鱼的做法有几个特点：其一，都是用无油水煮工艺制作。其二，在配料和调料的使用上，都有白菜心做配料，以姜汁、萝卜汁和酒制成调料汁去腥。其三，在煮鳜鱼时用笋蕈做配料，煮鲫鱼或鲤鱼时则加入葱和橘皮做调料，都能起到去腥提鲜作用。其四，烹饪时用刀划鱼身两侧，使鱼更加入味。

5.鲜香至极的东坡羹。东坡羹的名称，出自苏东坡的《狄韶州煮蔓菁芦菔羹》一诗，原句是"谁知南岳老，解作东坡羹"。通观东坡羹用料和制法，可知东坡羹大致有四种，其主料分别为山芋、蔓菁、萝卜、芥菜，配料则完全一致，都是研米粉。与大多数餐食类的菜羹不同的是，这四种东坡羹都不放油盐酱醋。其中以山芋为主料的被苏东坡称作"玉糁羹"。

6.时尚搭配的东坡豆腐。以豆腐为主料的菜是宋代都市的一档美食潮流，善于发现美的苏东坡，对豆腐更是情有独钟。一是喜食蜜渍豆腐，二是榧子豆腐，这就是我们这里要说的东坡豆腐。榧子的种仁黄白色，气微香，味微甜，中医认为可杀虫消积令人能食，是一种食药两用果仁。南宋林洪在《山家清供》记载其做法：一种是先用葱油将豆腐煎一下，然后加入一二十枚榧子（末）和酱同煮，另一种是用酒煮。

◆（三）黄州新创东坡美食

古城黄州作为苏东坡首贬地，凭着一道苏东坡创制的"东坡肉"闻名全国。黄州的"大东方"酒楼更是以其"东坡肉"登上央视2套而作为金字招牌，另外黄州的"德尔福"酒楼也将"东坡肉"作为招牌菜。两家酒楼出品的东坡肉也是各有千秋，成为食客必点菜品。

为全力推动黄冈餐饮业健康发展，打造黄州特色美食名片，由黄冈市卫生健康委员会牵头主办，黄冈职业技术学院、张彬国家技能大师工作室承办，罗田县万密斋中医院、黄冈市餐饮酒店行业协会协办的东坡美食研发项目，于2022年6月正式启动。项目前期工作已经全部展开，研发团队初步研发的28道菜品已经开始试菜。其原材料包括药材全部源自大别山，在传统东坡美食的基础上，结合各类药材特性融入不同食材，创制出新的东坡养生美食菜品。下面就几道菜品稍作介绍。

桂花东坡肉：精选夹层五花肉，辅以罗田板栗，配干桂花，小火慢煨，色泽红亮，口感软糯（如图1）。

图1 桂花东坡肉

东坡大鱼丸：精选长江胖头鱼漂出血水，绞碎成鱼茸，顺时针方向搅打上劲，挤出丸子，冷水汆入，配以竹荪蛋，煮熟调味装盘。出品色泽洁白，口感Q弹（如图2）。

图2 东坡大鱼丸

东坡山药羹：精选武穴佛山山药，配以鸡汤、虾滑、小鱼元、薏米、小米、甜豆、枸杞、百合，鸡汤煨熟出锅装盘。菜品口感醇厚、营养丰富，具有健脾益胃、滋肾益精的养生功效（如图3）。

图 3 东坡养生羹

东坡茶香虾：精选基围虾，英山绿茶开水泡20分钟；锅内烧油至120°，下基围虾炸至外酥内嫩；油锅把茶叶炒香，下入基围虾调味装盘即可。菜品口感酥脆、色泽金黄（如图4）。

图 4 东坡茶香虾

菊香东坡饼：精选白面粉，鸡蛋取蛋清，加菊花泡水反复搋揉，搓条揪成面剂，复搓成圆坨，放到盛芝麻油盘里饧10分钟；又按成长方形薄面皮，卷成双筒状，拉成长条，再侧着从两端向中间卷成大小圆饼，将大饼放底下饼上叠一起，复放芝麻油盘成饼坯。锅置中火，芝麻油烧到七成热时，将饼坯平放锅里，边炸边用筷子点动饼坯心，使饼炸至松泡但不能散开，呈金黄色时，捞出沥去油，装盘撒糖即成。出品香甜酥脆，咸鲜绵长（如图5）。

图 5 菊香东坡饼

第三节 黄州东坡文化进校园

苏东坡不仅是伟大的文学家,其文学成就全面而辉煌。他在思想上、政治上、社会学及餐饮和养生学上都有很大成就。东坡文化不仅包涵了他一生的文艺思想和忠君爱民思想,还包含其面对挫折的坚毅与豁达的人生态度,文学的登峰造极及其影响,他的处世态度、人生范式及其胸怀品德。东坡文化是民众文化,根基深入东坡与民众交往的生活与实践之中,是接地气的文化;体现的是民情、民意、民愿,充满了民生情怀;东坡文化是思辨文化、感悟文化,体现了他朴素的唯物主义思想,记录了苏东坡通过彼事、彼物而感悟之所得;东坡文化是改革创新文化,"二赋一词"是苏东坡在黄州文学改革创新的结晶;东坡文化也是勤勉文化,仅以黄州为例,谪居四年零二个月的时间里,共写作了750余篇(首)诗词文赋书札还有书法、绘画作品。平均两天就有一篇作品问世,而且其中许多是经典之作,非勤勉而莫能为之。对于处于求学成长阶段的学生而言,勤勉品德是成才的前提。东坡文化从实践中产生并经过实践检验,是我国古代优秀传统文化,具有很强的学习和借鉴意义;东坡文化是中华优秀传统文化的缩影,折射出传统优秀知识分子的情感世界和事功世界,其光辉映照着千年文化星空。东坡文化内涵丰富,涉及广阔的文化领域及社会人生。东坡文化进校园,对现代广大的青少年学生学会面对生活、开创未来,具有多方面的借鉴、滋养和启示作用。

一、东坡文化进校园的时代价值

东坡文化进校园是优秀传统文化传承和发展的需要。习近平总书记在纪念孔子诞辰2565周年国际学术研讨会暨国际儒学联合会第五届会员大会开幕式上的讲话强调,中国优秀传统文化的丰富哲学思想、人文精神、教化思想、道德理念等,可以为人们认识和改造世界提供有益启迪,可以为治国理政提供有益启示,也可以为道德建设提供有益启发。对传统文化中适合于调理社会关系和鼓励人们向上向善的内容,我们要结合时代条件加以继承和发扬,赋予其新的涵义。习总书记对中华优秀传统文化的继承与发扬提出了明确的要求,学校是中华优秀文化传承的主阵地,将中华优秀传统文化重要组成部分的东坡文化作为校园文化的重要内容,是学校教育的应有之义,是东坡文化传承的最好途径。

首先,东坡文化进校园是校园文化建设的需要。校园文化能够反映出一个学校的办学风格、理念和精神风貌。校园文化的建设能够提升师生的凝聚力,营造良好的文化氛围,使学生能够得到健康的文化熏陶。校园文化的建设需要植根于传统文化精神,离不开我国的优秀传统文化;东坡文化传承至今,已有近千年的发展历史,其丰富的哲学思想和教育理念,能够为校园文化建设提供丰富的思想资源和文化内涵。将东坡文化内涵融入到校园文化建设中,将发挥非常重要的作用。作为东坡文化的诞生地,不论是中小学还是大专院校,都可以在自己校园文化建设中融入东坡文化元素。

其次,东坡文化进校园是学生成才的需要。学校的教育不仅是为了传授理论知识,同时还承担着为学生树立正确的人生观、世界观以及价值观的使命。立德树人,最好的方式就是以文化人,潜移默化。青少年学生正是接受知识和思想洗礼的大好时期,思维都比较活跃,通过接受教育,思想观念和价值取向也在不断地确立和成熟。因此,以优秀的文化育人,对学生的价值观进行引导和培养具有非常重要的意义。东坡文化是中华民族宝贵的精神财富,对学生的健康成长会产生积极的影响。

第五章　东坡文化在黄州创造性转化与创新性发展

总之，东坡文化进校园是作为东坡文化发源地黄州教育人的使命与担当。"黄州成全了苏东坡，苏东坡也成全了黄州"，黄州因东坡而闻名海外，东坡成为黄州对外宣传的名片，继承传承弘扬东坡文化，使东坡文化、东坡精神渊源流长是当然的选择。

二、东坡文化进校园的实践探索

东坡文化进校园，有中小学和大学之别。东坡文化进中小学，主要侧重于东坡文化的物化形态的传播，如东坡诗词、东坡书画、东坡美食，主要以讲好东坡故事，诵读东坡诗词为主；体会东坡家风家教及其为人为官风骨等，实现东坡文化浸润作用。而东坡文化进大学校园，应该侧重于东坡文化理论研究、东坡精神的传播传承，既要有东坡文化的具体学习，也要有东坡文化传承活动的开展，把理论研究、成果转化上升到精神感染、优秀传统文化的认同和文化传承。

开展理论研究，为东坡文化进校园创造条件。理论研究是东坡文化传承的基础，黄冈各级各类学校重视并鼓励师生从事东坡文化研究。在东坡文化的研究方面，一方面是共享东坡文化研究成果。黄冈作为东坡文化的发源地，历来重视东坡文化的研究，自2009年黄冈市东坡文化研究会成立以来，研究成果丰硕。十余年来，编选东坡黄州诗文集及东坡文化研究文集数十部，如《黄州赤壁文化丛书》《苏东坡文化》《苏东坡黄州作品全集》《苏东坡在黄州》《苏东坡黄州五年间》《苏东坡黄州名篇赏析》等等。收集和注释苏东坡在黄州的主要文学作品及东坡文化研究成果，进一步提炼东坡文化内涵及东坡精神，在研究传承东坡文化方面产生了积极影响。黄冈师范学院、黄冈职业技术学院的专家学者还围绕东坡文化传承，开展课题研究，如湖北省级研究课题"东坡文化进校园对高职学生素质提升的影响研究""东坡文化融入思政教育的探索""东坡文化融入高校思政教学研究""黄州东坡文化的兴起发展及其影响""地域

文化融入高职文化育人体系的路径研究——以东坡文化为例"等，为东坡文化进校园提供了丰富的资源和技术指导。另一方面是发挥理论研究的复合效果。通过资料收集、理论研讨，加深师生对东坡文化的理解和认同。在研究中，探索适合学校传播传承的东坡文化元素，发挥理论研究的传承功能。《黄冈职业技术学院学报》专门开辟了"鄂东文化研究"专栏，连续开办十余年，一半以上刊登东坡文化研究成果，为东坡文化研究者和学习者提供了学术交流的平台。通过课题等研究，形成理论研究成果，为师生研究和学习提供依据，为东坡文化在校园传承和弘扬创造环境和氛围。

开展实践活动，为东坡文化进校园提供路径。拓宽渠道，在校园文化活动中融入东坡文化。东坡文化进校园，实现文化育人效果，需要合适的载体。校园文化活动涉及范围广、参与人数多，是东坡文化传承的有效载体。校园文化以学生为主体，以校园为主要空间，涵盖全体师生，是学校成员在共同活动交往中的行为准则。健康的校园文化，可以陶冶学生的情操、启迪学生的心智，促进学生的全面发展。东坡精神的忠贞为国、勤政爱民、积极乐观、尊重自然的精神符合校园文化弘扬的价值谱系，在校园文化建设中融入东坡文化，对于提升校园文化内涵，发挥以文化人、以文铸魂有其特定意义。

东坡文化融入校园文化活动需要政府、学校、学生"三主体"共同努力。在政府层面，"政府搭台、文化唱戏"。黄冈市政府历来重视东坡文化资源的保护与弘扬。在"以文兴市"策略中，"培育一个特色品牌，建设一座主题公园，打造一系列合作交流平台，创作一批精品力作，汇聚一批优秀人才"，是黄冈市政府繁荣发展"东坡文化"的大思路、大手笔。一场讲座，掀起了黄州学习东坡文化热潮。原任市委书记刘雪荣2006年给全市局级以上领导开办的一场"千年绝版苏东坡"的讲座，让黄冈市各县市领导干部理解东坡文化的含义，重视起文化对地方发展的重要意义。

东坡赤壁公园和黄州遗爱湖公园的修葺和建设，让黄冈市民和外来游客享受了黄州东坡文化的润泽。两大公园似两颗璀璨的文化明珠，成为展示东坡文化、传承东坡文化的大品牌。东坡赤壁公园于2006年5月，被国务院核定为全国重点文物保护单位。如今她不仅是黄州城区人们的文化活动中心，也是慕名来黄州的旅游者必去瞻仰的苏东坡纪念地，每年接待中外游客50万人次。遗爱湖十二大景区，每一景都蕴含东坡主题，都能感受东坡文化的华彩。公园融自然风光、生态景观、文化景观和现代游乐休闲于一体，不仅成为市民和游客们休闲娱乐的好去处，还成为黄冈文化古城展示城市形象的一个重要窗口。两个公园，都为黄冈在校学生提供了东坡文化传承的实践教学基地。

2011年黄冈市教育局出台了《"东坡文化进校园"活动实施方案》，推进黄冈各级各类学校开展东坡文化进校园系列活动，东坡诗词教学研究、东坡诗词师资培训、东坡诗词进校园、组织东坡文化成果展示活动等持续开展。2012年，黄冈市第二实验小学改名为东坡小学，黄州东坡文化教育从小学生便重视起来。在政府的推动下，黄州东坡文化进校园已成常态。

在学校层面，开展多种形式宣传活动，吸引更多学生参加到东坡文化的学习和传承中来。一方面开办文化讲坛，邀请校内外东坡文化研究专家开展学术讲座，增强活动的权威性和宣传力度；另一方面，突出师生主体，成立学生文化团体，开展东坡文化系列主题活动；结合传统节日、校园文化节等活动，融入东坡文化元素，发挥传统节日和现代节庆的特定文化育人功能。以师生为主体的东坡文化主题展示活动，更有利于发挥师生的主动性，从活动的设计到组织实施，他们全过程参与。这些活动，传播了文化，丰富了师生的校园文化生活，扩大了校园文化活动的影响力。

黄州市区两所高校，各自根据自身特点创造性地开展东坡文化传承活动。黄冈师范学院作为办学历史悠久的学府，巧妙地将东坡文化所具有的敢于担当、乐观自信、光明磊落的当代价值，融入学校100余年的师范教育中。成立苏东坡书院，与文学院合署办公，举起了研究传承东坡文化的大旗。通过创新开办"东坡国学良师班""东坡大讲堂"，常态化开展东坡主题的论坛，邀请市内外东坡文化研究专家开展学术讲座，现已成为了黄冈东坡文化研究学术交流的主阵

地。通过学术交流，不仅让中华优秀传统文化、东坡文化"活"起来，更让传统文化、东坡文化"火"起来，实现跨越时空的东坡精神在新时代焕发出生机活力，发挥强大的育人功能。黄冈职业技术学院则结合高职学生的特点，通过成立学生社团——东坡文化协会，举办"南湖论坛·东坡论坛""校园文化节·东坡文化读书节"、东坡主题征文、东坡诗词朗诵等活动，把读东坡诗词、演东坡主题舞台剧、拍东坡元素微视频、做东坡美食、讲东坡黄州故事等融入到学生第二课堂的学习生活当中。在校园文化活动中立体融入东坡文化，师生共同感悟东坡文化，赓续东坡精神。

黄冈东坡小学 2012 年更名成立后，秉承"承东坡之气，养德增才"的办学理念，紧紧围绕"以中华文化为统领，以东坡文化为特色，以校园建设为载体，以建创结合为路径"的发展思路，把东坡文化全方位融入到校园文化建设之中。在校园硬件建设中融入了东坡元素，校园有苏东坡雕像、东坡广场、景苏园书画室、东坡文化墙。在校园文化建设中融入了东坡元素，校徽、校旗、校服、校歌、校刊都有东坡文化特色标志，校内教室等建筑物的命名均来源于东坡，如弘苏楼、问天楼、三养楼、浩然楼、躬耕园；在最能体现校园文化的教学活动中，从教材、课程、课堂都嵌入了东坡元素，编制了东坡校本教材，录制了东坡文化教育影像资料，开设了东坡诗文诵读课、东坡德育课、东坡书画课，开展了第二课堂东坡文化系列活动。经过近十年的建设，东坡小学基本实现了"打造特色鲜明的东坡文化教育品牌，实现了在全省乃至全国有较高知名度的特色学校"的办学目标。

在学生层面，通过成立社团，开展第二课堂活动，广泛开展东坡文化学习和宣传。社团文化是校园文化建设的重要组成部分，对优良校风学风的形成能够起到推进作用。东坡文化社团，吸纳一批东坡文化爱好者，通过多种形式，创造性地开展东坡文化研究和传承活动。黄冈师范学院、黄冈职业技术学院都成立了学生为主体的东坡文化协会，学生以东坡文化读书会、东坡诗词朗诵会、东坡书画交流会、东坡文化微电影创作赛等活动，融入东坡文化元素，传播和弘扬了东坡文化。黄冈市艺术学校的师生，将黄冈市文艺界创作的大型古装黄梅戏《东坡》，送进了北京国家大剧院和人民大会堂、中央党校礼堂公演，深受好评。以学生为主体的文化传承活动，激发了学生对东坡文化的学习兴趣和热情，使东坡文化从书本、从课堂，走向校园，融入心灵，真正实现东坡文化传承的现实性、持续性，实现了学习、传播、传承为一体的东坡文化进校园的功效。

课堂教学是东坡文化传承传播的重要渠道和阵地，通过开设东坡文化选修课，吸纳吸引一批东坡文化爱好者作为受众对象，既可以传播东坡文化，又可以培养传播东坡文化的接班人。

整理东坡文化教育教学资源，设计好东坡文化选修课内容。作为一门选修课，应该尽量涵盖东坡文化的主要内容，让学生对苏东坡及东坡文化有一个全面的了解。东坡文化的传承，应在师生对苏东坡其人及其为学为政较全面的了解和认同的前提下实现。在选修课内容设计上，充分考虑学情，结合学生对东坡文化的了解程度来构思。学生对苏东坡的文学作品可能有一定了解基础，但对苏东坡的思想、人品、性格、生活态度及东坡精神并不很了解。苏东坡其人尤其是东坡精神对当代青年仍有积极影响的当代价值，需要在选修课中体现出来。黄冈职业技术学院建设了在线开放课程，并开设了东坡文化选修课，从概说苏轼、从苏轼到苏东坡、东坡文化概述、东坡之诗词文赋书画、东坡之美食养生、东坡之精神六个专题，向学生全面介绍苏东坡及东坡文化。

创新选修课的教学手段。东坡文化选修课，基于模块式教学和体验式教学，更有利于提高教学效果。模块式教学以东坡其文、东坡为学、东坡之精神等视角切入，将东坡思想精髓、文化精华、精神风貌充分展现。体验式教学，则可以采取开放、互动、体验等动态模式，突出学生主体，让学生自己创作以东坡为题材的情景剧、微视频作品，亲自参与东坡文化研学实践，把东坡文化用现代融媒体方式呈现出来，引导学生在实践中感受东坡文化魅力，发挥教学在文化传承中的引领作用。

黄冈学子享有得天独厚的东坡文化教育资源，黄州城内随处可见东坡元素，学生既可以到东坡赤壁公园，也可以到遗爱湖公园及苏东坡纪念馆参观，参与东坡文化节等活动，还可以走街串巷，在黄州东坡遗址遗迹处领会和感悟东坡文化。在东坡文化选修课的考核上，有必要改变传统的教学评价方式，用东坡诗词朗诵比赛、讲东坡故事、东坡文化为主题的演讲比赛等活动，代替常规的教学考试，充分激活学生东坡文化的学习兴趣和积极性，让东坡文化真正入脑入心，发挥文化育人的功效。

东坡文化进校园，地方政府和学校强化组织保障是关键。重视东坡文化校园工作，一是要给予政策支持。黄冈市政府要解决有条件干事的问题，从擦亮"东坡"作为黄冈城市名片的角度，从提升黄冈教育品牌的高度，在政策、资金等方面全力给予保障。进一步明确教育局作为推进黄冈"东坡文化进校园"的职责职能，负责统筹协调各级各类学校东坡文化进校园工作。各学校要解决好有人管事的问题，根据学校实际情况，明确分管领导、责任部门负责统筹谋划东坡文化进校园工作，让东坡文化爱好者能大胆做事。二是要给予适当的经费支持，鼓励东坡文化研究研讨会、学术交流、学生社团等活动的开展，让东坡文化爱好者安心做事，支持鼓励学校师生开展东坡文化课题研究，对有影响的研究项目、研究成果给予扶持、推广，尽力为东坡文化的传承提供条件。学校可以出台鼓励教师从事东坡文化研究的办法，激励老师从事东坡文化研究，对有研究成果或东坡文化传承活动有影响力的教师，认定科研绩效，培养一批具有东坡文化研究理论功底、有传播东坡文化实力的师资队伍。

协同推进是东坡文化进校园的机制保障。从面上看，东坡文化进校园是学校的责任，但要真正实现文化进校园，还需要校内校外相衔接，学校与政府协同，校园文化与地域文化对接，如此才能实现东坡文化进校园的育人功效和文化传承作用。在学校落实东坡文化进校园过程中，一是"请进来"与"走出去"相结合。整合校园东坡文化研究资源，邀请校外东坡文化专家学者进校园，宣讲东坡文化，传播东坡文化；学校作为文化传承的主体，也应该走出校园，走进街道社区，"讲东坡故事、颂东坡精神"，传播东坡文化。请进来走出去相互借鉴，相互补充。二是校园文化与地域文化相结合。东坡文化进校园也必须"接地气"，与黄冈的地域文化相融合，进行融通设计，多元并存、多措并举，优秀传统文化在校园广泛传播传承。三是学校传播与社会传播相结合。社会是大课堂，东坡文化要借助社会大舞台、新媒体大平台，在全社会传播，形成东坡文化传承的良好氛围，从而扩大影响力，形成校内外传播传承东坡文化的强大合力。

东坡文化进校园既方兴未艾，又任重道远，学校应该主动承担起主要责任，创新东坡文化进校园的方法路径，坚守立德树人初心，让中华优秀传统文化进校园，润心田，使广大学生充分吸收优秀传统文化的精髓，在潜移默化中感受优秀传统文化的魅力，增强文化自信。

习近平总书记指出："中华文化延续着我们国家和民族的精神血脉，既需要薪火相传、代代守护，也需要与时俱进、推陈出新。"东坡文化是我国优秀传统文化的重要组成部分，需要我们代代相传。校园是开展教育活动的主阵地、加强文化育人的重要场所，在学校教育中融入东坡文化是教育者应尽之职责，也是学校育人之功能。在黄州有必要大力推进东坡文化进校园，加强各级学校文化建设、课程建设，探索创新东坡文化进校园的方法路径，使东坡文化能够植根于校园，提升校园文化底蕴，实现东坡文化持续地传承下去，并发扬光大。

附录

苏东坡在黄州的生活和创作系年
（包括来黄和离黄的经过）

本部分拟以纪年（皇帝年号）、公元年、年龄、主要事项、经历和主要创作及作品等内容，逐年记录苏东坡（躬耕东坡之前称之为苏轼）来黄、居黄和离开黄州的主要经历和创作活动。

宋神宗元丰二年（1079），苏轼44岁

八月十八日，苏轼于湖州被捕下御史台狱，史称"乌台诗案"。十一月二十八日，御史台结案。十二月二十六日诏责检校尚书水部员外郎黄州团练副使，本州安置，不得签书公事。

苏轼在狱中作诗二首别子由，出狱后又有诗《出狱再用前韵寄子由》。

元丰三年（1080），苏轼45岁

正月初一在长子苏迈陪伴下，苏轼被御史台卒押解出汴京（今开封），向贬所黄州行进。路过陈州，弟弟子由自南京来会，留三日而别。

行至麻城，度关山，见荆棘中梅花盛开，作《梅花二首》。过万松岭，见麻城县令张毅所植万棵松多凋谢，作诗《万松亭》和《戏作种松》。二十三日至歧亭，老友陈慥（字季常）以"白马青盖"的隆重礼仪迎接，留五日而别。作《歧亭》（之一）、《陈季常所蓄〈朱陈村嫁娶图〉二首》和《临江仙·细马远驮双侍女》等诗赠陈季常。

农历二月一日，苏轼一行抵达黄州，初居定惠院。四月，苏轼在《上文潞公书》中叙述了被捕赴狱的经过和全家惊恐之状，书籍和手稿被家人焚烧，十亡其七八。到黄州后，苏轼说他"辄复覃思于《易》《论语》，端居深念，若有所得"。

五月，弟弟子由送苏轼家眷来黄，留十日别去，赴筠州任（因奏乞纳官以赎兄罪而责监筠州盐酒税）。家属来后，因定惠院无法住下，举家迁至城南临皋亭。

是年冬，苏轼在《答秦太虚书》中说到他生活将陷于困境，但写起来却越来越乐观。因为"所居对岸武昌，山水佳绝。有蜀人王生在邑中，往往为风涛所隔，不能即归，则王生为杀鸡炊黍，至数日不厌。又有潘生作酒店樊口，棹小舟径至店下，村酒亦醇酽，大芋长尺余，不减蜀中。外县米斗二十，有水路可致。羊肉如北方，鱼蟹不论钱。歧亭监酒胡定之，载书万卷随行，喜借人看。黄州官曹数人，皆家善庖馔。太虚视此数事，岂不既济矣乎？展读至此，想见掀髯一笑也"。当年，黄州追随苏东坡的，有潘大临（邠老）、其弟潘大观（仲达）、何颉（斯举）等读书人。与武昌（鄂州）王齐愈、王齐万兄弟往来造访。

当年作诗主要有《游净居院》《过麻城万松亭》《种松》《红梅二首》《朱陈村嫁娶图》《宿禅智寺》《初到黄州》《雨中熟睡至晚强起出门》《定惠院月夜偶出》《定惠海棠》《安国寺寻春》《雨中看牡丹三首》《游武昌寒溪西山》《次韵子由》《王齐万秀才》《迁居临皋亭》《五禽言》等30余首。

元丰四年（1081），苏东坡46岁

全家人口多，生活日益困窘。二月，故人马正卿为其向黄州官府请得城中废弃营地数十亩，苏轼躬耕其中，开荒种地解决一家温饱问题。苏轼仰慕唐代

诗人白居易，因其曾被贬四川忠州刺史，有东坡种花之故事，苏轼便自号"东坡居士"。从此，苏东坡之名诞生。他本人常在诗文中自称东坡或东坡先生。

当年主要的诗作有《正月往岐亭郡人潘古郭三人送余于女王城东禅庄院》《道 上见梅花赠季常》《冬至赠侄安节》《与侄安节夜坐》《送安节十四绝》《乐全先生生日》《雪中送牛尾狸与徐使君》《雪后至乾明寺》《次韵陈四雪中赏梅》《东坡八首》《铁拄杖》《次韵王巩》《雪后乾明寺宿》《杭州故人信至》等等。[清]王文诰《苏诗总案》卷二十一认为《念奴娇·赤壁怀古》作于元丰四年十月，至今仍无人考证。

元丰五年（1082），苏东坡47岁

二月，在东坡筑雪堂，作《雪堂记》。从此，东坡既是苏轼当年在黄州耕种的地名，又是著名的苏东坡本人，逐渐成为闻名中外的文化符号。

三月，沙湖相田遇雨，作《定风波》（莫听穿林打叶声）词，表现"一蓑烟雨任平生"的豪迈。因患臂疾，经人介绍，往蕲水见名医庞安时（亦称庞安常）治疗，疾愈同游清泉寺。作《浣溪沙》（山下兰芽短浸溪）词，表示"谁道人生无再少？门前流水尚能西。休将白发唱黄鸡"的奋发之志。春夜行蕲水中，途中路过酒家，饮酒。酒醉，乘月至一溪桥上，解鞍曲肱少休。等到醒来，天已佛晓。苏东坡便书《西江月》（照野瀰瀰浅浪）词于桥柱上。

五月，陈季常第五次来访，赠一揩巾，苏东坡作诗谢之。苏东坡赴大冶问长老乞桃花茶栽东坡，并作诗志之。鄂州（时移武昌）与寺僧共建九曲亭，东坡嘱子由作记，自跋《题九曲亭记》。

七月十六日，"壬戌之秋，七月既望"，苏子与友人泛舟游于赤壁之下，作《赤壁赋》。[宋]傅藻《东坡纪年录》认为苏东坡作《赤壁赋》后，又作《念奴娇·赤壁怀古》。朱靖华、饶学刚等苏学专家也认为，东坡词赋为同时所作。八月十五日，作《念奴娇·中秋》。十月十五，再游赤壁，作《后赤壁赋》。十二月，东坡生日，友人郭兴宗、古耕道置酒赤壁矶，为东坡祝寿。进士李委作新曲《鹤南飞》以献，东坡作《李委吹笛》诗答谢。

当年主要的诗有《与潘郭二生出郊寻春赋'魂'字韵》《寒食雨二首》《徐守分薪火》《乞桃花茶》《浚井》《红梅》《初秋寄子由》《蜜酒歌》《季常见过》《次韵孔毅父》等。

元丰六年（1083），苏东坡48岁

三月，参寥自杭州来访，苏东坡与之同游武昌（今鄂州）西山，记梦参寥饮茶诗。二十五日，与子由书，言及修养之道。雪堂夜饮，醉归临皋，作《临江仙》（夜饮东坡醒复醉）词，有"小舟从此逝，江海寄余生"句，太守徐君猷以为州失犯官，慌忙寻找，却见东坡正在家酣睡。

四月，徐君猷罢黄州太守，杨君素接替太守任。徐守君离黄前，东坡与之游安国寺，饮酒竹间亭，继连和尚为亭请名，东坡命名"遗爱亭"，并代巢元修作记，颂徐太守治黄州之功德。五月，徐君猷离黄赴湘之任，东坡作《好事近·红粉莫悲啼》以送之。

九月二十七日，苏东坡第四子干儿出生（朝云唯一的、后未满周岁而夭折的儿子），苏东坡作《洗儿》诗自嘲，并致信蔡景繁。十一月，徐君猷逝于去湘途中，丧过黄州，东坡抚棺痛哭，并作祭文和诗《徐君猷挽词》。十二月十九日，王适以诗贺东坡生日，东坡寄茶并诗谢之。

主要诗作有：《正月复出东门用'魂'字韵》《二月三日点灯会客》《大寒步至东坡》《巢元修菜》《初秋寄子由》《和王子立》《次韵秦太虚参寥梅花》《次韵子由种杉竹》《南堂》等。

元丰七年，公元1084年，苏东坡49岁

正月，御札苏轼黜居思咎，阅岁滋深，人材实难，不忍终弃，可移汝州团练副使，本州安置。三月初三作《上巳日与二三子出游随所见集为诗》，黄州主簿刘唐年馈油饼果子，东坡命名为"为甚酥"（即今东坡饼），并作诗记之。巢元修赠送家传秘方"圣散子"，东坡又赠与庞安时（安常），作《圣散子叙》。神宗诏下，苏东坡上《谢量移汝州表》。九日，作《赠别王文甫》，并致信。为送苏东坡，陈季常第七次来黄州。

四月一日，留别雪堂，邻里饮酒饯别，东坡作《满庭芳·归去来兮》词谢之。又作《蝶恋花·送潘大临》。六日，应安国寺僧继连之请，作《黄州安国寺记》。七日，作《别黄州》诗，和参寥留别雪堂诗。

苏东坡离开黄州，渡江过武昌，夜行吴王岘，闻黄州鼓角，苏东坡回望，作《过江夜行武昌山》诗。王齐愈、王齐万兄弟及潘大临、潘丙、古耕道、郭兴宗等新老朋友送东坡至磁湖；陈季常、参寥等送至九江。陈季常还独自在九江守候至六月，等苏东坡从高安返回九江才分别，苏东坡作《歧亭》（之五）诗以赠之。

苏东坡自九江抵兴国军，至高安，与弟弟子由相聚，游庐山；出九江，长子苏迈赴德兴尉，六月送之至湖口。七月，回舟当涂，过金陵，见王安石，留一月而去。八月至京口，盘桓久之。到泗，上表乞常州居住，因东坡先生旧有田在此。

当年还有诗作：《戏刘监仓求油煎粉饵》《别陈季常》《初别寄子由》《初庐山五言绝句》《题西林壁》《哭幼子遁》《次荆公韵》等。

参考文献

[1]苏轼,王文诰,孔凡礼.苏轼文集[M].上海：中华书局,1986.

[2]曾枣庄.苏轼评传[M].四川：四川人民出版社,1981:255-264.

[3]游国恩,王起,萧涤非,等.中国文学史（三）[M].北京：人民文学出版社,1979:46-50.

[4]袁行霈.莫砺锋,黄天骥,等.中国文学史（第三卷）[M].北京：高等教育出版社,1999：67-68.

[5]史智鹏,黄州赤壁文化[M].2008：90-124.

[6]林语堂,张振玉.苏东坡传[M].上海：生活·读书·新知三联书店,2000：4-5+177-180.

[7]梅大圣.苏轼黄州诗文评注[M].武汉：华中师范大学出版社,1992.

[8]饶晓明,方星移,朱靖华,等.苏东坡黄州名篇赏析[M].武汉：华中师范大学出版社,2010.

[9]史智鹏,张龙飞.黄州简史[M].武汉：华中师范大学出版社,2010：100-104.

[10]苏轼,王水照.苏轼选集[M].上海：上海古籍出版社,1984.

[11]饶学刚.苏东坡在黄州[M].北京：京华出版社，1999.5.

[12]饶学刚.苏东坡在黄州（增订本）[M].武汉：武汉大学出版社,2022.

[13]苏轼,王文诰,孔凡礼.苏轼诗集[M].北京：中华书局,1982.

[14]王琳祥.黄州赤壁[M].2008.

[15]黄州赤壁志编纂委员.黄州赤壁志[M].武汉：武汉大学出版社，2018.

[16]山居笔记：苏东坡突围[M].香港：中国文学出版社，2009.

[17]山河之书：黄州突围[M].余秋雨.武汉：长江文艺出版社，2017.

[18]刘熙载.艺概（诗概）[M].上海：上海古籍出版社，1978.

[19]梅大圣.苏轼黄州诗文评注[M].武汉：华中师范大学出版社，1990.

[20]康震评说苏东坡：学佛老本期于静而达[Z].央视10台"百家讲坛"，2017-07-26.

[21]韩国强.也说苏轼黄州词[J/OL].湖北省政府门户网站，2010-10-20.

[22]苏轼研究学会.苏轼研究论文集：东坡词论丛（第一辑）[C].成都：四川人民出版社，1982：181.

[23]石声淮，唐玲玲.东坡乐府编年笺注[M].台湾：华正书局，1989.

[24]中国人民大学文学院.中国苏轼研究（第五辑）[C].北京：学苑出版社，2016：101.

[25]颜中其.苏东坡[M].哈尔滨：黑龙江人民出版社，1981：225.

[26]华师大古籍研究所.东坡志林、仇池笔记[M].上海：华东师范大学出版社，1983.

[27]牛宝彤.三苏文选[M].成都：四川人民出版社，1983：104.

[28]史智鹏.黄州东坡赤壁文化[M].武汉：武汉大学出版社，2019.

[29]陈志平，方星移.东坡文化概论[M].长沙：湖南师范大学出版社，2022:3.

[30]涂普生.东坡文化特质初识[N].黄冈日报，2010-8-12.

[31]饶黄冈."惟有东坡居士好，姓名高挂在黄州"——再谈东坡文化的发祥地在黄州[J].职业技术学院学报，2014(2)：2.

[32]余彦文.东坡文化涵盖雏议[J/OL].金锄头文库，2017-07-30.

[33]谈祖应."东坡文化"之肇始、解构及重构[J].乐山师范学院学报，2016(6).

[34]石大姚.东坡文化研究综述[J].文教资料，2018(8).

[35]谈祖应.论东坡文化的特征[N].黄州日报，2010-10-20.

[36]梁漱溟.东西文化及其哲学[M].上海：上海人民出版社，2006.

[37]中华民族优秀传统文化之东坡文化[EB/OL].眉山市党史和地方志编纂中心四川省情网.2020-6-5.

[38]方永江.苏轼"立人"[M].北京：中国文史出版社,2015：11.

[39]郭侨.千载东坡 从本土走向世界[EB/OL].四川眉山"东坡文化网".2019-10.

[40]黄州区政协文史资料委员会.黄州文化简史[M].武汉：湖北人民出版社出版,2021.

[41]方永江.苏轼"立人"[M].北京：中国文史出版社，2015.

[42]史智鹏.遗爱湖景区：黄州东坡文化的当代红利[J].黄冈职业技术学院学报,2017(3).

[43]吴小平，刘凌波，黄天其.文化旅游规划"四元论"——以儋州东坡文化旅游区总体规划为例[J].规划设计.2013, 29(1)：129

[44]刘红星.浅谈黄州东坡文化的表现形式[J].文学教育,2011（11）:111.

[45]孙瑛清.建设东坡文旅示范区　助推黄冈高质量发展[N].黄冈日报,2021-11-24.

[46]胡燕.简论东坡文化与黄州旅游[J].黄冈职业技术学院学报，2015（12）:5.

[47]许林.黄冈东坡文化及其文化旅游发展路径SWOT分析[J].经济与法,2013(07):17.

[48]郭杏芳.浅议黄冈旅游资源中的东坡文化开发[J].黄冈职业技术学院学报,2010(10):6-9.

[49]刘红星.彰显黄州东坡文化特色之研究[J].文学教育,2012(10):7.

[50]贾冬婷,杨璐.我们为什么爱宋朝[M].北京：中信出版集团,2018.

[51]刘裕泰.千古食趣[M].军事谊文出版社,2011.

[52]孙鸣晨.食在宋朝[M].万卷出版公司，2021.

[53]郭晔旻.和苏东坡一起吃饭[M].杭州：浙江大学出版社,2022.

[54]徐鲤,郑亚雄,卢冉.宋宴[M].北京：新星出版社,2018.

[55]王咏初,肖胜昔,邵金阶,等.万密斋医学全书[M].北京：中国中医药出版社，1999.

[56]夏文秀.黄州东坡文创产品的开发与实践研究[J].黄冈职业技术学院学报，2022(5):1-4.

[57]史智鹏.苏东坡的黄州饮食生活及黄州东坡菜系的形成[J].黄冈职业技术学院学报,2016(5):6-9.

[58]周裕锴.苏东坡在黄州的人生境遇与人格境界——东坡精神探讨[J].巴蜀史志.2020(05).

[59]饶晓明,饶学刚.东坡精神 万古流芳[J].乐山师范学院学报,2008(05).

[60]刘浩渤.中国传统文化中的核心价值观——以东坡文化为例[J].管理观察,2018(28).

[61]汤建平.苏轼民本思想与中国传统文化的渊源及启示[J].文史杂志,2016(05).

[62]刘静.挖掘东坡精神 创新学校育人模式[J]. 教育界(教师培训),2019(12).

[63]郭杏芳,胡燕.苏东坡在黄州的人生境遇与人格境界——东坡精神探讨[J].黄冈职业技术学院学报,2019(06).

[64]胡燕.简论东坡文化与黄冈旅游[J].黄冈职业技术学院学报,2015(06).

[65].涂普生.东坡说东坡：我说东坡文化[C].北京：作家出版社,2017-03.

注：苏东坡的诗、词、文、书信，来源于苏轼诗集、苏轼文集、东坡志林、苏东坡黄州名篇赏析、苏轼黄州诗文评注等书籍。

后记

十余年前，本人有幸进一步认识苏东坡。其原因：一是工作的需要，二是黄冈市成立了东坡文化研究会。黄州这个苏东坡仕途中的伤心地、人生中的幸运之州，因研究会的成立而掀起了苏学研究的新高潮。其实，这也反映了国家好政策及全国苏东坡涉足地的研究热潮。本人在研究会领导和诸位专家的鼓励与带动下，对苏东坡和东坡文化有了更深入的了解。随着对东坡先生了解的深入，对他的成就、胸怀和人品越来越钦佩、越来越喜爱、越来越崇敬。

为了传承和弘扬地方优秀传统文化，2008年《黄冈职业技术学院学报》开办了特色栏目"鄂东文化研究"，拟主要刊登鄂东红色文化、东坡文化、医药文化、禅宗文化等方面的研究成果。本人因负责学报编辑工作，也就承担了本栏目的建设工作。为了与广大苏学专家和研究者多有联系，在著名苏学研究专家饶学刚教授介绍下，2009年本人参加了由中国苏轼研究学会与徐州市人民政府主办、徐州市苏轼文化研究会承办的"全国第十六届苏轼学术研讨会暨全国苏轼遗址景园旅游发展论坛"。期间，又在苏学研究专家中国苏轼研究学会理事、黄冈市赤壁管理处副研究馆员王琳祥先生介绍下，加入了中国苏轼研究学会，成为苏学研究阵营里的一名新学员。同年12月黄冈市东坡文化研究会成立，在涂普生会长的带动和指导下，有机会参与研究会的一些工作。同时，还参加了本地和全国的苏轼学术年会和东坡文化研讨会，接触了全国及国外的一些苏学研究专家和苏东坡热爱者。更进一步地认识了苏东坡，理解了东坡文化。2019年，黄冈职业技术学院列入国家"双高计划"（中国特色高水平高职学校和专业建设计划）建设单位。根据建设任务书，东坡文化传承被列为"文化传承创新服务工程"子项目，遂成立"东坡文化传承中心"。中心以"开展东坡文化研究与传播工作，推动东坡文化传承传播走进课堂、走进社区、走出国门"为主要任务，开展形式多样的东坡文化研究与传承传播活动。至2022年，中心开展了系列卓有成效的工作。包括立项和研究课题，撰写和发表论文；参加黄冈市东坡文化研究会有关工作和学术研讨活动，参加全国苏轼学术研究年会和东坡文化研究学术论坛；开设东坡文化选修课，建设在线开放课程；邀请有关专家举办东坡文化讲座；在东坡赤壁和遗爱湖公园面向学生组织现场教学；指导成立"东坡文化协会"学生社团，开展"诵东坡诗词，讲东坡故事"演讲比赛和以东坡为主题的征文活动；面向海外华夏青少年回国寻根游学及世界华文教师研修团队讲授东坡文化。东坡文化研究和传承系列活动，让我们不仅进一步了解了苏东坡的伟大成就及其生活态度和胸怀品德，进一步感受到东坡文化无穷的魅力，不由自主地为之倾倒；更感到有责任、有义务将东坡文化传承下去，使之发扬光大。

随着学习和研究的深入，更全面地明确了东坡先生与黄州的渊源，及其在此所取得的辉煌成就。在黄州，苏东坡自我调适，修养了身心，转变了人生观，登上文学艺术创作的巅峰；他躬耕东坡，由苏轼变成了苏东坡，胸怀旷达、个性乐观；他热爱生活，善于发现生活中的美好，勤于思考和创造，做美食、酿蜜酒，且多有文字记录，让后人受益；他品德高尚，关心民生疾苦，拯救黄鄂溺婴，献秘方救助黄州疫病中的百姓。他在逆境中活出了精彩，活成了

后记

典范。这么一个有血有肉、可亲可敬的传统文学大家，值得我们永远学习，他的精神和成就值得我们研究和传承。

本人也是承受了东坡先生的遗爱，十余年来，撰写和发表了一些东坡文化方面的研究文章，参与和主持过几个有关东坡文化的研究课题。但主要做的还是东坡文化研究成果的传播工作，负责学报专栏建设，编发了百余篇东坡文化研究文章。学报"鄂东文化研究"这个特色栏目已连续办了十五年，所发论文一半以上为东坡文化研究成果。本栏目分别荣获第八届和第九届湖北期刊"优秀特色栏目"奖，本人的有关论文也两次获黄冈市社会科学优秀成果奖。

写此书的打算，不仅是因为多年来研究、撰写和发表了一些文章，而且是另有其主要缘由：其一，近几年参与撰写了几部有关东坡文化著作的部分内容，如《黄州文化简史》《东坡文化概论》等，于是想从另一个研究角度出一部总结性的成果。其二，学校科研处的推动。学校"双高建设计划"中的"文化传承创新服务工程"，有一个"东坡文化传承"的子项目，本人是其直接责任人，三年来与团队成员胡燕、刘红星、付景芳共同为传承东坡文化做了一些工作。而科研处鼓励老师们出版相关学术著作，于是就申报学校的"揭榜社科项目"，其预期成果必须出一部书。其三，今年（2022）6月8日，习近平总书记在四川眉山考察期间，前往三苏祠参观，了解历史文化遗产的保护和传承情况。他指出："中华民族有着五千多年的文明史，我们要敬仰中华优秀传统文化，坚定文化自信。"东坡文化是中华优秀传统文化的重要组成部分，其传承和弘扬，我们义不容辞。习总书记参观三苏祠时，询问三苏生平、主要文学成就和家训家风，及三苏祠历史沿革，东坡文化研究传承等情况。有多家中央媒体进行报道，其中新华社一位记者在其文中说，眉山是东坡文化的诞生地。他说的也没错，三苏是在眉山出生长大的。但是苏东坡这个号是黄州诞生的，他的思想转化、人文情怀及其逆境翻新的成就都源自黄州。人们普遍认同，黄州是苏东坡的诞生地和东坡文化的发源地。作为东坡文化的发源地，黄州不能缺失相关的研究和阐释，要有成果供人查阅。其四，2021年，在黄冈市东坡文化研究会新一届会长孙璜清努力下，黄州东坡遗址遗迹的保护利用工作写进了黄冈市"十四五规划"之中；市东坡文化研究会提出的建设东坡文化旅游区的建议，分别写入黄冈市委第六次党代会工作报告和市政府工作报告。新一届研究会的主要方向转为现实应用研究，推动文化向物化成果的转化研究。寄寓着"历史文化名城"和黄州老城更新升级厚望的该项目，受到黄冈市委市政府的高度重视。在市委市政府主要领导的亲自部署下，规划已完成，项目具体由黄州区政府负责招标设计和建设。这是惠及黄州子孙后代的工程，正如黄冈市东坡文化研究会现任会长孙璜清所言，黄冈要大力发展东坡文化，理应更广泛地传播东坡文化，要让黄州市民和学生对东坡文化有更深入、更全面的了解。此书欣逢其时，应运而成。

　　书稿撰写分工：郭杏芳撰写一至四章及前言、后记，刘红星、付景芳、胡燕分别撰写第五章的第一、二、三节。书稿合成后，四个撰稿人都作了校阅和交互修改。为了保证书稿的质量，特请黄冈市苏学研究专家涂普生、饶学刚、余彦文、史智鹏、王琳祥等审阅，并由饶学刚教授撰写序言。感谢几位专家不辞辛苦，用心校阅！

　　从立项到书稿撰写完成，学校科研处和学术委员会都起到了督促和指导作用，尤其是科研处领导给予了指导和支持。书稿目录和结构也是在立项答辩和开题汇报中，接受学术委员会专家陈全胜、胡亚学、周常青、张克新等教授及科研处时任处长兰子奇的建议，逐渐完善的。科研处还请涂普生、史智鹏两位东坡文化研究专家和王梓林、胡亚学、蔡新职三位校内教授对书稿进行评审鉴定。最后由校党委副书记郑柏松教授、副校长胡亚学教授、科研处处长蔡新职教授及书稿撰写人之一的刘红星教授对书稿进一步评审，确定是否达到出版质量要求。根据他们的意见，又对书稿进行再一次的修改。学报编辑部的同仁们也给予了热情的支持和帮助，尤其，户晓艳和钟思琪还帮助查核文献、校阅书稿。在此，一并致谢！

后记

  有意用这个书名,也不知道是否把意思表达清晰。由于水平有限,书中差错也在所难免,敬请方家不吝赐教。

郭杏芳

2022年11月24日撰写

2023年4月6日修改